José A. Friedl Zapata

Tania

Die Frau, die Che Guevara liebte

José A. Friedl Zapata

Tania

Die Frau, die Che Guevara liebte

Aufbau-Verlag

ISBN 3-351-02465-7

1. Auflage 1997
© Aufbau Verlag GmbH, Berlin 1997
Einbandgestaltung Henkel/Lemme
Satz LVD GmbH, Berlin
Druck und Binden Clausen & Bosse, Berlin
Printed in Germany

Inhalt

Kindheit in Buenos Aires

Vor mir auf meinem Schreibtisch liegt eine Geburtsurkunde, die am 5. Juni 1996 von der Abteilung *Registro Civil y Capacidad de las Personas* im Bürgermeisteramt der Stadt Buenos Aires ausgestellt worden ist. Sie besagt, daß Haydée Tamara Bunke Bider als Tochter des Deutschen Erich Bunke, 34 Jahre alt, und seiner Ehefrau Nadia Bider, 26 Jahre alt und polnischer Staatsangehörigkeit, am 19. November 1937 in der argentinischen Hauptstadt geboren wurde. Das ist der Anfang des faszinierenden und zuweilen unglaublichen Lebensweges einer einmaligen Frauengestalt, der berühmtesten Guerrillera in der bewegten Geschichte des amerikanischen Kontinents, die dreißig Jahre später zusammen mit Che Guevara im bolivianischen Urwald den Tod finden wird. Das ist auch der Beginn einer langjährigen, bisher kaum bekannten Agentenkarriere, die sich auf beiden Seiten des Atlantiks, in Europa und Lateinamerika, abspielen sollte.

Die Tatsache, daß sie in Argentinien geboren wurde und dort die ersten Jahre gemeinsam mit ihren Eltern, zwei engagierten Kommunisten, die im letzten Augenblick vor der Verfolgung des Naziregimes nach Buenos Aires fliehen konnten, verbracht hat, wird Tamara Bunkes Persönlichkeit und Werdegang bis an ihr Lebensende bestimmen. Hier, in dieser Stadt am Ufer des Río de la Plata, widmet sich ihre Familie bis zur Rückkehr in die DDR im Jahre 1952 mit allen Kräften der Politik. Viele dieser Aktivitäten spielen sich im Untergrund ab, vor allem im kommunistischen Umfeld der deutschen, deutsch-jüdischen und österreichischen Einwanderer, mit denen sich die Bunkes wegen der jüdischen Herkunft von Tamaras Mutter besonders verbunden fühlen. So lebt Tamara von ihrer Geburt an in zwei Welten: in der Welt Lateinamerikas, die bis zu ihrem Tod ihre wahre Heimat bleiben wird, und in der politisch geprägten Welt ihrer deutschen Eltern, die von der Idee der Weltrevolution wie besessen sind.

In Argentinien, und das heißt eigentlich: in Buenos Aires, prallten damals die unterschiedlichsten Ideologien der im Lande lebenden nationalen Minderheiten aufeinander. Die historische Konstellation Ende der dreißiger, Anfang der vierziger Jahre hatte sie alle zwangsweise hier auf engstem Raum zusammengedrängt. So wohnten die Mitglieder der deutschen, mit Hitler sympathisierenden Kolonie nur wenige Meter von ihren ins Exil getriebenen sozialistischen, kommunistischen und jüdischen Landsleuten entfernt, die Tag und Nacht über die allgemeine Lage oder geringfügige ideologische Differenzen zwischen den Parteien diskutierten, sich begierig auf jede Nachricht aus Europa stürzten, Konferenzen abhielten, politische und kulturelle Zirkel gründeten oder Theaterstücke, Konzerte und Ausflüge organisierten.

Tamaras Vater, Erich Bunke, stellte eine herausragende Figur in diesem deutschen Milieu dar. Von 1937 bis 1952, dem Jahr seiner Rückkehr in die DDR, war er Vorsitzender des *Vorwärts*, der wichtigsten deutschen Exilgruppe in Argentinien. Obwohl die kommunistische Zelle, der Bunke angehörte, in der Minderheit war, gelang es ihr in kürzester Zeit, die Führung dieser bedeutenden Organisation an sich zu reißen. Und das verdankte sie in erster Linie der Persönlichkeit Erich Bunkes, der es als Sportlehrer der Cangallo-Schule, der einzigen antifaschistischen deutschen Schule in Buenos Aires, verstand, die sportlichen Aktivitäten für seine politischen Ziele einzusetzen. So kam es, daß die Familie Bunke mit ihren beiden Kindern Olaf und Tamara nicht nur Beziehungen zu deutschen Exilkreisen unterhielt, sondern auch Kontakte zu argentinischen Gruppierungen knüpfte, die zum extrem linken Spektrum gehörten.

Schon in sehr jungen Jahren nahm Tamara an geheimen Versammlungen teil und wurde Zeuge hitziger politischer Debatten. Nachdem ihr Vater die Leitung des *Vorwärts* übernommen hatte, begann diese Organisation rasant, einen ungeahnten Aufschwung zu erleben. Es wurde eine eigene Unterabteilung für Sport gegründet und im Stadtviertel Quilmes am Rand von Buenos Aires ein Sportzentrum mit dem schönen Namen *La Perlita* ins Leben gerufen: *Die kleine Perle*. Dort führte man besonders an den Wochenenden neben sportlichen auch politische Veranstaltungen durch, bei denen Jugendliche für die Ideologie des *Vorwärts* gewonnen werden sollten. Die Bunkes – und das schließt natürlich Tamara ein – waren geborene Sportler und deshalb unter den Mitgliedern des *Vorwärts* sehr beliebt. Hinzu kam, daß Erich Bunke als guter deutscher Volksschullehrer außer Geige und Klavier ebenfalls Akkordeon spielte und auf diese Weise viele Freunde gewann.

Aber es gab auch unzählige Meinungsverschiedenheiten zwischen Erich Bunke, dem überzeugten, nicht selten dogmatischen und intoleranten Kommunisten und den sozialdemokratischen Kreisen. Ich hatte Gelegenheit, mit einigen der noch lebenden ehemaligen Mitglieder von *Vorwärts* zu sprechen. Nicht alle haben ausschließlich gute Erinnerungen an ihn: Mehr als einmal hörte ich die Wendung vom »typisch preußischen Kommunisten«.

Vorwärts gibt es auch heute noch in der argentinischen Hauptstadt. Mitglieder dieser Organisation sind in erster Linie die Kinder der damaligen Einwanderer sowie argentinische Kommunisten. Ihr jetziger Präsident, der bekannte Schriftsteller und Journalist Osvaldo Bayer, verbrachte selbst

9

mehrere Jahre im Exil auf der anderen Seite des Atlantiks. Er mußte vor der argentinischen Militärdiktatur in die Bundesrepublik Deutschland flüchten und erfuhr so am eigenen Leib, was die europäischen Immigranten während der Nazizeit am Río de la Plata durchgemacht hatten. Der zweitwichtigste Mann von *Vorwärts* ist heute Dr. Alfredo Bauer, ein anerkannter Gynäkologe. Er kam als Sohn einer österreichischen Familie jüdischer Abstammung mit vierzehn Jahren nach Buenos Aires und kannte die Bunkes sehr gut. Mit seiner und der Hilfe einiger anderer Immigranten konnte ich die Anfänge von Tamaras bewegtem Leben rekonstruieren.

Die Familie Bunke hatte große wirtschaftliche Schwierigkeiten. Das Geld, das Erich als Lehrer der Cangallo-Schule verdiente, reichte kaum, so daß Nadia sich gezwungen sah, alle möglichen Gelegenheitsjobs anzunehmen. Sie arbeitete als technische Zeichnerin in einem Architekturbüro und organisierte in den Ferien Ausflüge und Spiele für Kinder aus der Nachbarschaft. Auf einer alten Nähmaschine nähte sie Tanias Kleider, und manchmal half sie auch in der Schule aus.

Mehrere Tage lang durchstreifte ich das Stadtviertel Barrio Once, wo Tamara, die zukünftige Agentin und Guerrillera, ihre ersten Jahre verlebte. Ich besuchte jene Orte, an denen sie sich zu Hause gefühlt haben muß und die später, als sie bereits Spionin in Bolivien war, Teil ihrer Legende wurden. Ich besichtigte ihre Schule, die berühmte *Escuela Cangallo* im Haus Nr. 2169 der Straße Cangallo, die heute den Namen des ehemaligen argentinischen Präsidenten Juan Domingo Perón trägt, und hatte eine kleine Auseinandersetzung mit der gegenwärtigen Direktorin, die schließlich doch zugab, alle alten Unterlagen aus Platzmangel vernichtet zu haben. Am Ende schaute ich mir noch das siebenstöckige Haus an der Kreuzung der Straßen Sarmiento und Junín an, in dem Tamara unweit der Cangallo-Schule mit ihrer Familie wohnte. Alles erinnert an die vierziger und frühen fünfziger Jahren: die Fassade des Gebäudes, die seitdem gewiß keinen neuen Anstrich bekommen hat; die altertümliche Apotheke Junín im Erdgeschoß, die heute genau wie damals rund um die Uhr geöffnet ist; die Synagoge in der Straße Uriburu, in der allerdings keine Gottesdienste mehr stattfinden, da die deutschen Juden das Stadtviertel inzwischen verlassen haben und hier jetzt Asiaten, vor allem Koreaner, sowie viele ärmere, aus dem Landesinneren zugewanderte Argentinier leben.

Nach wie vor wirkt diese Gegend recht munter, immer noch wimmelt es hier von kleinen Geschäften und Kramläden, in denen nicht selten geschmuggelte Waren feilgeboten werden. Und direkt gegenüber dem Wohnhaus, in dem die Familie Bunke lebte, befindet sich ein typisch argentinisches Café mit vom Smog vergilbten, bestickten Gardinen vor den kleinen Fenstern, das den ungewöhnlichen Namen *Danton* trägt. Es ist Winter in Buenos Aires: fünf Grad über Null, der erste sonnige Nachmittag nach mehreren trübselig grauen Regentagen. An den Tischen um mich herum sitzen Leute, die die Zeitung studieren, sich mit Freunden unterhalten oder einfach nur ein paar Augenblicke der Entspannung genießen. Sicher weiß niemand von ihnen, daß hier vor rund einem halben Jahrhundert ein Mädchen lebte, eine Deutsch-Argentinierin, die im Leben Che Guevaras einen zentralen Platz einnahm und ihn bis in den Tod begleitete. Von meinem Tisch aus fotografiere ich die Straße, die Tamara auf ihrem Weg in die Cangallo-Schule mehr als tausendmal überquert haben muß, und selbstverständlich auch das Gebäude direkt vor mir, wo sie mit ihrer Familie gewohnt hat.

Doch zurück zu Tamaras Eltern und dem, was über ihr Leben vor ihrer Ankunft in Buenos Aires bekannt ist. Erich Bunke war 32 Jahre alt, als er ins Exil gehen mußte. Er

stammte aus einer Arbeiterfamilie und hatte im Inflations-
jahr 1923 seine Volksschullehrerausbildung abgeschlossen,
fand aber wegen der schwierigen wirtschaftlichen Lage
keine Arbeit. Fünf Jahre lang suchte er verzweifelt nach
einem Posten. Er hielt sich mit verschiedenen Jobs über
Wasser und legte ein Zusatzexamen als Sportlehrer für
höhere Schulen ab. Endlich, im Jahr 1928, erhielt er eine
Anstellung am Kaiser-Friedrich-Gymnasium in Berlin, aus
dem die wegen ihres fortschrittlichen Lehr- und Erzie-
hungsprogramms in ganz Deutschland angesehene Karl-
Marx-Schule hervorging.

Allerdings kündigte ihm der Magistrat, in dem rechte So-
zialdemokraten den Ton angaben, schon nach vier Jahren
unter dem Vorwand angeblich notwendiger Sparmaßnah-
men. Der tiefere Grund für diese Entscheidung war aber
mit Sicherheit seine politische Tätigkeit. Denn Erich Bunke
war bereits 1928 der KPD beigetreten und hatte sich bald
zu einem ihrer aktivsten Mitglieder im Bereich der Erzie-
hungsarbeit entwickelt.

Zu dieser Zeit lernte er auch seine spätere Ehefrau Nadia
Bider kennen, die das Kaiser-Friedrich-Gymnasium besuchte und 1932, im Jahr seiner Entlassung, das Abitur ab-
legte. Nadia stammte aus Odessa und war jüdischer Herkunft. Durch die Heirat mit ihr verbaute sich Erich Bunke
für immer den Rückweg in den Schuldienst. Doch bedeutete dies nicht zugleich das Ende der illegalen politischen
Arbeit. Beide gingen in den Untergrund und schlossen sich
der kommunistischen Widerstandsgruppe *Kurt Steffelbauer*
an. Nadia, deren nichtarische Abstammung man bis dahin
noch nicht entdeckt hatte, erteilte außerdem Deutschunterricht an der sowjetischen Handelsvertretung in Berlin.

Allmählich aber wurde die Situation für beide unhaltbar:
Sie konnten jeden Moment verhaftet werden. Es folgten
dramatische Monate, in denen die Kette der Denunzia-
tionen, Hausdurchsuchungen und Vorladungen zur Ge-

stapo nicht abreißen wollte. Wenige Monate nach der Geburt ihres Sohnes Olaf im Mai 1935 beschlossen sie, aus Deutschland zu fliehen und nach Argentinien auszuwandern. Nadia hatte Verwandte dort, eine Tante und eine Großmutter, die ihnen bei anfänglichen Problemen gewiß helfen konnten. Und so trafen Erich und Nadia Bunke dank eines offiziellen, ihnen in Paris ausgestellten Touristenvisums im Dezember 1935 zusammen mit ihrem erst ein halbes Jahr alten Sohn Olaf im Hafen von Buenos Aires ein.

Erich nahm sofort Kontakt zur argentinischen Kommunistischen Partei auf, um seine politische Arbeit fortsetzen zu können. Mit Hilfe der Genossen von der KP fand er schon Anfang 1936 eine Stelle als Sportlehrer an der Cangallo-Schule. Dort unterrichtete eine ganze Anzahl von Lehrern aus der Schweiz, die den Nationalsozialisten ausgesprochen feindlich gegenüberstanden (wodurch sich die Schule von denen der deutschen Kolonie unterschied). Nach seiner Ankunft in Argentinien dauerte es auch nicht lange, bis Bunke sich mit den europäischen und vor allem den deutschsprachigen Exilkreisen in Verbindung setzte und zu einer ihrer wichtigsten Figuren wurde.

Sofort schloß er Freundschaft mit August Siemsen, einer bedeutenden Persönlichkeit unter den deutschen Exilanten – nicht nur am Río de la Plata, sondern auf dem gesamten Kontinent. Siemsen, ein langjähriges aktives Mitglied der Sozialdemokratischen Partei, war wie Erich Bunke von Hause aus Volksschullehrer und wurde, wie jener, wegen seiner politischen Ansichten aus dem Schuldienst entlassen. Als ihn seine radikalen Ideen auch mit der eigenen Partei, der SPD, in Konflikt brachten und er sogar noch seine Staatsangehörigkeit einbüßte, ging er nach Argentinien, wo er viele junge Deutsche und Argentinier in seinem Sinne prägte.

Besonders eng arbeiteten Erich Bunke und August Siemsen in der politischen Organisation *Vorwärts* zusammen. Doch in dem Maße, wie Bunke sich den deutschen Kommunisten in Buenos Aires anschloß, distanzierte sich Siemsen von ihm, und es kam zu immer größeren Spannungen zwischen beiden.

In diesem hochpolitisierten, spannungsgeladenen und konfliktreichen Umfeld spielten sich Tamaras erste Lebensjahre ab. Von Kindesbeinen an wurde sie mit dem fanatischen Glauben ihrer Eltern an die Richtigkeit der kommunistischen Ideologie angesteckt. Erich und Nadia Bunke lehnten jede Art demokratischer Ordnung, auch die gewiß nicht vollkommene pluralistische Regierungsform ihrer neuen Heimat Argentinien, strikt ab. Die Mutter trichterte ihr und ihrem Bruder stundenlang ein, daß sie für das Wohl der Menschheit, für die argentinischen Arbeiter und für den Kommunismus kämpften. Sie erzählte ihnen von der Oktoberrevolution in Rußland und deren Errungenschaften und versuchte, ihnen in einfachen Worten zu erklären, daß sie sich bei der Schaffung einer neuen Gesellschaft nicht nur legaler, sondern auch illegaler Mittel bedienen müßten.

Olaf und Tamara hörten, die Kommunistische Partei Argentiniens sei verboten und es könne sehr gefährlich für ihre Eltern werden, wenn sie ihren Schulfreunden oder den Nachbarskindern etwas von den geheimen Treffen in der Wohnung im Haus an der Ecke Sarmiento und Junín erzählten. Auf diese Weise wurde Tamara bereits als kleines Kind mit der konspirativen Arbeit im Untergrund und der Ideologie des Kommunismus vertraut gemacht. Vokabeln wie Subversion, Weltrevolution, klassenlose Gesellschaft usw. waren ihr durchaus geläufig. – In der historischen Perspektive scheint es, als habe die ständige Indoktrinierung von seiten ihrer Eltern, und speziell von seiten der Mutter, fast unausweichlich die Laufbahn einer zukünftigen Agentin und Guerrillera vorbereitet.

Die meisten von Tamaras Spielgefährten aus jener Zeit leben heute nicht mehr in Buenos Aires, und niemand weiß, wo sie abgeblieben sind. Das gilt zum Beispiel für ihren engsten Jugendfreund Pedro Spandau, mit dem sie sich noch jahrelang von der DDR aus Briefe schrieb. Pedro, für den Tamara immer »das blonde Mädchen mit den langen Zöpfen« war, ist inzwischen Arzt und lebt in irgendeinem abgelegenen Winkel Argentiniens, wahrscheinlich in der Provinz Santa Fé. Ebensowenig auffindbar sind die Geschwister Sauer, mit denen Tamara einen Großteil ihrer Freizeit verbrachte, oder ihre damalige Busenfreundin Nélida, der sie alle ihre Bücher schenkte, bevor sie im Jahr 1952 gemeinsam mit ihren Eltern und ihrem Bruder Olaf in die DDR zurückkehrte.

Eva Brecher, mittlerweile stolze Besitzerin eines Reisebüros, ist eine der wenigen Schulkameradinnen Tamaras, die immer noch in Buenos Aires wohnen. Bei einer Tasse Tee in ihrer Wohnung, die sich in der Quesadastraße befindet und damit in einem typischen Stadtviertel der argentinischen Mittelschicht liegt, erzählt sie mir von *Ita*. Das war Tamaras Spitzname, den sie sich selbst als kleines Mädchen gegeben hatte: Ihre Eltern nannten sie liebevoll Tamarita, sie aber konnte nur die letzten beiden Silben aussprechen. So unterschrieb sie später noch alle Briefe, die sie von Lateinamerika aus an ihre Familie schickte.

Die um zwei Jahre jüngere Eva kannte Tamara in erster Linie aus dem Sportzentrum *La Perlita*, wo Erich und Nadia Bunke für die Organisation aller möglichen Veranstaltungen zuständig waren. Sie erinnert sich besonders an Tamaras ungewöhnliches sportliches Talent und ihr ausgeprägtes Selbstbewußtsein, an ihre schon damals deutlich hervortretenden Führungseigenschaften. Mit ihrer für ein junges Mädchen viel zu rauhen Stimme erteilte sie oft und gern Befehle, denen sich ihre Sportkameradinnen nicht zu widersetzen wagten. Selbst ihren älteren Bruder, einen schlanken, hochaufgeschossenen und schweigsamen Jungen, kommandierte sie umstandslos herum. Stets wollte sie die Beste sein, und meistens gelang ihr das. Eva Brecher erinnert sich noch ganz deutlich an einen Wettkampf im Dezember 1949, bei dem Tamara sowohl im 75-Meter-Lauf als auch im Weitsprung den Sieg davontrug.

Auch Dr. Alfredo Bauer, der zweite Vorsitzende der Organisation *Vorwärts*, und seine Frau beschreiben Tamara als eine großartige Sportlerin. Frau Bauer, die Jahrgang 1932 ist, weiß nicht mehr viele Namen von Schulkameraden aus der *Escuela Cangallo*. Eine von ihnen jedoch war Ita, die »mit ihrem runden Vollmondgesichtchen«, wie sie lächelnd sagt, und ihrer bestimmenden Persönlichkeit einen bleibenden Eindruck bei ihr hinterlassen hat. Ihr Mann erzählt vor allem von den gemeinsamen Ferien, die er zusammen mit der Familie Bunke in Bariloche verlebte (als dieser Ort im Süden des Landes noch kein internationales Skiparadies war), sowie von den zahlreichen politischen Diskussionen, die stets in Tamaras Beisein geführt wurden.

Für Tamaras Eltern stellte der Aufenthalt in Buenos Aires nur eine Zwischenstation dar. Sie dachten keinen Augenblick daran, sich in Argentinien für immer niederzulassen. Sie verstanden sich hier als politische Flüchtlinge, als Fremde, die nach Deutschland zurückkehren würden, sobald es die Situation erlaubte. Für Tamara jedoch war Argentinien tatsächlich eine Heimat. Hier hatte sie Wurzeln geschlagen, hier war ihr Zuhause, hier lebten alle ihre Freunde. Ihr ganzes Leben lang fühlte sie sich als Argentinierin, sehnte sie sich nach der Welt ihrer Kindheit zurück, nach den Menschen, die sie in ihren ersten Lebensjahren begleitet hatten und deren Sprache ihr viel vertrauter war als die ihrer Eltern. Ausdruck solcher Sehnsucht und solchen Heimwehs war ihre geradezu unbegrenzte Begeisterungsfähigkeit für alles, was die Folklore Argentiniens betraf.

Auch später noch, weit weg vom Río de la Plata, in der DDR, auf Kuba und selbst im bolivianischen Urwald, nahm

16

sie jede Gelegenheit wahr, die populären Gesänge ihrer argentinischen Heimat zu hören. Als bolivianische Rangers einige Tage nach Tamaras Tod am Ufer des Río Grande auf ihren Rucksack stießen, befanden sich darin unter anderem mehrere Kassetten mit traditionellen Volksliedern aus Argentinien.

Jugend in der DDR

Am 29. Juni 1961 flüchtete Günther Männel vom Ministerium für Staatssicherheit (MfS) aus der DDR in die Bundesrepublik Deutschland.

Der 1932 geborene Spion hatte seit 1956 unter dem Decknamen Günther Lange für den ostdeutschen Geheimdienst gearbeitet und es trotz seiner bescheidenen Herkunft im Augenblick seiner Desertion bis zum Rang eines Oberleutnants gebracht. Diese Flucht war für die DDR, deren Spionagenetz zum damaligen Zeitpunkt rund 14000 Mitarbeiter umfaßte, ein schwerer Schlag, denn Männel bekleidete einen hohen Posten in der Abteilung III der Hauptverwaltung Aufklärung (HVA), die für die geheimdienstliche Tätigkeit in den sogenannten »neutralen« Ländern zuständig war (dazu gehörten für das MfS die Vereinigten Staaten von Amerika, Mexiko, Brasilien und Argentinien). Ihm waren zwanzig Agenten und Agentinnen unterstellt, die er persönlich angeworben und ausgebildet hatte und die von ihm in den jeweiligen Ländern eingesetzt worden waren. Eine von ihnen war die gefeierte Guerrillera Tamara Bunke. Das geht zunächst aus dem offiziellen Protokoll seines Verhörs durch die westdeutschen Behörden nach dem Seitenwechsel hervor. Außerdem wiederholte Männel diese Aussage in einem der wenigen Interviews, die er der westdeutschen Presse gab.

Auch meine eigenen Nachforschungen bei der Gauck-Behörde (im Amtsdeutsch: »der Bundesbeauftragte für die Unterlagen des Staatssicherheitsdienstes der ehemaligen

DDR«), die sich um Sichtung und Katalogisierung des noch verbleibenden Materials der *Stasi* bemüht, förderten eindeutige Beweise zu Tage, daß Tamara Bunke im Auftrag der DDR unterwegs war.

Den ersten Hinweis darauf, daß Tamara neben vielen anderen Tätigkeiten bis ans Ende ihres Lebens für das MfS arbeitete, bekam ich von einem alten Freund aus La Paz in Bolivien, und zwar von dem Soziologen und Publizisten Carlos Soria Galvarro, der seit Jahren über Che Guevara forscht. Eines Abends, als wir gemütlich im Restaurant des ganz zentral gelegenen Hotels *Gloria* tafelten und vom obersten Stockwerk aus die Blicke über das Lichtermeer unter uns schweifen ließen, zeigte er mir eine Ausgabe der bolivianischen Zeitung *El Diario* vom 9. Juli 1968. In fetten Lettern prangte folgende Schlagzeile auf der ersten Seite: »Tania war eine Spionin – Sie berichtete Ostberlin über den Che!« Daneben ein Foto, das Tamara Bunke als sittsam gekleidete Touristin bei einer Zwischenlandung auf dem Flughafen von Cuzco in Peru zeigte.

Was war mit *Ita* passiert, dem stets freundlichen, selbstsicheren Mädchen aus Argentinien, seit es mit seiner Familie in die DDR gekommen war? Was bewog die große Sportlerin und lateinamerikanische Patriotin dazu, einen so ungewöhnlichen Lebensweg einzuschlagen?

Als Tamara im Jahr 1952 mit ihren Eltern und ihrem Bruder Olaf in Ostberlin eintraf, stieß sie auf eine ihr völlig fremde Welt, in der sie überall nur Feindseligkeit und Ablehnung spürte. Der starke, unüberhörbare spanische Akzent rief sofort den Spott ihrer Umwelt hervor. Alle lachten über sie: die Leute aus der Nachbarschaft, die neuen Schulkameraden und sogar die Kinder Heinrich Byls, bei dem die Familie Bunke in den ersten Wochen Unterschlupf fand. Die Byls, überzeugte Kommunisten genau wie Erich und Nadia Bunke, waren gute Freunde von Tamaras Eltern. Sie wohnten in Babelsberg, in der Nähe von Potsdam, wo sie als Gymnasiallehrer beschäftigt waren.

Tamaras erste Reaktion auf die neue Umgebung war Haß; Haß auf die intoleranten Menschen, die sie auszulachen schienen, die ihrem offenen Wesen mit Mißtrauen begegneten und kein Verständnis für ihre Andersartigkeit hatten; Haß auf die graue Nachkriegswelt, diese Trümmerlandschaft, in der es keinen Platz für Freude, Unbeschwertheit und fröhliches Lachen gab; Haß auf ihre Eltern, die sie gezwungen hatten, alles, was ihr lieb war, aufzugeben und in der furchtbaren Kälte der DDR zu leben. Stundenlang weinte sie und ließ sich von niemandem trösten. Wann immer sich die Gelegenheit bot, provozierte sie die Konfrontation mit ihren Eltern und deren Freunden, um ihnen klar zu machen, daß sie so schnell wie möglich nach Argentinien zurückkehren wolle, falls notwendig auch ohne ihre Eltern; schließlich habe sie ausreichend Bekannte in Buenos Aires, bei denen sie unterkommen könne.

Nach ungefähr einem Monat verließ die Familie Bunke ihre Freunde in Babelsberg und zog nach Stalinstadt, das heutige Eisenhüttenstadt, in das größte Zentrum für Stahlproduktion der ehemaligen DDR. Doch für Tamara bedeutete dies keine grundsätzliche Verbesserung ihrer Lage, ganz im Gegenteil: Die Tatsache, daß Stalinstadt erst im Entstehen begriffen war – der Baubeginn datierte gerade ein Jahr zurück –, machte es von Anfang an unwahrscheinlich oder schloß es für Tamara sogar aus, hier eine neue Heimat zu finden. Es gab kaum fertiggestellte Häuser und Wohnungen. Der Ort war eine einzige Baustelle, überall stieß man auf Lastwagen, Kräne, Baugruben; eine wahre Wüstenei.

Dank ihrer guten Beziehungen zu den regierenden politischen Kreisen fanden Erich und Nadia Bunke schon bald Arbeit im Gymnasium von Eisenhüttenstadt, er als Direktor und Sportlehrer, sie als Russischlehrerin. Außerdem bekamen sie eine recht komfortable Wohnung zugewiesen, die allerdings erst zur Hälfte ausgebaut war. Die Anschlüsse für Wasser und elektrisches Licht fehlten genauso wie eine funktionierende Heizung. Das hatte zur Folge, daß die Bunkes ihre Schule nicht selten auch außerhalb der Unterrichtszeit aufsuchen mußten, um sich aufzuwärmen oder um die sanitären Anlagen zu benutzen. Doch diese Alltagsprobleme konnten weder Nadias noch Erichs Glauben an die »Sache« auch nur im mindesten erschüttern. Sie trauerten ihrem Leben in Argentinien keine Minute hinterher, denn sie waren ja extra zurückgekehrt, um beim »Aufbau des Sozialismus« mitzuhelfen.

Ihr unermüdlicher Einsatz und der Fanatismus, mit dem sie ihn leisteten, wurden von der neu gegründeten Deutschen Demokratischen Republik zufrieden zur Kenntnis genommen und mit einer Reihe von Privilegien belohnt. Schließlich waren nur relativ wenige Emigranten aus der Zeit des Nationalsozialismus in den kommunistischen Teil Deutschlands gekommen. Entbehrungen, Schwierigkeiten und das Nichtvorhandensein jeglicher politischer Freiheit störten Erich und Nadia Bunke kaum, sahen sie doch die Möglichkeit, ihren lange gehegten Traum von der klassenlosen Gesellschaft endlich in die Wirklichkeit umsetzen zu können. Für Tamara dagegen hätte der Schock nicht größer sein können, nicht nur deshalb, weil sie das fröhliche, offene und freie Leben in Buenos Aires vermißte, sondern ebenfalls, weil sie aus einem ausgesprochen reichen Land kam, das gerade eine Phase wirtschaftlichen Wohlstandes erreicht hatte, und nun unvermittelt mit einer krassen Armut und harten materiellen Einschränkungen konfrontiert wurde.

Gemeinsam mit ihrem älteren Bruder besuchte Tamara die Internatsschule *Clara Zetkin*, die nur drei Kilometer von Eisenhüttenstadt entfernt war. Hier legte sie 1956 das

Abitur ab, ohne sich allerdings besonders auszuzeichnen. Sie war alles andere als eine brilliante Schülerin, was auch aus ihrem Abiturzeugnis hervorgeht, auf dem, entgegen allen Gepflogenheiten in der DDR, nur der simple Eintrag »Bestanden« vermerkt ist. Der Hauptgrund dafür war wohl, daß sie sich auch weiterhin nach ihrer Schule in Buenos Aires sehnte und es ihr einfach nicht gelang, sich in die neue Klassengemeinschaft zu integrieren. Argentinien und Lateinamerika bildeten immer noch ihren großen Traum, und so flüchtete sie sich denn vor der tristen deutschen Umwelt in einen fieberhaften Briefwechsel mit ihren argentinischen Freunden und mit Leuten in anderen lateinamerikanischen Ländern, deren Adressen sie über die verschiedensten Kanäle erfahren hatte. Einen Brief an einen Freund in Buenos Aires beendete sie, nachdem sie sich ausführlich nach der politischen Situation in Argentinien erkundigt hatte, mit den Worten: »Spätestens bin ich Anfang 1959 zurück.« In einem anderen Schreiben, ebenfalls an Freunde vom Río de la Plata gerichtet, berichtete sie, daß sie so oft wie möglich argentinische Volksmusik und sogar Tangos von Carlos Gardel höre, um ihr Heimweh zu bekämpfen.

Ihre Liebe zur lateinamerikanische Folklore, die sie bereits in Buenos Aires entwickelt hatte, steigerte sich seit ihrer Ankunft in der DDR zu einer regelrechten Leidenschaft. Sie sammelte alles, was sie bekommen konnte: Lieder aus Argentinien, aus Bolivien, Uruguay, Chile, Peru und Mexiko. Allein für sich übte sie sogar die typischen Volkstänze aus der Heimat ihrer Kindheit ein, wie zum Beispiel die *chacarera*, den *gato* oder die *zamba*, deren erste Schritte sie in der Cangallo-Schule gelernt hatte. Kiste um Kiste füllte Tamara mit dieser Musiksammlung, die ihr ganzer Stolz war.

Allmählich reifte in ihrem Inneren ein Plan: Sie wollte zurück nach Amerika gehen und dort für den Kommunismus kämpfen – von dessen Berechtigung sie trotz aller in Ostdeutschland erlittenen Enttäuschungen genauso überzeugt war wie ihre Eltern –, wenn es nötig sein sollte, auch mit der Waffe in der Hand. Sie wollte eine echte Kommunistin werden, die den militärischen Kampf für die Durchsetzung ihrer Ideale nicht scheut. Aber diesen Kampf wollte sie nicht in der grauen und kalten Welt der DDR führen, sondern in Lateinamerika, am allerliebsten natürlich in ihrem Heimatland Argentinien.

Von nun an arbeitete sie systematisch an ihrer politischen Karriere. 1955 trat sie in die FDJ ein, wo sie sich schnell durch ihre sportlichen Fähigkeiten und ihre linientreu formulierten Ideen hervortat. Bereits 1956 wurde sie Kandidatin und zwei Jahre später Mitglied der SED. In einer dafür von ihr verlangten Stellungnahme schrieb sie:

»Ich wurde in der DDR zu einem marxistisch-leninistisch denkenden und handelnden Menschen erzogen. Darum war es für mich selbstverständlich, daß ich mein ganzes Leben, gleich in welchem Land und unter welchen Bedingungen, in den Reihen unserer marxistisch-leninistischen Partei kämpfen werde. Deshalb wurde ich auch Kandidat der SED und habe auch damit das Statut der SED anerkannt. Mein größter Wunsch ist es, in meine Heimat, Argentinien, zurückzukehren und dort meine ganze Kraft der Partei zur Verfügung zu stellen. Ich werde selbstverständlich nur mit Einwilligung der SED in meine Heimat zurückkehren. Ich habe mir viele Gedanken über meine Perspektive gemacht. Viele Genossen rieten mir zu studieren. Ich kam auch zur Überzeugung, daß es unbedingt notwendig ist, schon aus dem einfachen Grund, weil ich unserer Sache am besten dienen kann, wenn ich größeres Wissen besitze. Am wichtigsten ist in diesem Zusammenhang das Studium der Gesellschaftswissenschaften.«

Im Wintersemester 1958 schrieb Tamara Bunke sich an der Philosophischen Fakultät der Humboldt-Universität zu Ostberlin ein. Sie entschied sich allerdings nicht für ein Studium der Gesellschaftswissenschaften, sondern ließ sich im Fachbereich Romanistik immatrikulieren, vielleicht wegen ihrer Spanischkenntnisse, vielleicht aber auch nur, weil sie den Kontakt zu Lateinamerika nicht verlieren wollte.

Tamara war keine sehr eifrige Studentin. Sie verwandte statt dessen sehr viel Zeit und Kraft auf ihr politisches und soziales Engagement am Rande des Studiums. Beispielsweise organisierte sie Feste für lateinamerikanische Studenten, auf denen sie zusammen mit anderen Gitarre spielte und Volkslieder sang. Sie war bald so beliebt, daß es keine Feier gab, zu der sie nicht eingeladen wurde. Das erzählte mir vor kurzem schwärmerisch ein costaricanischer Arzt in San José, der in der DDR studiert hatte und dort mehr als einmal ihr musikalisches Talent bewundern durfte. Er erinnerte sich noch sehr gut an ihre warme, einschmeichelnde Stimme, mit der sie die Anwesenden in ihren Bann zog, und an ihr Gitarrenspiel, das im Nu die Herzen aller Zuhörer eroberte. Doch genauso gut erinnerte er sich an ihren politischen Fanatismus, an die Begeisterung, mit der sie von Argentinien und ihren revolutionären Plänen sprach, und an ihr Interesse für alles, was mit Waffen und militärischer Ausbildung zu tun hatte. So habe sie besonders gern von ihren Schießübungen berichtet. Sie war ein ausgezeichneter Schütze und hatte mehrere Preise in dieser Disziplin gewonnen.

Bereits im Jahr ihrer Ankunft in der DDR war Tamara der Gesellschaft für Sport und Technik (GST) in der »Sektion Schießen« beigetreten und hatte seitdem immer wieder an verschiedenen Wettkämpfen teilgenommen. 1957 schrieb sie ihrem Jugendfreund Pedro Spandau nach Buenos Aires: »Ich habe eine Freizeitbeschäftigung, die etwas mit Sport zu tun hat, nämlich Sportschießen. Nun ja, ich bin mir beinahe sicher, daß Du darüber nicht besonders erfreut sein wirst. Aber du darfst nicht vergessen, daß Schießen und Schießen nun mal zwei verschiedene Dinge sind. Schießen als Sportdisziplin wird es immer geben. Es hilft der Konzentration und erzieht uns zu Ausdauer und Beständigkeit. Hoffentlich kommt bald der Tag, da wir allein aus diesem Grund schießen werden. Im Augenblick müssen wir leider auch an andere Dinge denken. Unsere junge Deutsche Demokratische Republik wird vom Westen bedroht. Deshalb lernen alle in der Gesellschaft für Sport und Technik heute schießen.«

Gemeinsam mit ihren lateinamerikanischen Kommilitonen gründete Tamara Bunke in Berlin ein politisches Komitee, die sogenannte *Ernst-Thälmann-Gruppe*, wo über die Nachrichten aus den jeweiligen Ländern Lateinamerikas und über die Entwicklung in der DDR diskutiert wurde. Nicht selten ging es dabei sehr heftig zu. Ein argentinischer Ingenieur, der in Halle studierte, jedoch des öfteren Gelegenheit hatte, bei den Treffen in Berlin zugegen zu sein, berichtete mir von einer Auseinandersetzung mit Tamara über mögliche Ursachen des unterschiedlichen Verhaltens von Ost- und Westberlinern. Als er den allgegenwärtigen Geheimdienst der DDR für das ängstliche Verhalten der Ostberliner verantwortlich machte und ihm die Schuld daran gab, daß sich diese wie vom Wissen um ihre Verfehlungen geduckte und vorab reumütige Menschen benähmen, protestierte Tamara lautstark und verteidigte das kommunistische System vehement. Dann aber, als ihr die Argumente knapp zu werden schienen, meinte sie nur lapidar: »Was soll's. Im Grunde ist das nicht mein Problem. Ich bin Argentinierin und gehe sowieso schon bald weg.«

Besondere Aufmerksamkeit widmete man in der *Ernst-Thälmann-Gruppe* dem Geschehen auf Kuba, welches

Tamara seit 1957, als die ersten Meldungen von den Kämpfen der Aufständischen auf der Zuckerrohrinsel in der DDR eintrafen, fasziniert verfolgt hatte. Jeden Neuankömmling aus Lateinamerika fragte sie aus, um so viel wie möglich über die jüngste Entwicklung zu erfahren. Am 2. Januar 1959, nachdem der Diktator Batista von der Insel geflohen war, schrieb sie in einem Brief an einige lateinamerikanische Freunde: »Wir sind hier völlig verrückt angesichts der Nachrichten aus Kuba und können es kaum abwarten, mehr darüber zu hören. Der Kampf des kubanischen Volkes ist wahrhaftig ein Beispiel für ganz Lateinamerika, für die ganze Welt. Gerade eben wurde bekanntgegeben, daß die Rebellen Santiago besetzt haben.« Als der Text der *Hymne des 26. Juli*, der Hymne der kubanischen Revolution, in Tamaras Hände gelangte, übersetzte sie ihn sofort ins Deutsche und half dem Chor der Romanistischen Fakultät an der Humboldt-Universität dabei, das Lied einzustudieren.

Mit der Zeit entwickelte sich Tamara zur Anlaufstelle für alle Lateinamerikaner, die neu in die DDR, vor allem nach Ostberlin, kamen. In den kommunistischen Kreisen Lateinamerikas hatte es sich herumgesprochen, daß es im Ostteil Deutschlands eine Studentin gab, die jungen Landsleuten beim Start in jener fremden Welt half und die ihnen sogar Zugang zu den wichtigen politischen Entscheidungsinstanzen verschaffen konnte. »Mach dir keine Sorgen. Frag einfach nach Tamara, wenn du in Berlin ankommst«, so lautete in etwa der Ratschlag, den ein Peruaner zu Hause von seinen Freunden erhielt. Und er wurde nicht enttäuscht: Tamara unterstützte ihn genauso bereitwillig und selbstlos wie viele andere vor oder nach ihm.

Neben ihren Kontakten zu lateinamerikanischen Zirkeln, insbesondere aus dem Studentenmilieu, pflegte Tamara auch weiterhin ihre Verbindungen zur FDJ und zur SED. So war es nur eine Frage der Zeit, bis man ihr immer häufiger die Betreuung ausländischer Gäste anvertraute, in erster Linie natürlich von Gästen aus Lateinamerika. Sie begleitete sie während der Stadtführungen und bei der Besichtigung einzelner Sehenswürdigkeiten, sie übernahm die Übersetzung bei Vorträgen und Konferenzen, und sie kümmerte sich nicht zuletzt um das Unterhaltungsprogramm an den Abenden.

Was nun kommen sollte, war in Anbetracht der Verhältnisse in der DDR geradezu unvermeidlich: Der ostdeutsche Geheimdienst, der damals nur über eine sehr begrenzte Zahl wirklich qualifizierter Mitarbeiter verfügte, wurde auf Tamara Bunke aufmerksam. Er stellte recht bald fest, daß Tamara dank ihrer Sprachkenntnisse (neben ihrer Muttersprache, dem Spanischen, beherrschte sie das Russische und Englische ziemlich gut) und ihrer hervorragenden Beziehungen zu verschiedenen linksgerichteten Kreisen in Lateinamerika alle Voraussetzungen mitbrachte, um eine ideale Agentin zu werden. Außerdem garantierte der orthodoxe kommunistische Hintergrund der Familie Bunke ihre vollkommene politische Zuverlässigkeit. Bereits im Jahr 1959 nahm das Ministerium für Staatssicherheit die ersten Kontakte zu Tamara auf, um sie auf ihre spätere Aufgabe vorzubereiten, und setzte sich auch mit ihren Eltern in Verbindung, die nichts gegen eine Tätigkeit ihrer Tochter für die *Stasi* einzuwenden hatten und bisweilen sogar die eigene Wohnung für geheime Treffen zur Verfügung stellten.

Derjenige aber, der den Kontakt anbahnte, war kein anderer als Günther Männel, Oberleutnant in der Abteilung III der Hauptverwaltung Aufklärung, nach Horst Jänicke (alias Wagner) der zweitwichtigste Mann in dieser Abteilung. Parallel zu Tamaras politischer Arbeit in der Partei, in diversen Studentenorganisationen oder in der *Ernst-Thälmann-Gruppe* erfolgte jetzt die methodische Einführung in ihre zukünftige geheimdienstliche Tätigkeit. Außer dem entsprechenden militärischen Training, einem Gebiet, auf dem sie bereits viele Erfahrungen gesammelt hatte, erhielt sie eine gründliche Ausbildung als Agentin. Gleich von Beginn an mußte sie ausländische Gäste, die nicht nur aus Lateinamerika, sondern auch aus Europa kamen, beschatten. So zum Beispiel während der berühmten Leipziger Messe, auf der sie ihren ersten großen Einsatz hatte.

Nicht selten baute sie ein recht intimes Verhältnis zu den von ihr zu beobachtenden Personen auf. Auf diese Weise gelang es ihr besser, die gewünschten Tonbandmitschnitte und kompromittierenden Fotos zu besorgen, mit denen Männel und seine Abteilung anschließend die Gäste aus dem Ausland unter Druck setzen konnten. Mit Hilfe ihrer Persönlichkeit, ihres angenehmen äußeren Erscheinungsbildes sowie ihrer Sprachkenntnisse, doch ebenfalls mit Hilfe ihrer professionellen Härte und Rücksichtslosigkeit konnte sie schon früh mit beachtlichen Erfolgen aufwarten. Das bestätigte ihr ehemaliger Chef nach seiner Desertion, und er nannte als Beispiel eine Reihe wichtiger Funktionäre der französischen Regierung, die man dank Tamaras guter Arbeit hätte erpressen können.

Aber Tamara war keine unterwürfige oder gar willfährige Mitarbeiterin. Ständig geriet sie mit ihren Vorgesetzten in Konflikt. Wahrscheinlich hatten diese ihr bei ihrem Eintritt das Versprechen gegeben, sie so bald wie möglich nach Lateinamerika zu schicken, denn Tamara drängte auf die Erfüllung dieses Versprechens, so oft sich die Gelegenheit dazu bot. Aus einem Dokument des Ministeriums für Staatssicherheit vom 23. Juli 1962, das ich bei der Gauck-Behörde in Berlin einsehen konnte (Arb. Tgb. Nr. 256/ 6102/Mü), geht eindeutig hervor, daß das MfS tatsächlich beabsichtigte, Tamara im Ausland einzusetzen. Zunächst war für sie ein kurzer Aufenthalt auf Kuba vorgesehen; dann sollte sie nach Argentinien fahren, ihre Papiere in Ordnung bringen und einen regulären argentinischen Paß

beantragen, um am Ende problemlos in die USA eingeschleust werden zu können.

Bevor es dazu kam, erhielt Tamara jedoch von ihrem
Chef Günther Männel einen neuen Auftrag: Sie sollte
Ernesto Che Guevara ansprechen, sobald er in der DDR
war, und versuchen, sein Vertrauen zu gewinnen. Das MfS
wollte sich so Informationen über dessen Pläne und Aktivitäten verschaffen. Gegenüber einer westdeutschen Zeitung erklärte Männel im Mai 1968 ohne Umschweife: »Ich
selbst habe Tamara Bunke auf Guevara angesetzt.«

Tamara erfüllte ihre Mission zur vollen Zufriedenheit
ihrer Vorgesetzten. Im Dezember 1960 begegnete sie Che
Guevara in Berlin zum ersten Mal, wenige Tage später
folgte ein zweites Treffen in Leipzig. Che stand an der
Spitze einer kubanischen Handelsdelegation, die ein fünf-
jähriges Abkommen zwischen der kubanischen National-
bank, deren Direktor er zu jener Zeit war, und dem Außen-
handelsministerium der DDR unterzeichnen sollte. Tamara
präsentierte sich ihm als argentinische Studentin und aktives Mitglied verschienener ostdeutscher und lateinamerika-
nischer Studentenorganisationen. Sie erzählte ihm ausführlich von ihrem kommunistischen Elternhaus, von ihrem
Leben in Argentinien und von ihrem großen Wunsch, bald-
möglichst in ihre Heimat zurückkehren zu können. Ihre
Worte verfehlten die Wirkung nicht, zumal sie in Leipzig
sogar ihre Gitarre dabei hatte und gemeinsam mit Che
Volkslieder aus Argentinien sang. Che war von Tamara tief
beeindruckt, wie er später mehreren Kubanern aus seiner
Delegation gestand. Aber auch an Tamara ging die Begegnung mit dem berühmten Landsmann und weltweit bewun-
derten politischen Führer nicht spurlos vorbei.

Es ist mehr als wahrscheinlich, daß es bereits in jenen
Tagen zu intimen Beziehungen zwischen den beiden Argentiniern kam. Che Guevara galt als ausgesprochener Frauen-
held, und Tamaras attraktive äußere Erscheinung sowie ihr

einnehmendes Wesen ließen ihn bestimmt nicht kalt. Tamara wiederum kannte keinerlei Hemmungen, und für sie war es vielleicht nicht nur beruflich, sondern auch persönlich gesehen ein großer Erfolg, ein sexuelles Verhältnis mit Che Guevara zu haben. Tamaras spätere Kommentare ihren Eltern und lateinamerikanischen Freunden gegenüber legen eine solche Vermutung jedenfalls sehr nahe.

Als sich Che von ihr vor der gesamten kubanischen Delegation verabschiedete, versprach er ihr, daß er für ihre baldige Ausreise nach Kuba sorgen werde und sie schon demnächst im Rahmen eines wichtigen Projektes einsetzen wolle. Die ostdeutschen Behörden bat er, Tamara bei allen offiziellen Besuchen von kubanischen Funktionären in der DDR als Dolmetscherin einzusetzen, da sie deren volles Vertrauen verdiene.

Mit nur 23 Jahren war Tamara Bunke damit bereits eine versierte Agentin. Dieser Einsatz brachte ihrem Chef sogar eine Beförderung ein. Auch dem KGB, der eine wichtige Zentrale in Berlin-Karlshorst hatte, blieben Tamaras Qualitäten nicht verborgen. Die Außenstelle des sowjetischen Geheimdienstes, deren Kommandeur General Samoschenko war, informierte Moskau damals nicht nur regelmäßig über die Aktivitäten der *Stasi*, sondern erteilte dem ostdeutschen Geheimdienst direkte Befehle. In der Normannenstraße 22 im Stadtbezirk Lichtenberg, dem Hauptsitz des MfS, arbeiteten sogar mehrere KGB-Agenten, die die Aufgabe hatten, ihre ostdeutschen Kollegen zu überwachen. Sie ließen Günther Männel wissen, daß sie ein nicht geringes Interesse an Tamara Bunke hätten: Sie sollte Che Guevara beschatten.

Der KGB mißtraute Che Guevara zutiefst. Seine chinafreundliche Gesinnung, seine offene und harte Kritik an der Führung mehrerer südamerikanischer kommunistischer Parteien, sein ausgeprägter Individualismus sowie seine charismatische Ausstrahlung machten ihn in den Augen der Sowjetunion zu einer im höchsten Maße verdächtigen Persönlichkeit.

Als Günther Männel Tamara über das Anliegen des KGB in Kenntnis setzte, war sie nach einigen Überlegungen zur Zusammenarbeit mit dem sowjetischen Geheimdienst bereit. Vermutlich sah sie darin eine zusätzliche Chance, so schnell wie möglich nach Kuba zu kommen und der von ihr so wenig geliebten ostdeutschen Umgebung zu entfliehen. Alles schien sich für sie gut anzulassen, als man sie Anfang 1961 in die kubanische Vertretung in Berlin einschleuste. Doch als sich dann wochenlang wieder nichts tat, beschloß sie, ihr Schicksal nun selbst in die Hand zu nehmen und auf eigene Faust nach Kuba zu reisen. Vielleicht wurde sie in diesem Entschluß auch durch einen Funktionär der kubanischen Vertretung in Prag bestärkt, mit dem sie ein Verhältnis hatte. Tatsache ist, daß sie am 1. Mai 1961 die DDR verließ, ohne vorher ihre Vorgesetzten darüber informiert zu haben, und von Prag aus direkt nach Havanna flog.

In einem Bericht des Ministeriums für Staatssicherheit über Tamara und ihre Zusammenarbeit mit Günther Männel vom 27. Juni 1962 heißt es explizit: »Seit Bestehen der Mission Kuba in der DDR, von Anfang 1961 bis zum 01.05.1961, arbeitete dort als Dolmetscherin eine B u n k e , Tamara. (…) Nach der erfolgten Rücksprache mit dem ehemaligen Mitarbeiter Männel der HVA bestätigte dieser unserem Mitarbeiter, daß dieselbe als IM arbeitet. (…) Inoffiziell wurde bekannt, daß dieselbe mit einem Mitarbeiter der kubanischen Vertretung in Prag ein Verhältnis unterhielt und am 01.05.1961 die DDR illegal verlassen hat und über die kubanische Vertretung in Prag nach Kuba kam, wo sie zur Zeit in Havanna wohnhaft ist.«

Derselbe Bericht erwähnt auch eine Freundin Tamaras, die unter dem Decknamen Patria ebenfalls an der kubanischen Botschaft in Berlin beschäftigt war und wie sie als IM (inoffizieller Mitarbeiter) im Dienst des ostdeutschen Geheimdienstes stand. In ihren begeisterten Briefen an Patria drängte Tamara diese, ihr doch nach Havanna zu folgen. Patria aber benachrichtigte die *Stasi*, die sofort reagierte. Sie befahl Patria, in der kubanischen Vertretung zu kündigen und eine Stelle bei der DEFA anzunehmen, in deren Auftrag sie dann, ohne größeres Aufsehen zu erregen, für kurze Zeit nach Kuba reisen konnte. Das MfS wollte auf diese Weise offensichtlich zwei Fliegen mit einer Klappe schlagen: Es wollte einerseits von Tamara Genaueres über ihren früheren, inzwischen desertierten Chef in Erfahrung bringen und andererseits den Kontakt zu der für die DDR so wichtigen Agentin wieder herstellen, was scheinbar auch gelang.

Nach dem von einem Oberstleutnant namens Heinrich am 27. Juni 1962 vorgelegten Report nahmen die Ereignisse ihren Lauf: »Patria kündigte daraufhin zum 01. 06. 1962 in der kubanischen Mission und nahm ein Arbeitsverhältnis bei der DEFA an und reist am 01. 07. 1962 mit der DEFA als Dolmetscherin für ¼ Jahr nach Kuba. Da Patria die Bunke in Havanna treffen wird, besteht die Möglichkeit, einiges über den ehemaligen Mitarbeiter Männel zu erfahren.«

Daß Tamara von nun an nicht nur für das Ministerium für Staatssicherheit der DDR, sondern auch für den sowjetischen KGB arbeitete, wurde mir durch den in Miami lebenden ehemaligen CIA-Agenten Félix I. Rodríguez bestätigt, der als Berater der bolivianischen Armee eine entscheidende Rolle bei der Bekämpfung der Guerrilla und der Verhaftung Che Guevaras spielte. Er war der letzte, der Che Guevara verhörte, bevor dieser von bolivianischen Soldaten ermordet wurde, und er hatte ausreichend Gelegenheit, vor Ort mit vielen Augenzeugen zu sprechen sowie kostbares Material, darunter zahlreiche Fotos, zu sammeln. Er zeigte mir Dokumente, die Tamaras Tätigkeit für den KGB unzweifelhaft belegen. In einem offiziellen Schreiben, das entweder vom State Department oder aus der CIA-Zentrale stammte, konnte ich lesen: »... it was ultimately learned by the CIA, that Tania's primary employer was the Soviet KGB which, like the CIA, wanted to keep tabs on Guevara's Cuban-sponsored revolutionary activities in Latin America ...« (»... der CIA hat vor kurzem herausbekommen, daß Tanias wichtigster Auftraggeber der sowjetische KGB war, der – genau wie der CIA – Guevaras von Kuba aus finanzierte revolutionäre Aktivitäten in Lateinamerika beobachten wollte ...«).

Streng vertraulich! Nur für den Dienstgebrauch!

Name: (bei prom. akad. Mädennamen)		Vorname: Günter
Geburtstag, Ort, Kreis, Bezirk: 13.2.32 in Niederalbersdorf	Nationalität: deutsch	
Krs. Werdau	Muttersprache: deutsch	Religion:
wohnhaft: Kbl.:	Fremdsprachen: keine (Wort oder Wort und Schrift)	

		Männel		

Parteizugehörigkeit nach Mai 1945 seit:	soziale Herkunft: Arbeiter	Dienst bei der VP: von bis bis.30.11.1955.
Kandidat seit: Nov.1955 Kand.Nr. 2.816.744 Dok.Nr.	sozialer Stand: KVP-Angestellter	Eintritt in die StS: 1.12.1955.
Mitglied der FDJ seit: 15.6.464. KB 47 / DSF 48	erlernter Beruf: Einzelhandelskaufmann	
Parteizugehörigkeit vor Mai 1945	Beruf der Eltern	Gefangenschaft oder Internierung im 2. Weltkrieg: wann, wo?
KPD - SPD — andere Parteien, Grund des Ausscheidens?	vor 1945	nein
entfällt		
	nach 1945	Aufenthalt in Westberlin u. Westdeutschland, wann, wo, Tätigkeit?
Oppositionelle Gruppen wann, welche?	Schulbildung: Volks-, Mittel-, Ober-, Hochschule, welche beendet?	nein
entfällt	Volksschule	
	Handelsschule	Aufenthalt im Ausland: wann, wo?
Funktion(en) vor und nach Mai 1945 wann, welche Grund?	Schulen der VP und StS:	nein
entfällt	'52 - Herbst 53 Offiziersschule in Döbeln	Welche Verwandte des Kandidaten oder seiner Ehefrau von den Sicherheitsorganen der DDR verfolgt: wer, wann, weshalb?
VdN-Opfer/Kämpfer: nein Ausweis-Nr.		
welche Stelle, wo verhaftet:	Partei, FDGB, FDJ- und andere politische Schulen:	nein
Verhaftet: wann, Grund, Strafmaß: nein		

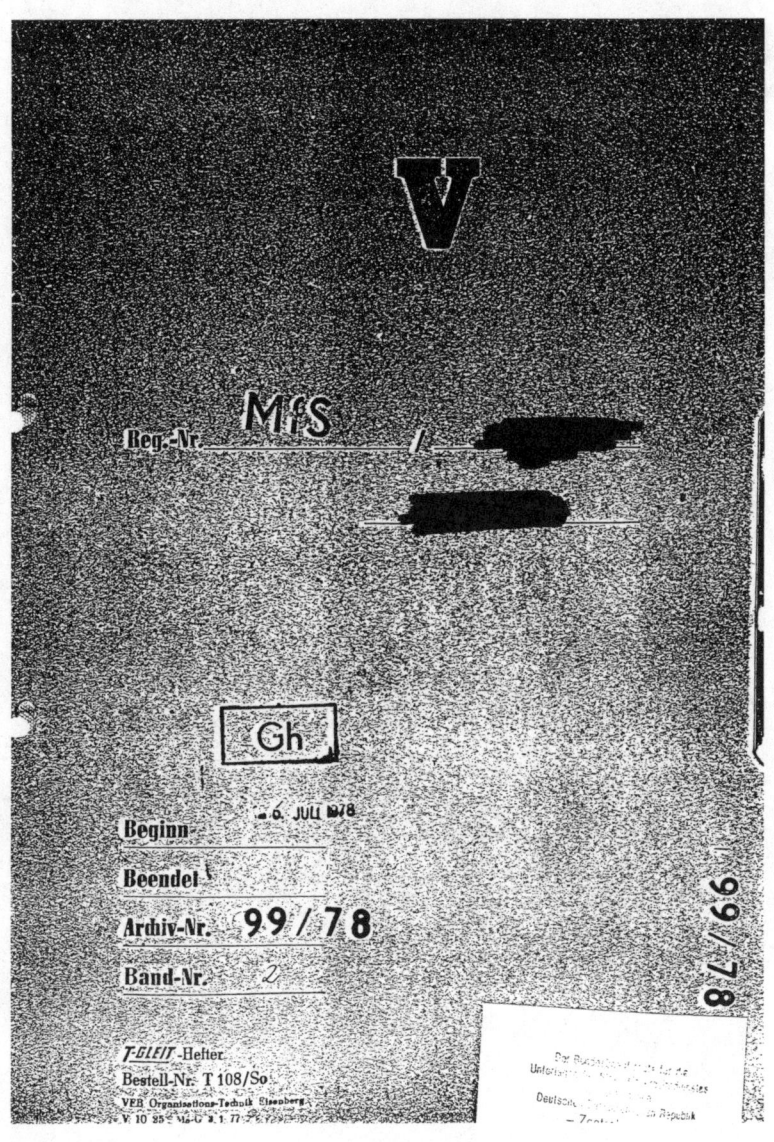

V

Reg.-Nr. MfS /

Gh

Beginn — 6. JULI 1978

Beendet

Archiv-Nr. 99 / 78

Band-Nr. 2

T-GLEIT-Hefter
Bestell-Nr. T 108/So
VEB Organisations-Technik Eisenberg
V 10 35 V2-U 3. 1. 77

99/78

35

BStU
000158

An das
Ministerium für Staatssicherheit
Genossen Generalmajor Beater

Potsdam, den 27. 06. 1962
Hei/No
Tgb.-Nr.: " R " /   /62

B e r l i n

Betr.: Ehemaligen Mitarbeiter der HV - A - Männel

Bezug: ohne

Seit Bestehen der Mission Kuba in der DDR - Anfang 1961
bis 01. 05. 1951 arbeitete dort als Dolmetscherin eine
B u n k e , Tamara.
Inoffiziell wurde bekannt, daß dieselbe mit einem Mitarbeiter der kubanischen Vertretung in Prag ein ██████
████████ unterhielt und am 01. 05. 1961 die DDR illegal verlassen hat und über die kubanische Vertretung
in Prag nach Kuba kam, wo sie zur Zeit in Havanna wohnhaft ist.

Eine Überprüfung der B. sowie ihrer Eltern ergab, daß
diese für die HV - A - einliegen.
Nach der erfolgten Rücksprache mit dem ehemaligen Mitarbeiter
Männel der HV - A - bestätigte dieser unseren Mitarbeiter,
daß dieselbe als IM arbeitet und die Eltern als KW einliegen.
Nach Auskunft des Männel sollte die B. damals in Perspektive
in Argentinien eingesetzt werden.

Im Jahre 1961 / 1962 berichtete der für die Abteilung - R -
registrierte IM - Patria -, welche als Dolmetscherin in der
kubanischen Mission arbeitete, mehrere Briefe von der
BUNKE, Tamara erhalten zu haben, worin sie aufgefordert
wurde, ebenfalls nach Kuba zu kommen.
Der Vater der B., welcher damals Vorsitzender des Komitees
für Freiheit Kubas war, gab ihr ebenfalls den Rat, nach Kuba
zu fahren.
- Patria - kündigte daraufhin zum 01. 06. 1962 in der kubanischen Mission und nahm ein Arbeitsverhältnis bei der DEFA
an und reist am 01. 07. 1962 mit der DEFA als Dolmetscherin
für 1/4 Jahr nach Kuba.
Da - Patria - die Bunke in Havanna treffen wird, besteht
die Möglichkeit einiges über den ehemaligen Mitarbeiter
Männel zu erfahren.

Deshalb bitte ich zu veranlassen, daß bei evtl. Interesse
an Männel von Seiten der HV - A - mit mir Rücksprache genommen wird, um evtl. Maßnahmen einzuleiten, da doch leicht
die Möglichkeit besteht, daß der Männel im Auftrage westlicher
Geheimdienststellen jetzt noch solche Verbindungen für sich
ausnutzt.

Leiter der Abteilung - R -

Heinrich
Oberstleutnant

L. III
z. R.
11.7.

36

B e r i c h t

*Bericht erhalten am
24. 1. 63* *Ri.*

Betr.:   *Bunke Tamara*

Durch einen Hinweis der Abteilung I erhielten wir Kenntnis
von der beabsichtigten Ausreise der B. nach Kuba, mit der
späteren Absicht, sich endgültig in Argentinien niederzulassen.
Auf Grund dessen wurde vereinbart, daß das Material von der
Abt. I übernommen wird.
Mit der B. wurde Kontakt aufgenommen und sie erklärte grundsätzli‹
ihr Einverständnis mit uns zusammenzuarbeiten und eine
ständige Verbindung auch von Argentinien zu halten.
Das Ziel bestand seinerseits darin, sie nach der Legalisierung
in Argentinien nach den USA weiter zu schleusen.
Durch die Kürze der Zeit erfolgte lediglich eine allgemeine
Instruktion und die Festlegung beim späteren persönlichen
Treff nähere Einzelheiten zu beraten.
Unmittelbar nach ihrer Ausreise nach Kuba erfolgte der Verrat
von Männel, so daß sie am 4.7.1961 von uns angeschrieben wurde
mit der Aufforderung, Süd - oder Nordamerika nicht aufzusuchen
und auf jeden Fall vorher Rücksprache mit uns zu nehmen.
Seitdem besteht zur B. keinerlei Verbindung und sie selbst hat
nach der Ausreise nichts von sich hören lassen.
Es wurde bekannt, daß sie z.Zt. in Kuba sehr fortschrittlich
auftritt, aber ständig versucht sich den DDR - Delegationen
als Dolmetscherin aufzudrängen. Offiziell hat sie keine Arbeits-
stelle, arbeitet aber gelegentlich für eine ganze Reihe
kubanischer Dienststellen als Dolmetscherin.
Ihren Entschluß nach Argentinien auszuwandern hat sie angeblich
aufgegeben, beabsichtigt in Kuba zu bleiben und auch die
kubanische Staatsangehörigkeit anzunehmen . Sie hat auch eine
enge Verbindung zur kubanischen Sicherheit.

-2-

37

Sie hat Erlaubnis Miliz - Uniform zu tragen und macht ständig
davon Gebrauch.
Auf Grund des Verrates ist eine weitere Bearbeitung des
Vorganges nicht erfolgt.

(Täger
Major

angef. 2 Ex. 2 Bl.

38

Auf Kuba

Mit ihrer Ankunft in Havanna am 12. Mai 1961 um 15.45 Uhr an Bord eines Flugzeuges der Luftfahrtgesellschaft *Cubana de Aviación* begann Tamara Bunkes Karriere als dreifache Agentin. Schon bald sollte sie nicht nur für den sowjetischen KGB und das Ministerium für Staatssicherheit der DDR, sondern obendrein für die kubanische DGI (Dirección General de Inteligencia) arbeiten. Ihr Liebhaber aus der kubanischen Botschaft in der Tschechoslowakei, der sie auf ihrem Flug nach Kuba begleitete, war ein Mitarbeiter des kubanischen Geheimdienstes und hatte bereits vor ihrer Reise neben der privaten auch eine erste konspirative Beziehung geknüpft.

So kam es, daß sie in Havanna auf dem Flughafen von mehreren Angehörigen der DGI, die für sie eine komfortable Unterkunft besorgt hatten, herzlich begrüßt wurde. Bereits wenige Tage darauf lernte sie einen hohen Mitarbeiter der gerade neu gegründeten DGI kennen. Es war deren späterer Leiter Manuel Pineiro (alias Barbarroja), eine der faszinierendsten Gestalten der kubanischen Revolution, der in Zukunft von Havanna aus alle geheimdienstlichen Aktivitäten der Zuckerrohrinsel auf dem lateinamerikanischen Kontinent steuern sollte.

Tamara Bunke war begeistert von Kuba. Endlich war sie wieder in Lateinamerika und noch dazu in den Tropen, weit weg vom tristen Alltagsgrau der DDR. Die Atmosphäre atmete noch den luxuriösen Geist der jüngstvergangenen durch den hohen Stellenwert, den sie für ihre kubanischen Gastgeber besaß, in den Genuß zahlreicher Privilegien, die ihr das Leben wie einen Traum erscheinen ließen.

Der erste Brief an ihre Eltern mit Datum vom 26. Mai 1961 spiegelte diese Begeisterung in jeder Zeile wider. So erzählte sie von ihrem herrlichen Apartment mit Klimaanlage und einem Balkon, der aufs Meer hinausging. Mit derselben Emphase sprach sie gleich im Anschluß von der Kampfbereitschaft der Kubaner, die zwar noch längst nicht alle korrekte Uniformen trügen, dafür jedoch zuverlässige Pistolen und Maschinengewehre tschechischer Bauart hätten. Sie freute sich über die schnelle Auffassungsgabe der Kubaner, über ihre geistige Anpassungsfähigkeit und Beweglichkeit: »Sie haben alle *agilidad mental*, nichts ist unlösbar, man findet immer einen Weg, und dabei helfen sich alle Organisationen und Institutionen gegenseitig. (...) Übrigens, es wird zu jeder Zeit gearbeitet. Zu einem Ministerium kannst du um 24 Uhr in der Nacht und auch am Sonntag um 14 Uhr kommen. (...) Havanna ist wunderschön, die Bäume, die Palmen, das Meer, die Architektur ... Es ist schwer, äußerst schwer, alles zu beschreiben.«

Tamara hatte es geschafft, die ostdeutschen Behörden zu überrumpeln und ihren sehnlichsten Wunsch in die Tat umzusetzen. Wie stark dieser Wunsch war, das dokumentiert beispielsweise der Bericht, den Tamaras Eltern einem kubanischen Journalisten über die Monate unmittelbar vor ihrer illegalen Reise nach Havanna gaben, auch wenn dieser nachweislich nicht in allen Einzelheiten der Wahrheit entspricht. (Schließlich darf nicht vergessen werden, daß ihr Vater Erich und ihre Mutter Nadia ebenfalls enge Beziehungen zum MfS unterhielten und ihre Wohnung sogar für heimliche Treffen zwischen Tamara und ihren Auftraggebern zur Verfügung gestellt hatten.)

In diesem Bericht ist unter anderem davon die Rede, daß

»sie sich nichts sehnlicher wünschte, als nach Kuba zu fahren. Sie war der festen Meinung, daß dies das Wichtigste für sie in jenem Augenblick war. Die letzten zwei Jahre verbrachte sie im Grunde damit, ihre Reise nach Lateinamerika vorzubereiten. Sie kümmerte sich um ihren Paß und verschaffte sich die Genehmigung der Partei und der Regierung, das Land verlassen zu dürfen. Die kommunistische Partei hatte viel Verständnis für unsere Tamara. Sie wußte, wie sehr ihr daran gelegen war, nach Südamerika zu gehen, und sie wußte auch, daß sie jemand ganz Besonderes war. (…) Auf einer Versammlung sagten einige Parteifreunde einmal zu ihr: Wir kennen dich sehr gut und sind uns absolut sicher, daß du deinen Kampf in den Reihen der Arbeiterklasse und der revolutionären Bewegung fortsetzen wirst, ganz gleich, wo du auch sein wirst, ob nun in einem sozialistischen oder einem kapitalistischen Land.«

Die Erklärungen der Eltern lassen keinen Zweifel an Tamaras wahren Zukunftsplänen aufkommen. Nicht Kuba war ihr eigentliches Ziel, sondern Argentinien. Fidel Castros Insel betrachtete sie nur als ein Sprungbrett, von wo aus sie leichter in ihre frühere Heimat gelangen konnte. »Tamara hatte die Idee, daß sie auf Kuba vieles über die kubanische Revolution lernen konnte«, erzählten Erich und Nadia Bunke dem Journalisten aus Havanna. »Ihrer Meinung nach würde ihr dieses Wissen bei ihrer späteren revolutionären Arbeit in Argentinien sehr nützlich sein. Sie war nun einmal der festen Überzeugung, daß es ihre Pflicht war, in Lateinamerika zu kämpfen, und wir konnten und wollten sie nicht zurückhalten.«

Auch der ostdeutsche Geheimdienst konnte dies nicht. Er schaffte es nicht einmal, zu verhindern, daß Tamara sofort von der kubanischen DGI angeworben wurde und so in den Dienst Barbarrojas eintrat. Che Guevara, ihr Landsmann und Mentor, hatte diesen aufgefordert, sie auf die Teilnahme am größten Projekt seines Lebens vorzubereiten und dementsprechend auszubilden: Er plante die Bildung einer Guerrilla auf bolivianischem Boden. Er wollte den Guerrillakrieg von dort aus in die benachbarten Länder tragen, vor allem nach Argentinien, und damit seinen Traum von einem sozialistischen Südamerika verwirklichen.

Tamara Bunke war von diesem Zeitpunkt an gezwungen, einen Kampf gegen mehrere Unmöglichkeiten zugleich zu führen. Sie mußte Dinge miteinander koordinieren, die sich gar nicht koordinieren ließen: ihre Arbeit für Che Guevara, Barbarroja und den kubanischen Geheimdienst; die Berichte an den KGB, für den Tamara eine wichtige Figur darstellte, nicht etwa weil sie ihn über die interne Entwicklung Kubas auf dem Laufenden halten sollte, sondern vielmehr weil die Sowjetunion hoffte, durch sie die geheimen Pläne Fidel Castros, Barbarrojas und des Che aufzudecken, denen sie generell mißtraute; und, *last but not least*, die Mitarbeit beim MfS der DDR, Tamaras zweiter Heimat, wo ihre Eltern dank intensiver Kontakte zur SED-Spitze ein angenehmes Leben führten.

Politisch gesehen traf Tamara Bunke zu einem sehr brisanten Augenblick in Havanna ein. Die Ereignisse schienen sich zu überschlagen: Einen Monat vor ihrer Ankunft, am 17. April 1961, war eine 1400 Mann starke Brigade von Exilkubanern in der Schweinebucht an der Südküste der Provinz Las Villas gelandet und bereits zwei Tage später gescheitert. Die 1400 Männer waren entweder gefallen oder befanden sich in Gefangenschaft. Fidel Castro aber hatte einen überwältigenden militärischen Sieg errungen, der seine Position erheblich stärkte. Einer der Gründe für das Scheitern der Invasion war, daß der CIA, der wesentlich an deren Vorbereitung beteiligt gewesen war, die Exilkubaner im letzten Moment im Stich ließ.

Diese hatten davon geträumt, im großen Stil in Kuba einzufallen, mit modernen Schiffen, schnellen Patrouillenbooten der US Marine und sogar Jagdfliegern, so wie sie es aus Filmen über den Zweiten Weltkrieg kannten. Doch als sie statt der lautstark versprochenen modernen Ausrüstungen nur abgetakelte Handelsschiffe und ein paar uralte Boote mit Außenbordmotor erhielten, verringerten sich ihre Erfolgschancen auf ein Minimum. Außerdem kam es auf der Insel nicht zu einem parallelen Aufstand der kubanischen Bevölkerung, wie ihn der CIA vorausgesagt hatte. Bis heute ist die unentschiedene Teilnahme des nordamerikanischen Geheimdienstes an der Invasion in der Schweinebucht ein viel diskutiertes Thema der exilkubanischen Kreise in Miami, die sich immer noch nicht über die verborgenen Absichten des CIA in dieser Angelegenheit im klaren sind.

Fidel Castro aber ging gestärkt aus diesem Konflikt hervor. Unerschrocken suchte er nicht nur die Konfrontation mit dem großen Nachbarn im Norden, sondern distanzierte sich auch mehr und mehr von der Sowjetunion. Am 31. Januar 1962 verkündete er die »Zweite Deklaration von Havanna«, eine unverhüllte Kritik an der konformistischen, moskauhörigen Politik der lateinamerikanischen kommunistischen Parteien, die mit der Forderung nach einer echten Revolution auf dem gesamten Kontinent verbunden war. Dieser Aufruf an ganz Lateinamerika zum Kampf gegen den nordamerikanischen Imperialismus machte der Sowjetunion unmißverständlich den Führungsanspruch über die revolutionären Bewegungen südlich des Río Grande streitig.

Für Tamara war das eine ganz neue Erfahrung. Sie sah sofort, daß sich die politische Situation auf Kuba grundsätzlich von der in der DDR unterschied. Sie war von den kubanischen Revolutionsführern stark beeindruckt, weil diese sich nicht so von Moskau abhängig fühlten wie die ostdeutschen Parteifunktionäre. Kuba strebte danach, eine eigenständige Politik zu machen, und wollte sie sogar auf den gesamten amerikanischen Kontinent exportieren. Die kommunistischen Geheimdienste verfolgten diese Entwicklung mit der gehörigen Aufmerksamkeit und schrieben Tamara Bunke eine Schlüsselfunktion in ihrer Strategie zu. Seit Ende 1961 war der KGB durch seine Agenten auf der Insel darüber informiert, daß Mitglieder der kubanischen Regierung, und das galt unter anderem für Che Guevara, nicht nur die Außenpolitik der Sowjetunion heftig kritisiert hatten, sondern auch die kolonialistische Form der Handelspraxis sowie die schlechte Qualität der gelieferten Produkte.

Chruschtschow kam schließlich zu der Überzeugung, daß Fidel Castro abgesetzt und durch einen kommunistischen Führer der älteren, den Sowjets treu ergebenen Garde abgelöst werden müsse. Er sorgte dafür, daß die Macht Schritt für Schritt in die Hände der Altkommunisten überging. Auf der ganzen Insel wurden vom KGB sogenannte Integrierte Revolutionäre Organisationen (ORI) eingerichtet, deren Leitung Aníbal Escalante übernahm. Das Kommando über den neu gegründeten DGI übertrug der KGB seinem Vertrauensmann Osvaldo Sánchez, der um sich herum lauter Kader mit Moskauerfahrung scharte.

Aber Fidel und Che hatten ihre eigenen Mitarbeiter, darunter Manuel Pineiro, in die Reihen der DGI eingeschleust und besetzten im April 1962 in einer Art Blitzaktion alle entscheidenden Positionen wieder mit ihren Gefolgsleuten. Aníbal Escalante und alle moskauhörigen Kommunisten in seiner Nähe wurden abgelöst, der sowjetische Botschafter Sergej Kudryavtsev und die Mehrzahl der KGB-Agenten wurden des Landes verwiesen. Osvaldo Sánchez kam unter nie geklärten Umständen bei einem Hubschrauberabsturz ums Leben und wurde durch Fidel Castros und Che Guevaras guten Freund Manuel Pineiro (alias Barbarroja) ersetzt, der sich persönlich um Tamaras

Ausbildung und die Koordination aller ihrer Aufgaben sowohl auf Kuba als auch später in Bolivien kümmern sollte.

Barbarroja war es, der nach der Revolution einen der er-
folgreichsten Geheimdienste der Welt aufbaute und lenkte.
Ihm vor allem ist es zu verdanken, daß im Verlauf der letzten dreißig Jahre kein einziger hoher kubanischer Funktionär ermordet werden konnte, obwohl es an Attentatsver-
suchen von seiten des CIA und der Exilkubaner in Miami
nicht fehlte. Unter seiner Leitung entwickelte sich die DGI
neben dem CIA, dem KGB und dem israelischen Mossad
zur weltweit viertbesten Organisation dieser Art.

Bereits 1958 schloß sich Pineiro, der aus einer wohlhabenden, in New York ansässigen kubanischen Familie
stammte und an der Columbia University Betriebswirtschaft
studiert hatte, der Revolution an. Fidel Castro machte den
gleichaltrigen Kampfgefährten in kurzer Zeit zu seinem
Vertrauensmann und befragte ihn in allen geheimdienstlichen und sicherheitspolitischen Angelegenheiten. Noch
heute besteht die enge Freundschaft zwischen ihm und dem
Máximo Líder Castro, den er, obwohl er inzwischen kein
offizielles Amt mehr bekleidet, weiterhin bei der Zusammenarbeit mit Guerrillabewegungen berät. Immer noch be-
sitzt er freundschaftliche und sehr lebendige Beziehungen
zu Kreisen in Lateinamerika, die der extremen Linken an-
gehören. Kenner der politischen Szene meinen sogar, daß
er die als »Foro de San Pablo« bekannten Treffen, die regelmäßig in verschiedenen lateinamerikanischen Städten stattfinden und auf denen sich die *crème de la crème* der lateinamerikanischen Linken versammelt, gemeinsam mit seiner
jetzigen Frau, der chilenischen Journalistin und aktiven
Kommunistin Martha Harnecker, organisiert.

Barbarroja begann seine Bilderbuchkarriere im Jahr 1959
als Leiter des damaligen kubanischen Geheimdienstes G 2.
Ab 1962 übernahm er die Führung der DGI; außerdem war
er von 1961 bis 1974 stellvertretender Innenminister. Die

Sowjetunion und der KGB wußten sehr wohl, daß Manuel Pineiro ihnen nicht gerade wohl gesonnen war. 1968 versuchten sie deshalb, ihn aus seinen Funktionen zu vertreiben. Sie beschuldigten ihn der mangelnden Zusammenarbeit mit dem KGB und nannten ihn einen Feind Moskaus. Pineiro jedoch blieb im Amt und entlarvte wenige Monate später eine sowjetische Verschwörung gegen Fidel Castro. Daraufhin übertrug dieser seinem Freund Barbarroja noch weiter gehende Machtbefugnisse und ließ dessen Büro zum Zeichen seiner Dankbarkeit und seines Vertrauens direkt neben seinem privaten Arbeitszimmer einrichten.

Von nun an war Pineiro eine der wichtigsten Persönlichkeiten der kubanischen Revolution. Er kümmerte sich nicht nur um die Abstimmung aller Guerrillatätigkeiten auf dem lateinamerikanischen Kontinent sondern genauso um deren finanzielle Versorgung. Dank seiner Umsicht fehlte es Che Guevara und den anderen Revolutionären südlich des Río Grande nie an Geld (zeitweise sollen sie förmlich im Geld geschwommen sein). Barbarrojas Motto lautete, wie mehrere Leute aus seiner Nähe berichteten (zum Beispiel Jorge Masetti, ein langjähriger Mitarbeiter Pineiros, der heute in Mexiko lebt): »Man muß etwas wagen, man muß alles und – wenn es notwendig ist – auch mehr als alles wagen.«

Dieser Leitsatz bezog kriminelle Handlungen ausdrücklich mit ein und ordnete eventuelle moralische Bedenken fraglos der Devisenbeschaffung unter. Barbarroja finanzierte unter anderem eine Druckerei in Kolumbien, die falsche Dollar herstellte. Er war mit Hilfe von Mittelsmännern an Entführungen, Überfällen und Drogengeschäften beteiligt, wobei allerdings streng darauf geachtet wurde, daß sie nicht direkt über Kuba liefen. Und er stand ebenfalls hinter dem historischen Bankraub in der West Fargo Bank in West Hartford, Connecticut, bei dem die puertoricanische Guerrillatruppe *Los Macheteros* am 23. August 1985 mehr als sieben Millionen US Dollar erbeutete.

1974 gründete Barabarroja innerhalb des Zentralkomitees der kubanischen KP das berühmte *Departamento de América*, das für die Organisation und Finanzierung nahezu aller Guerillabewegungen auf dem lateinamerikanischen Kontinent zuständig war und daher von vielen auf der Insel »Revolutionsministerium« (Ministerio de la Revolución) genannt wurde. Während der Blütezeit dieses Amtes waren an jeder kubanischen Botschaft im Ausland ein »Spezialist« sowie fünf weitere Mitarbeiter beschäftigt, die im Schutz ihres diplomatischen Status' unbehelligt einer geheimdienstlichen Tätigkeit nachgingen.

Mit dem Zusammenbruch des kommunistischen Blocks und dem Ende der Sowjetunion auf der einen Seite und den Demokratisierungsprozessen in zahlreichen lateinamerikanischen Ländern auf der anderen verlor die Idee des bewaffneten Kampfes, und natürlich auch Pineiros *Departamento de América*, zunehmend an Bedeutung. Als die Abteilung schließlich von der *Secretaría Internacional del Partido* übernommen wurde, bedeutete dies gleichzeitig das Ende von Barbarrojas persönlichem Machtapparat. Er hat heute nur noch einen einfachen Sitz im Zentralkomitee der KP inne und ist aus dem offiziellen politischen Leben so gut wie verschwunden. Allerdings ist er wie gesagt eng mit Fidel Castro befreundet und übt auf diesem Wege einen nicht zu unterschätzenden Einfluß auf die kubanische Regierung aus.

Tamara Bunkes Leben war bis zu ihrem Tod am 31. August 1967 in einem Hinterhalt im bolivianischen Urwald eng mit dem Manuel Pineiros, alias Barbarrojas, verbunden. Er war derjenige, der sie in Kuba auf Anraten Che Guevaras hin für die DGI anwarb, er bildete sie für ihre spätere Agenten- und Guerrillatätigkeit aus, er war auch ihre Kontaktperson, als sie im fernen La Paz in aller Stille und von den dortigen Behörden völlig unbemerkt die Ankunft Che Guevaras vorbereitete. Die geheimen Kommuniqués, die sie aus Kuba mit genauen Anweisungen erhielt, waren von ihm entweder mit seinem wirklichen Namen oder mit seinem Decknamen *Ariel* unterzeichnet. Fidel Castro hieß in diesen chiffrierten Mitteilungen *Leche*, zuweilen auch *Potro* oder *Comandante Fifo*; Che Guevaras Deckname lautete meist *Ramón*, manchmal auch *Mongo* oder *Fernando*.

Auch Tamara bekam gleich zu Beginn ihres Aufenthaltes in Havanna einen neuen Namen. Auf Anordnung von Che Guevara und Manuel Pineiro hin wurde aus Tamara Bunke die DGI-Agentin *Tania*, die sich später, als sie sich Che Guevara und seinen Männern im bolivianischen Urwald anschloß, in »Tania la Guerrillera« verwandeln sollte.

Was die Ideologie betraf, lagen Tania, ihr neuer Chef Barbarroja und Che auf einer Linie. Alle drei waren fest davon überzeugt, daß die Völker Lateinamerikas nur durch den bewaffneten Kampf befreit werden könnten. Genau das aber war Pineiros Spezialität. Auf diesem Gebiet kannte er sich besser aus als jeder andere. Er wußte aus erster Hand, daß die lateinamerikanische Linke fast geschlossen hinter Kuba stand und daß sie die etablierten kommunistischen Parteien, die in ihrer Moskauhörigkeit die Revolution als Mittel politischer Veränderungen aufschieben wollten, genauso heftig kritisierte wie Fidel Castro.

Selbst zwanzig Jahre später bekannte sich Pineiro noch offen zu diesem Konzept. In einer Verlautbarung aus Anlaß der »Internationalen Konferenz über revolutionäre Prozesse in Lateinamerika und der Karibik«, die zwischen dem 26. und dem 28. April 1982 in Havanna stattfand, einem der wenigen Texte, die er je veröffentlicht hat, erklärte er: »Der Gebrauch der Waffen ist unerläßlich für den Sieg einer jeder Befreiungsrevolution auf dem Kontinent und erst recht für deren Kontinuität und vollständige Durchsetzung.«

Eine grundlegende Forderung, die sowohl Fidel als auch

Che und Pineiro aufstellten, war die »Fokus-Theorie«, nach der die Landbevölkerung das größte revolutionäre Potential darstellte und nicht etwa die städtische Arbeiterklasse, deren Angehörige als »Schergen des Imperialismus« bezeichnet wurden. Das heißt mit anderen Worten, es galt zunächst, die Unterstützung der armen Bauern für sich zu gewinnen, wenn man in einer Revolution siegreich sein wollte.

Zum ersten Mal wurde diese Theorie in Nordargentinien, in der Provinz Salta, angewendet. Die Aktion unterstand Ricardo Masetti, alias Comandante Segundo (eine Anspielung auf die bekannte literarische Gestalt des Don Segundo Sombra), der 1960 zusammen mit Gabriel García Márquez die Presseagentur *Prensa Latina* gegründet hatte. Er und seine Guerrilleros vom EGP (Ejército Guerrillero del Pueblo) konnten sich der großzügigen finanziellen Unterstützung durch Barbarroja sicher sein, der ihnen sogar José María Tamayo, alias Ricardo, alias Papi, einen seiner wichtigsten Spezialisten, schickte (er sollte dann als Tanias Ausbilder eingesetzt werden).

Im Juni 1963 drangen Masetti und seine Männer von Bolivien aus über den Bermejo-Fluß in die Provinz Salta vor, wo der EGP binnen weniger Tage von der argentinischen Armee aufgerieben wurde. Die meisten der Kämpfer, unter ihnen auch Ricardo Masetti, fanden dabei den Tod. Barbarroja und Che waren zutiefst enttäuscht über das Scheitern dieses ersten revolutionären »Fokus« und schworen sich, daß sie die nächste derartige Unternehmung besser vorbereiten und vor allem die damit beauftragten Personen sorgfältiger aussuchen würden.

Che Guevaras Expedition nach Bolivien bildete den zweiten Versuch, diese Theorie in die Praxis umzusetzen und ihre Gültigkeit unter Beweis zu stellen. Viele weitere sollten folgen. So setzen beispielsweise die revolutionären mexikanischen Bewegungen in Chiapas und Guerrero oder

der Aufstand der landlosen Campesinos in Brasilien, der unter der Losung *Sem Terra* geführt wird, die Tradition Che Guevaras fort.

Tania war von Anfang an in die Vorbereitungen auf die Bolivien-Expedition eingebunden. Ihr Verhältnis zu ihrem unmittelbaren Vorgesetzten Manuel Pineiro wurde mit jedem Tag enger und freundschaftlicher, und auch ihre Beziehungen zu Che rissen nicht ab. Wiederholt trafen sie sich in Havanna, tranken zusammen mit anderen Argentiniern Mate-Tee, das Nationalgetränk vom Río de la Plata, und sangen, während Tania sie auf ihrer Gitarre begleitete, Ches Lieblingslieder aus Argentinien und ganz Lateinamerika. Tania veranstaltete sogar Grillfeste im argentinischen Stil, auf denen Che, Barbarroja und weitere Mitglieder der politischen Führung zugegen waren. Nicht selten weihte sie gemeinsam mit ihrem Landsmann neue Schulen ein oder besuchte die Arbeiter auf den Zuckerrohrplantagen. All das ist durch Fotos belegt, die ich bei Privatpersonen in Havanna einsehen konnte, die sie mir jedoch aus Angst vor Repressalien nicht für die Veröffentlichung zur Verfügung stellen wollten.

Manuel Pineiro muß Tamara Bunke besonders fasziniert haben. Er wird von Leuten, die ihn gut kennen, als ein Mensch mit einer ungewöhnlichen Ausstrahlungskraft und einem ausgeprägten Sinn für Humor beschrieben (sein inzwischen ergrauter, einst roter Bart hat ihm den Spitznamen *Barbarroja* eingebracht). Sicher hat er auch sie mit den unglaublich klingenden Erzählungen aus seinem Leben, wahren Abenteuergeschichten, in seinen Bann gezogen. Gewiß fühlte sie sich zu ihm hingezogen, wie so viele andere, die ihn persönlich kennengelernt haben: Er konnte nicht nur wunderbar erzählen, sondern er hörte auch zu, wenn andere sprachen, und hielt stets treu zu seinen Freunden und Mitarbeitern. Doch bestimmt war sie auch mit der finsteren Seite seines Charakters vertraut, der des skrupellosen und grausamen Revolutionärs, der ohne Zögern über Leichen ging.

Auf Manuel Pineiros Befehl arbeitete der kubanische Geheimdienst schon kurz nach Tanias Ankunft auf Kuba eine »Legende« für sie aus, die es ihr erlaubte, sich relativ frei und unauffällig auf der Insel zu bewegen und gleichzeitig die sehr intensive Vorbereitung auf ihre Mission in Bolivien durch die DGI zu absolvieren. Danach war Tania mal Übersetzerin im Erziehungsministerium, mal Studentin an der Philosophischen Fakultät der Universität von Havanna. Diese Tarnung behielt sie bis zu ihrer Abreise im Oktober 1964 konsequent bei. Als Staatsangehörigkeit gab sie in allen Formularen und Anträgen stets »Argentinien« an. Doch dieses Doppelleben erschwerte schon früh die Verständigung mit ihren Eltern, denen sie regelmäßig schrieb. Mit jedem Brief wurde es schwieriger für sie, die ständigen Fragen der Eltern nach ihrer Arbeit zu beantworten. Zum einen hätte sie ihnen, mit denen sie sich auch ideologisch gleichgesinnt fühlte, am liebsten die Wahrheit gesagt; zum anderen wußte sie natürlich, daß dadurch ihr ganzer Auftrag in Frage gestellt worden wäre. So blieb es denn bei Andeutungen, Halbwahrheiten und versteckten Hinweisen.

In einem ihrer ersten Briefe vom 6. Oktober 1961 schrieb Tania: »Nun ja, zur endgültigen Beruhigung der lieben Nadia: Ich habe meine Arbeit im Ministerio de Educación begonnen, und morgen wird sogar der Vertrag unterschrieben (260 Pesos brutto). Worum es geht? Hier soll eine internationale Abteilung aufgebaut werden (Übersetzung und Auswertung von Materialien, Dolmetschereinsätze usw.), sie soll auch andere Regierungsstellen unterstützen. Unser Ministerium ist in der alten Columbia-Kaserne untergebracht, jedoch nicht im Hauptgebäude, sondern in ehemaligen Wohnhäusern für Offiziersfamilien, die direkt an den Militärflugplatz von Havanna grenzen.« Schließlich bat sie die Mutter, sich doch nicht so viele Gedanken wegen ihrer politischen Aktivitäten zu machen, da das alles nicht so einfach zu erklären sei und sie im Erziehungsministerium neben ihrer eigentlichen Arbeit noch vieles mehr zu tun habe.

Im Brief vom 19. Februar 1962 deutete sie ihren Eltern zwischen den Zeilen an, daß sie nach mehreren Gesprächen und der Einreichung verschiedener Anträge den Prozeß der *cubanización* abgeschlossen habe und inzwischen kubanische Staatsbürgerin geworden sei. Gleichzeitig teilte sie ihnen mit, daß sie über drei verschiedene Adressen verfüge, die für die unterschiedlichen Arten von Nachrichten bestimmt seien: eine für »normale« Korrespondenz, die andere im Erziehungsministerium für die Zusendung von Büchern, Zeitschriften etc. und die dritte, chiffrierte Anschrift für vertrauliche Botschaften. Ein paar Monate später ließ sie ihre Eltern wissen, daß sie von nun an drei verschiedene Sorten von Briefen schreiben werde: 1. allgemeine Briefe über Dinge, die weitergegeben werden dürften; 2. Briefe über persönliche, nur sie und die Familie betreffende Angelegenheiten; und 3. Briefe über interne politische Fragen.

Allmählich nahm Tanias Arbeit für den kubanischen Geheimdienst, das heißt ihre Vorbereitung auf den Einsatz in Bolivien, immer mehr Zeit in Anspruch, so daß Nadia und Erich Bunke oft wochenlang nichts von ihrer Tochter hörten. Als sie es daraufhin einmal wagten, ein Telegramm an das Erziehungsministerium zu schicken, um sich nach Tania zu erkundigen, reagierte diese ausgesprochen ungehalten, weil die Eltern gegen die von ihr festgelegten Spielregeln verstoßen hatten, und schrieb ihnen am 14. August 1962 einen empörten Brief:

»Lieber Papa, liebe Mama!!! Vor einigen Tagen ist im Ministerium ein Telegramm für mich angekommen. Inhalt: Familiares Tamara Bunke sin noticias de ella [Angehörige Tamara Bunkes ohne Nachricht von ihr]. Ich muß Euch ganz ehrlich sagen, ich habe mich sehr darüber geärgert. Da habt Ihr nun einige Monate keine Post von mir erhalten und müßt schon Alarm schlagen, noch dazu an falscher Stelle. Ich möchte jetzt nicht weiter darauf eingehen, aber doch kurz etwas dazu sagen: 1. Sollte es wirklich notwendig sein, dann wendet Euch nicht ans Ministerium. 2. Ich denke, ich habe doch revolutionäre Eltern, Kommunisten, die zwar ihre Kinder lieben und sich Sorgen um sie machen, aber die abgehärtet sind, die wissen, daß die Revolution vieles verlangt. Und wenn mir die Partei einen schwierigen Auftrag gibt? Wie schön ist es doch dann, sagen zu können: Meine Eltern würden stolz sein, wenn sie von diesem Auftrag wüßten. Es ist für sie sehr hart, aber sie würden dasselbe tun. Und vielleicht ist es bald so weit. (...) Sonst geht es mir sehr gut. Ich übersetze fleißig weiter, arbeite für die Presse und studiere. Gesundheitlich geht es mir wie noch nie. Freut Euch: Ich gehe mindestens dreimal in der Woche baden! Viele Grüße und Küsse – Eure Ita.«

Sicherlich hätte Tania ihren Eltern gern von ihren verschiedenen Unternehmungen auf Kuba erzählt. Aber da das nun einmal nicht ging, versorgte sie sie wenigstens mit so vielen Informationen, wie sie brauchten, um sich den Rest zusammenzureimen oder sich zumindest vorstellen zu können, daß ihre Ita auf eine ganz große Aufgabe vorbereitet wurde. Sie ließ ihnen ein Foto zukommen, auf dem sie in voller Kampfausrüstung abgebildet war, und fügte als Erklärung hinzu, daß sie regelmäßig Schießübungen absolviere und bereits kurz nach Beginn des Trainings den zweiten Platz errungen habe. Die Eltern schlossen daraus, daß sie mitten in einer militärischen Ausbildung steckte, und erinnerten sich an Tanias frühere Erfolge bei der ostdeutschen Gesellschaft für Sport und Technik.

Weitere mehr oder weniger versteckte Hinweise auf Tanias eigentliche Arbeit erhielt die Familie Bunke in einem Brief vom 31.Oktober 1963, wo sie schrieb: »...Mama fragt immer soviel, ob ich zur journalistischen Tätigkeit übergehe, ich soll doch nicht immer übersetzen. Im vorigen Jahr hatte ich das selbst im Auge, aber ich mußte einsehen, daß ich in diesem Moment nicht so einfach meinen persönlichen Interessen und Wünschen nachgehen kann und darf. Ein Revolutionär muß doch dort arbeiten, wo er am meisten gebraucht wird, und ich habe eben sozusagen eine technische Spezialisierung, die sehr gefragt ist. (...) Im letzten Jahr habe ich abwechselnd für verschiedene Stellen gearbeitet (vertrauliche Arbeit!). Ich bitte Euch, darüber nicht weiter zu sprechen. Küsse – Eure Ita.«

Immer wieder betonte Tania in den Briefen an ihre Eltern, wie wohl sie sich auf Kuba fühlte. Enthusiastisch berichtete sie ihnen von den vielen Freundschaften, die sie geschlossen hatte, von ihrer Begeisterung für die Revolution und ihrer Bewunderung für Fidel Castro, und nicht selten schickte sie ihnen ausführliche Analysen der politischen Situation auf der Zuckerrohrinsel. Kuba schien für sie in wachsendem Maße zu einer neuen Heimat zu werden, nicht nur in politischer, sondern auch in privater Hinsicht. Sie ließ ihre Eltern wissen, daß sie einen festen Freund habe, mit dem sie schon bald zusammenziehen und Kinder haben wolle. Er sei genauso von der Revolution überzeugt wie sie und ein leidenschaftlicher Anhänger Fidel Castros und Che Guevaras: »... Wie er aussieht? Schlank, groß, ziemlich dunkel, typisch kubanisch, sehr, sehr lieb. Seid Ihr einverstanden?«

Bei Tanias neuem Weggefährten handelte es sich um Ulises Estrada, der heute noch in Havanna lebt. Viele Jahre lang arbeitete er als Journalist für die offizielle Zeitung des Castro-Regimes *Granma* und war zugleich als Agent in Barbarrojas Geheimdienst tätig. Dort begegnete er auch Tania, die tatsächlich fest entschlossen war, nach dem erfolgreichen Abschluß ihrer geheimen Mission ein gemeinsames Leben mit ihm aufzubauen. »Wenn man mir meinen

›Negrito‹ nicht bis zu meiner Rückkehr weggeschnappt hat, dann wird geheiratet. (...) Ob es gleich *mulatitos* [Mischlingskinder] gibt, weiß ich noch nicht, ist aber sehr gut möglich«, schrieb sie im Brief vom 11. April 1964, in dem sie auch ihre bevorstehende Abreise aus Kuba und einen möglichen Besuch bei ihren Eltern in der DDR ankündigte.

Fünf Monate danach traf ein neuer Brief bei Erich und Nadia Bunke ein, der mit einer doppelten Neuigkeit für sie aufwartete: Erstens war er nicht in Havanna abgeschickt worden, und zweitens hatte Tania ihn nicht in Deutsch, sondern in Spanisch geschrieben.

»Queridos compañeritos viejos: Zuerst einmal Dir, liebe Mama, alles Gute zum Geburtstag. Eigentlich wollte ich Euch überraschen und am 25. bei Euch auftauchen, aber wie Ihr seht, war das nicht möglich. Ihr seid bestimmt erstaunt, daß ich Euch auf Spanisch schreibe. Aber das bedeutet nicht, daß ich etwa mein Deutsch vergessen hätte, und es hat auch nichts mit Faulheit zu tun. Ich hoffe, Ihr versteht, daß man bei einem Auftrag militärischer Art kein Mißtrauen erwecken möchte, indem man in einer fremden Sprache schreibt. Auf jeden Fall ist das eine gute Gelegenheit für Euch, endlich einmal wieder Euer Spanisch zu üben. Ich kann Euch noch nicht sagen, wann ich bei Euch sein werde; wahrscheinlich erst zu Neujahr. Man hat mir angeboten, an einem Spezialkurs teilzunehmen, aber bis jetzt ist noch keine endgültige Entscheidung gefallen. In diesem Fall hoffe ich, vorher zu Euch kommen zu können. Küsse und laßt Euch ein bißchen drücken – Ita.«

Doch Tania erschien weder zu Neujahr 1965 noch vorher bei ihren Eltern in Ostberlin. Was war mit ihr passiert? Was oder wer hatte sie dazu bewogen, ihre Pläne zu ändern, ohne Erich und Nadia Bunke Bescheid zu sagen? Die Antwort ist in Kuba zu suchen, bei Che Guevara und vor allem bei Barbarroja, der Tania zur Probe für ihren Bolivien-Einsatz erst einmal in geheimer Mission nach Westeuropa, unter anderem nach Westberlin, schickte, wo sie ihre Fähigkeiten als Agentin unter Beweis stellen sollte. Ein Besuch bei ihren Eltern war damit unmöglich geworden, obwohl Tania sie sehr gern wiedergesehen hätte.

Wahrscheinlich blieb es ihren Auftraggebern in Kuba verborgen, daß sie eines Tages den Entschluß faßte, mit einem argentinischen Paß und völlig verändertem Äußeren von Westberlin aus in den Osten zu fahren. Sie näherte sich der Wohnung ihrer Eltern in der Straße der Pariser Kommune, die nicht weit vom S-Bahnhof entfernt liegt, und beobachtete eine Weile das Haus. Vermutlich nutzte sie diese Gelegenheit außerdem, um Kontakt zum MfS und zum KGB aufzunehmen, für die sie jetzt, da sie im Begriff stand, zu ihrer Bolivien-Mission aufzubrechen, viel interessanter war als zur Zeit ihres Aufenthaltes auf Kuba.

Ausbildung zur Agentin

Bevor Tania zu ihrem geheimen Einsatz nach Westeuropa aufbrach, erhielt sie eine gründliche Ausbildung, die sie auf ihre zukünftige Agententätigkeit in Bolivien vorbereiten sollte. Dafür stellte Barbarroja nicht nur große Geldsummen, sondern auch seine besten Leute zur Verfügung, denn er wußte genauso gut wie Che Guevara, daß der Erfolg des geplanten Guerrillakrieges, der von Bolivien aus in die Nachbarländer getragen werden sollte, in einem hohen Maße von Tania abhing.

Monatelang mußte sie sich einer gründlichen Überprüfung unterziehen. Sie wurde mehrmals von Pineiro und selbst von Che befragt und führte lange Gespräche mit ihnen über internationale Politik und ideologische Streitpunkte. Es ging darüber hinaus um die verschiedenen Aufgaben, die sie bei ihrer Mission lösen mußte, sowie um die damit verbundenen eventuellen Schwierigkeiten. Selbstverständlich war auch von den möglichen Gefahren des Unternehmens die Rede, welches sie ohne weiteres das Leben kosten konnte. Den genauen Einsatzort nannten sie ihr allerdings noch nicht. Tania bestand die schwere Prüfung offenbar glänzend und beeindruckte die beiden Männer durch ihre herausragenden Fähigkeiten.

Sie konnte politisch denken und besaß klare Zielvorstellungen; ihre ideologische Überzeugung erwies sich als unerschütterlich; ihren Arbeitsaufgaben widmete sie sich mit einer bedingungslosen Hingabe. Nicht zuletzt machte Tania den Eindruck, auch in Extremsituationen ausgesprochen

57

überlegt und diszipliniert handeln zu können, und verfügte über die nötige Kaltblütigkeit, so daß weder Barbarroja noch Che echte Hindernisse für ihren Bolivien-Einsatz sahen.

Im Verein mit anderen führenden Mitarbeitern der DGI arbeitete Manuel Pineiro ein speziell auf sie zugeschnittenes Trainingsprogramm aus. Am Anfang mußte sie eine Reihe theoretischer Intensivkurse im Bereich der Agententätigkeit absolvieren. Sie beschäftigte sich mit der Anfertigung und Entzifferung chiffrierter Botschaften ebenso wie mit der Einrichtung toter Briefkästen oder der Auswahl geeigneter konspirativer Wohnungen. Sie erlernte die Prinzipien für den Aufbau eines Agentennetzes, für die Versorgung der kämpfenden Guerrilla von der Stadt aus und für die Aufrechterhaltung der Verbindungen zur Außenwelt. Auf dem Programm standen darüber hinaus die systematische Sondierung eines Gebietes im Hinblick auf spätere Kampfaktionen, die Beschaffung wichtiger Daten über die als feindlich eingestuften Regierungen, Methoden der Einschleusung in den Polizei- und Militärapparat sowie die wichtigsten Faustregeln für das Überleben eines Agenten in Zeiten absoluter Isolation. Für ihren kurzen Zwischenaufenthalt in Europa mußte sie, die begeisterte Milizionärin, die meistens Uniform trug, es außerdem verstehen, sich bürgerlich zu kleiden und zu benehmen. Das bereitete ihr zu ihrem eigenen Erstaunen nicht wenig Spaß: Erstmals bekam sie die Gelegenheit, ihr bis dahin unerkanntes schauspielerisches Talent zu erproben. Mit beinahe kindlicher Freude und zunehmendem Erfolg schlüpfte sie in fremde Rollen.

Auf die Theorie folgte im Februar 1964 die praktische Phase ihrer Ausbildung, die unter der Bezeichnung *Planes prácticos operativos* (operativ-praktische Pläne) lief. Dafür bekam sie einen gefälschten Ausweis des kubanischen Industrie-Ministeriums, der auf den Namen *Tamara Lorenzo* ausgestellt war. Mit diesem Ausweis fuhr sie in die

Küstenstadt Cienfuegos, wo sie folgende Aufträge auszuführen hatte:

1. Inbetriebnahme eines Rundfunksenders und Austausch von chiffrierten Botschaften mit drei, in unterschiedlichen Provinzen des Landes stationierten Korrespondenten.

2. Kontaktaufnahme mit einem von ihr auf Grund verschiedener festgelegter Merkmale zu identifizierenden Genossen und Übergabe eines Lageplanes der einzelnen Schlupfwinkel in dieser Gegend.

3. Auswahl eines Einsatzgebietes für Kontakte mit unbekannten Personen; Erstellung eines Planes dieses Gebietes und Hinterlegung von drei Botschaften in verschiedenen Verstecken.

4. Anfertigung eines Operationsplanes sowie Erstellung eines Berichts über die politischen Organisationen in Cienfuegos.

5. Abfassung verschiedener chiffrierter, mit unsichtbarer Tinte geschriebener Briefe und Absendung dieser, wichtige Daten enthaltenden Briefe an eine Deckadresse in Havanna.

6. Erprobung verschiedener Sicherheitsmaßnahmen zur Abwehr einer feindlichen Unterwanderung, wie zum Beispiel das Erstellen von Berichten auf harten und glatten Unterlagen; das Vermeiden kompromittierender Gespräche am Telefon, in Autos, Häusern und sonstigen geschlossenen Räumen; die Markierung von Kleidungsstücken und persönlichen Gegenständen, um eine mögliche geheime Durchsuchung rechtzeitig zu erkennen; genaue Observation der Personen und Gegenstände an den Nachbartischen in Restaurants, Clubs und anderen öffentlichen Plätzen, die zur Vermeidung von Tonbandmitschnitten und fotografischen Aufnahmen für konspirative Treffen ausgesucht wurden.

7. Beschaffung der notwendigen Daten für einen geplanten Anschlag auf ein Industriezentrum in Cienfuegos.

Für ihren geheimen Einsatz mußte sich Tania, alias Tamara Lorenzo, in das Hotel *Jaguá* in Cienfuegos einquartieren. Auf ihrem Zimmer fand sie einen Koffer mit den für das Unternehmen notwendigen Utensilien. Alles andere lag jetzt in ihrer Hand. Mit einer falschen Identität ausgestattet, verkleidet und ganz auf sich allein gestellt sollte sie versuchen, diesen Auftrag zu meistern, und so die DGI und deren Chef Barbarroja von ihrer Befähigung für die Agententätigkeit überzeugen. Letzterer hatte, um Tanias Aktionen zusätzlich zu erschweren und ihnen einen noch realistischeren Anstrich zu geben, die örtliche Brigade der staatlichen Sicherheitsabteilung von der möglichen Anwesenheit einer feindlichen, höchstwahrscheinlich nordamerikanischen Agentin in Kenntnis gesetzt und den Befehl erteilt, diese zu identifizieren und festzunehmen.

Tania hatte erhebliche Mühe, den »Feind« hinters Licht zu führen und das ihr übertragene Unternehmen auszuführen. In ihrem eigenen Bericht, den sie nach Abschluß der erfolgreichen Mission an ihre Vorgesetzten sandte, schrieb sie: »Ich glaube, daß der Übungseinsatz für mich sehr nützlich gewesen ist. Er hat mir geholfen, meine Kenntnisse in vielerlei Hinsicht zu vertiefen und sie in die Praxis umzusetzen. Außerdem hat er mir gezeigt, wo ich noch Schwächen habe und an welchen Dingen ich noch mehr arbeiten muß. Ich muß lernen, meine Arbeit besser zu organisieren und vor allem schneller zu agieren. Ich muß auch noch mehr Initiative entwickeln und in bestimmten Situationen rascher die notwendigen Entscheidungen treffen. Tania.«

Vor der endgültigen Abreise nach Bolivien, wo aus dem Spiel Ernst werden sollte, mußte Tania noch mehrere Übungseinsätze hinter sich bringen. Außerdem stand sie auch weiterhin unter der ständigen Beobachtung durch ein von Barbarroja eigens zu diesem Zweck abgestelltes Team, das gemeinsam mit ihr alle Fehler, Schwächen und Unterlassungen genau analysierte. Geleitet wurde es von José María Martínez Tamayo, einem Vertrauensmann Manuel Pineiros und Che Guevaras, dessen Spezialität der Aufbau von Agentennetzen im südamerikanischen Raum, vor allem in Argentinien, Bolivien, Chile und Peru war. Martínez Tamayo und Tania waren sich von Anfang an sympathisch. Schon bald entwickelte sich eine enge Freundschaft zwischen ihnen. Als Tania nach Bolivien aufbrach, überließ sie *Tarzan*, wie sie Martínez Tamayo scherzhaft nannte, ihre komfortable Wohnung im Stadtteil Miramar, dem Nobelviertel Havannas. Da wußte sie allerdings noch nicht, daß er eine ihrer ersten Kontaktpersonen in Bolivien sein würde, wo sie zunächst über ein Jahr lang in völliger Isolierung von Kuba arbeitete.

José María Martínez Tamayo, der nicht weniger als fünf Decknamen besaß – *Papi, Ricardo, Chinchu, Mbili, Taco* –, war innerhalb der DGI eine Schlüsselfigur für Ches Vorhaben auf bolivianischem Boden. Er verfügte über eigene Lateinamerikaerfahrung und war als einziger Kubaner an Masettis Versuch beteiligt gewesen, zwischen 1963 und 1964 in Nordargentinien einen Guerrillakrieg zu entfachen. Er gehörte zu der Handvoll Überlebender, die es geschafft hatten, vor der argentinischen Armee zu fliehen und sich in Sicherheit zu bringen. Martínez Tamayo wurde 1937 (also im selben Jahr wie Tania) in Holguín, einer kleinen Stadt im Innern Kubas, geboren und kämpfte seit Revolutionsbeginn an der Seite Fidels und Ches, mit dem ihn eine enge Freundschaft verband. Er gehörte zu den Gründervätern des Innenministeriums und der DGI und erfüllte mehrere Missionen außerhalb Kubas (zum Beispiel begleitete er Che Guevara in den Kongo). In Bolivien, wo er unter dem Pseudonym *Papi* operierte, bereitete er gemeinsam mit Tania die Ankunft der Guerrilleros vor. Danach trat er der kämpfenden Truppe bei und starb am 30. Juli 1967 im

Anschluß an ein Gefecht mit der bolivianischen Armee – nur vier Wochen vor dem Tod seiner Gefährtin und Freundin Tania.

Tania beendete ihre Ausbildung im März 1964 und bekam von ihren Vorgesetzten ein exzellentes Zeugnis ausgestellt. Erst jetzt teilten ihr Che Guevara, Barbarroja und Papi nähere Einzelheiten über ihren zukünftigen Einsatz mit. Sie erfuhr, daß sie nach Bolivien reisen sollte, um dort Kontakte zu bestimmten gesellschaftlichen Kreisen, zur Regierung und zu den Streitkräften herzustellen. Sie sollte das Landesinnere aufsuchen, das geographische Terrain erforschen und sich über die soziale Lage und die allgemeine Stimmung der Bevölkerung, insbesondere der Bergarbeiter und Campesinos, informieren. Es konnte durchaus längere Zeit dauern, bis Havanna sich bei ihr melden und das Zeichen zum Handeln geben würde. Che und Barbarroja schärften ihr ein, die Verbindung auf keinen Fall von sich aus wieder aufzunehmen, auch dann nicht, wenn sie monatelang sich selbst überlassen wäre. Sie durfte niemanden um Hilfe bitten oder gar ihre Identität preisgeben, vor allem nicht gegenüber der bolivianischen Kommunistischen Partei. Das entsprechende Training für diese schwierige Aufgabe hatte sie absolviert, sie war sowohl theoretisch als auch praktisch vorbereitet. Jetzt mußte nur noch eine hieb- und stichfeste »Legende« zur Tarnung für sie erfunden werden, damit sie als eine harmlose Durchschnittsbürgerin nach Bolivien einreisen und ihre neue Rolle an einem relativ ungefährlichen Ort testen konnte.

So wurde aus Tania zunächst Haydée Bidel González, die angeblich im Jahr 1939 in einem kleinen Dorf an der österreichisch-italienischen Grenze geboren und fünf Jahre später von ihren profaschistisch eingestellten Eltern zu einer befreundeten deutschen Familie nach Uruguay geschickt worden war. Mit der Beendigung ihrer Schulzeit kehrte sie nach Europa zurück und wollte sich in Westberlin niederlassen. Am 9. April 1964 brach Tania, bzw. Haydée Bidel González, die selbst für ihre Verwandten und Bekannten nicht wiederzuerkennen war, in Richtung Europa auf, um ihre neue Identität durch eigene Erfahrungen sowie Fotos von ihrem Heimatdorf und anderen wichtigen Orten ihrer falschen Lebensgeschichte zu untermauern. Fast sechs Wochen lang reiste sie, zum Teil mit einem argentinischen Paß unter dem Namen Marta Iriarte, durch mehrere europäische Länder. Wie bereits erwähnt kam sie dabei auch nach Westberlin und von da aus nach Ostberlin, wo sie eine Weile inkognito vor dem Haus stand, in dem ihre Eltern wohnten. Sie begab sich darüber hinaus in ihren angeblichen Heimatort an der österreichisch-italienischen Grenze und lernte sogar ein wenig Italienisch, um glaubwürdiger zu erscheinen.

Die überzeugte Kommunistin Tania bewegte sich in der ihr so verhaßten westlichen Welt wie ein Fisch im Wasser. Nicht selten erging sie sich in Gesprächen mit ihren neuen Freunden in langen antikommunistischen Tiraden, ohne dabei den geringsten Verdacht ob ihrer fingierten Identität aufkommen zu lassen. Niemand konnte die leiseste Vermutung hegen, daß sich hinter dieser biederen, angepaßten jungen Frau, die so gern von ihren Kindheitserlebnissen in Uruguay sprach und jedem, der es hören wollte, von ihrer geplanten Zukunft in Lateinamerika erzählte, eine Agentin verbarg, die es perfekt verstand, in die Haut anderer Personen zu schlüpfen. In einem ihrer Berichte an Barbarroja und die DGI heißt es: »(…) Mit der Zeit konnte ich nicht umhin, immer wieder Anekdoten aus meinem Leben zu erzählen und über meine familiären Probleme sowie meine Zukunftspläne zu sprechen, so daß ich allmählich anfing, selbst daran zu glauben. Im allgemeinen gab ich mich für einen politisch uninteressierten Menschen aus, der nur an seinen Beruf und seine Arbeit dachte, weder rassische noch religiöse Vorurteile hatte, aber ein wenig antikommunistisch eingestellt war. (...)«

Doch die Geschichte der Haydée Bidel González erwies sich am Ende als unbrauchbar. Sie beinhaltete zu viele Lücken, die Tania nicht auszufüllen vermochte, und zu viele innere Ungereimtheiten, die ihr bei ihrer Mission in Bolivien hätten gefährlich werden können. Sie selbst hatte während ihrer Reise mehrmals das Bedürfnis gespürt, sich eine andere Identität zuzulegen, so zum Beispiel, als sie zusammen mit einer hochschwangeren Argentinierin im Flugzeug reiste. In ihrem Bericht schrieb sie dazu: »(...) Es fiel mir schwer, mich während des Fluges an meine falsche Lebensgeschichte zu halten. Schließlich fand ich eine neue Fassung, die auf den ursprünglich vereinbarten Daten basiert: Danach bin ich Argentinierin, arbeite als Gymnastiklehrerin und gebe Frauen und Kindern Privatunterricht. Mein Vater ist ein Geschäftsmann und ständig mit meiner Mutter und meiner Schwester unterwegs. Ich verstehe mich nicht sehr gut mit meiner Familie und lebe deshalb gemeinsam mit einigen Freundinnen allein in Buenos Aires. Im Augenblick mache ich eine Reise durch Europa, wo ich für meine argentinischen Freunde, die sich an den Unkosten beteiligt haben, einige Aufträge erledige. In Deutschland habe ich ein paar nahe Bekannte, mit denen ich die Reise per Auto fortsetzen werde. Das ist auch der Grund, warum ich in diesem Augenblick allein bin.«

Um von vornherein alle möglichen Probleme auszuschließen, kamen Barbarroja und die DGI darum nach Tanias Rückkehr aus Europa überein, für sie eine neue »Legende« zu suchen. Sie wollten sich dabei dichter an Tanias eigene Erfahrungen halten, ihre Erinnerungen an die Kindheit in Buenos Aires, an bestimmte Plätze, Personen und Ereignisse nutzen und auf diese Weise der Gefahr einer überraschenden Entlarvung besser vorbeugen. Eine wahre Autobiographie also, was die vielen zeitlichen und örtlichen Gegebenheiten und Details anbelangt, eine Fiktion jedoch hinsichtlich der Person an sich. In dem von Manuel Pineiro festgelegten Profil dieser neuen Lebensgeschichte heißt es: »Nach dieser Legende ist Tania psychisch gesehen eine ausgesprochen konfliktive Person, und das auf Grund des schlechten Verhältnisses zu ihren Eltern, die sie häufig allein gelassen haben, und des daraus resultierenden großen Unabhängigkeitsbedürfnisses. Das kann ihr später helfen, wenn sie gefragt wird, warum sie in Bolivien ein derart abgeschottetes Leben führt und nur ungern über ihre Vergangenheit spricht. Alle Elemente, die sich auf bestimmte Personen, Orte und Begebenheiten beziehen, sind so eng wie möglich an Tanias Realität angelehnt. Die Geschichte ihres Familienlebens stützt sich auf Probleme, die ihre Freunde zu Hause gehabt haben und an die sie sich ziemlich genau erinnern kann. Dadurch wird es ihr leichter fallen, ihre eigene glückliche Kindheit zu vergessen und diese durch ein kaltherziges Zuhause zu ersetzen, wo es oft zu schweren Auseinandersetzungen kam. Wir sind der Meinung, daß Tania in der Lage sein müßte, diese Einzelheiten der Legende leicht im Gedächtnis zu behalten und sie je nach Bedarf zu erweitern, abzuändern oder zu vervollständigen.«

Und so wurde denn aus Tamara Bunke, alias Tania, die 1938 in Buenos Aires geborene Laura Gutiérrez Bauer, Tochter einer deutschen Einwanderin und eines argentinischen Geschäftsmannes, deren Kindheit und Jugend nachhaltig durch die Streitigkeiten zwischen ihren Eltern und das Nomadenleben ihres Vaters (der sich sogar für einige Zeit mit der Familie in Frankfurt am Main niederließ) geprägt wurde und die sich deshalb schon früh abzunabeln versuchte. Mehrere Monate lang lebte sie mit einer Freundin in Westberlin, bevor sie nach Argentinien zurückkehrte. Nach dem Tod der Mutter und dem endgültigen Bruch mit dem Vater »ging ich für immer nach Peru und Bolivien«, so der letzte Satz in der von Tania schriftlich fixierten Legende,»wo ich mich mit Folklore und Ethnologie beschäftigen und gleichzeitig versuchen werde, meine familiäre Vergangenheit zu vergessen.« Niemand in La Paz sollte später je auf den Gedanken kommen, daß sich hinter der ordentlich gekleideten und ausgesprochen selbständig wirkenden Laura Gutiérrez Bauer »Tania la Guerrillera« verbarg. Als die Wahrheit nach über zwei Jahren ans Licht kam, löste das bei denen, die Laura gekannt hatten, ungläubiges Staunen aus, so gut hatte Tania es verstanden, ihr eigentliches Ich auch vor denjenigen zu verheimlichen, die sich als ihre Freunde betrachteten.

Tania mußte nun ein zweites Mal im selben Jahr nach Europa fahren, um die letzten Details ihrer neuen Lebensgeschichte vor Ort abzuklären und eventuelle Unstimmigkeiten rechtzeitig auszumerzen. Außerdem wollte sie Freundschaften schließen, die es ihr ermöglichten, später von Bolivien aus als Laura Gutiérrez Bauer eine eigene Korrespondenz zu führen. So landete sie am 5. August 1964 erneut in Westeuropa, und zwar in Frankfurt am Main, von wo aus sie kurz darauf nach Westberlin weiterreiste. In ihren Berichten, die sie an Barbarroja schickte, spiegelten sich Tanias verschiedene Stimmungen wider. Einerseits genoß sie ihre neue Rolle, hatte sie Freude daran, die Leute in ihrer Nähe zu täuschen; andererseits fürchtete sie, besonders zu Beginn des Aufenthalts, von ihrer Umgebung entlarvt zu werden.

»Es ist nicht leicht, aber ich werde versuchen, Dir ein wenig mein Leben in diesem Augenblick zu skizzieren«, schrieb sie Manuel Pineiro. »Du wirst Dich an meine anfänglichen Sorgen erinnern. Im Grunde waren sie nicht neu; wir hatten schließlich mehr als einmal über alles gesprochen. Trotzdem war da diese Unruhe, die bestimmt jeder in sich fühlt, der eine solche Aufgabe vor sich hat. (…) Ob ich nervös bin, ob ich Angst habe? Was spielt das für eine Rolle.

Ich glaube, was mir am meisten Sicherheit und Ruhe gibt, ist die Tatsache, daß ich ständig an die Probleme denke, an unsere Schwächen, an die kleinen Nebensächlichkeiten, die auftauchen könnten, denn so ist alles im entscheidenden Augenblick bestimmt viel einfacher. Auf jeden Fall fühle ich mich besser darauf vorbereitet. Manchmal treffe ich die notwendigen Vorsichtsmaßnahmen sogar mit einer geradezu übertriebenen Ruhe, was mir ein gewisses Maß an Zufriedenheit verschafft. (…) Zuweilen beobachte ich die ›uniformierten Marionetten‹ und habe Mitleid mit ihnen. Am liebsten würde ich über sie lachen und ihnen ganz offen ins Gesicht sagen: Wie dumm seid Ihr doch? Wo ist Eure Macht? Und wenn ich mich dann mit meiner neuen Identität unter diesen Leuten bewege und sie glauben mache, daß ich eine von ihnen bin, registriert mein verstecktes Ich alles um mich herum wie ein verkappter Journalist. (…) Ich habe festgestellt, daß ich echte künstlerische Fähigkeiten besitze und meine Rolle wirklich vollkommen spiele. Bestimmt sagst Du jetzt: Das habe ich schon immer gewußt. Nun ja, manchmal habe ich sogar das Gefühl, daß ich bald selbst an meine Geschichte glauben und jeden, der das Gegenteil behauptet, für verrückt erklären werde.«

Die Einsamkeit, mit der Tania in ihrer neuen Welt zwangsläufig konfrontiert war, bekämpfte sie vor allem mit Musik und Rundfunksendungen aus Havanna, die für sie immer wieder ein »Ohrenschmaus« waren, wie sie selbst sagte. Dafür hatte sie sich extra ein Radio mit einem sehr guten Kurzwellenbereich gekauft, das sie heimlich so oft wie möglich hörte. Nicht selten wurde sie von Heimweh geplagt, was sich an ihren vielen Fragen nach ihren Freunden auf Kuba, zum Beispiel nach *Tarzan*, ablesen ließ.

Hinzu kam die Sorge um ihre Eltern, die sie in ihren letzten Berichten aus Europa an Manuel Pineiro deutlich zum Ausdruck brachte. Jetzt, da sie vielleicht für Monate in den Untergrund abtauchen und für längere Zeit völlig von der

Bildoberfläche verschwinden würde, fragte sie sich, wie diese reagieren könnten. Von Westberlin aus hatte sie zwar mehrfach mit ihnen telefoniert, doch Nadia und Erich Bunke wußten nicht, daß ihre Tochter nur einen Katzensprung weit von ihnen entfernt wohnte. Sie wußten ebensowenig, daß sie im Begriff war, die allerletzten Vorbereitungen für ihren großen Bolivien-Einsatz zu treffen, von dem sie nicht mehr zurückkehren sollte.

Tania bat Manuel Pineiro darum, offen mit ihnen zu sprechen, falls sie irgendwann die Geduld verlören und anfingen, unbequeme Fragen zu stellen. Unter Umständen sei es das Beste, die Wahrheit zu sagen und ihnen zu erklären, daß es sich um einen Spezialauftrag der Partei handle und daß es darum unmöglich sei, ihnen weitere Einzelheiten mitzuteilen. Sie würden es bestimmt verstehen. »Nun ja, Ihr wißt am besten, was zu tun ist und wie sich dieses Problem lösen läßt. (…) Ihr könntet sie zum Beispiel auch anwerben. Bitte lach nicht! Ich meine es ernst. (…) Ich schicke meinen Eltern jetzt einen Brief auf Spanisch, damit sie in Zukunft in dieser Sprache antworten und Ihr die Briefe lesen könnt.«

Ihr letzter Bericht an Kuba endete mit den Worten: »Es gibt noch so viel, was ich Dir schreiben möchte, aber ich muß jetzt Schluß machen. Es ist sechs Uhr morgens, der Anfang eines neuen grauen und kalten Tages voller Traurigkeit, der in einem erst recht den Wunsch wach werden läßt, wieder auf unserer kleinen Insel zu sein, wo alles voller Farben ist, die Palmen, das Meer, der Mond … Nicht zu vergessen die tapferen Menschen. Heute ziehe ich für ein paar Tage woanders hin, (…) bevor ich endgültig aufbreche.«

Anfang November 1964 war es soweit. Mit einem argentinischen Paß auf den Namen Laura Gutiérrez Bauer verließ sie Europa und flog über Peru nach Bolivien.

Die ersten Monate in La Paz

Als Laura Gutiérrez Bauer, alias Tania, am 5. November 1964 an Bord einer *Air France*-Maschine von Paris aus in Lima eintraf, erfuhr sie, daß der bolivianische Präsident Víctor Paz Estenssoro zwei Tage zuvor von General René Barrientos Ortuno gestürzt worden war. Nach einigen Überlegungen entschied sie sich aus diesem Grund, nicht wie ursprünglich geplant direkt mit dem nächsten Flugzeug nach La Paz weiterzufliegen, sondern auf dem Landweg nach Bolivien einzureisen. Sie fuhr zunächst nach Cuzco, wo sie sich einige Tage lang aufhalten wollte. Sie hatte gedacht, daß sie als vorgebliche Anthropologin (das war jedenfalls die Berufsbezeichnung, die in ihrem falschen argentinischen Paß stand) in der historischen Stadt nicht auffallen würde. Doch wider Erwarten mußte sie schon gleich zu Beginn ihrer Mission eine erste Feuertaufe bestehen. Die Besitzerin des Hotels *Rosedal*, wo sie sich einquartierte, Blanca Chacón, war für sie nämlich keine Unbekannte. Sie hatte sie vor kurzem auf einem Fest in einem Studentenwohnheim des ICAP auf Kuba kennengelernt. Scheinbar völlig ruhig, innerlich aber bis zum äußersten angespannt, wartete sie auf die Reaktion ihres Gegenübers. Aber ihre Furcht war unbegründet. Blanca Chacón schöpfte keinen Verdacht. Tanias Tarnung war perfekt. Alles stimmte an ihrer neuen Identität als Laura Gutiérrez: ihr Paß, ihre Kleidung, ihre Frisur, ihr Make-up, so daß Tania gestärkt und selbstsicher aus diesem Test hervorging.

Während ihres dreitägigen Aufenthaltes in Cuzco verfolgte sie die Entwicklung der politischen Situation in Bolivien so gut wie möglich, jedoch ohne auch nur für einen Moment die erforderlichen Sicherheitsmaßnahmen außer acht zu lassen. Sie wußte von ihrem Training her, daß sie ständig auf der Hut sein mußte, daß ihr der kleinste Fehler zum Verhängnis werden konnte und daß sie nirgendwo, nicht einmal im abgelegensten Ort, absolut sicher war. Eines Abends, als sie allein im Hotel *Rosedal* beim Essen saß, gesellte sich ein junger Peruaner zu ihr an den Tisch und flirtete mit ihr. Er erzählte stolz, daß er 1958 auf Kuba gekämpft habe, und zeigte zum Beweis auf sein olivgrünes Hemd und die gleichfarbige Jacke, die beide ganz offensichtlich aus Kuba stammten. Als sich bald darauf noch andere Peruaner zu ihnen setzten und heftig Kuba und Fidel Castros Politik zu verteidigen begannen, hätte sich Tania am liebsten umgehend von ihnen verabschiedet. Sie hielt sich so weit wie möglich zurück und versuchte, die Anwesenden durch ihr politisches Desinteresse zu täuschen. Sie wurde aber doch nervös, als einer der Peruaner meinte, daß sie nicht wie eine Argentinierin, sondern wie jemand aus Kuba spreche. Ihre Erklärung, sie habe viele Freunde in Mittelamerika und deshalb seien einige typische Ausdrücke bei ihr hängengeblieben, räumte zwar sofort alles Mißtrauen aus, Tania fühlte sich durch diesen spontanen Zweifel jedoch nachdrücklich an die Tücken ihres Einsatzes erinnert.

Am letzten Tag ihres Aufenthaltes in Cuzco besuchte sie den Direktor eines Zentrums für Studien zur Folklore, den Rechtsanwalt Lino Fernando Casafranca, dessen Namen sie von kubanischen Freunden bekommen hatte. Von ihm hoffte sie, etwas mehr über die anthropologische Forschung im Andenraum zu erfahren, bevor sie nach Bolivien ging. Er erzählte ihr daraufhin von einer Gruppe argentinischer Archäologiestudenten, die in Cuzco arbeiteten, und empfahl ihr, sich ihnen anzuschließen. Er würde ihr gern helfen und sie mit diesen Leuten zusammenbringen. Doch Tania lehnte das Angebot mit der Begründung ab, sie müsse ohne längere Verzögerungen weiterreisen. In Wirklichkeit hatte sie natürlich Angst vor einer Begegnung mit ihren Landsleuten; sie fürchtete, daß ihr Akzent sie verraten würde, daß der eine oder andere kubanische Ausdruck ihr zum Verhängnis werden könnte. Sie nahm sich vor, von nun an systematisch an ihrem Spanisch zu arbeiten und alle Nuancen, die eventuell an ihren Aufenthalt in Havanna erinnern mochten, auszumerzen. Anscheinend gelang ihr das auch dank ihrer eisernen Disziplin. Im Laufe meiner Nachforschungen bestätigten mir diejenigen, die sie persönlich kennengelernt hatten, immer wieder, daß ihnen an ihrer Aussprache nichts aufgefallen sei. Tania war für sie eine ganz gewöhnliche Argentinierin, und wenn man von einem Akzent sprechen konnte, so war es der des *porteño*, des Argentiniers aus Buenos Aires, derselbe Akzent wie bei Che.

Tania mußte den Eindruck bekommen, daß sich in Cuzco die ganze Welt gegen sie verschworen hatte. Das Gespräch mit Lino Fernando Casafranca bewog sie endgültig, ihre Zelte abzubrechen, und so fuhr sie denn nach Puno am Ufer des Titicaca-Sees, wo sie mit einer spanischen Touristin, die ihr schon auf den ersten Blick verdächtig erschien und mit der sie vorsichtshalber kaum ein Wort wechselte, für eine Nacht ein Hotelzimmer teilte. Am nächsten Tag machte sie sich in einem gemieteten Lieferwagen zu dem kleinen Dorf Yunguyo auf den Weg, das unmittelbar an der peruanisch-bolivianischen Grenze lag. Aber die Grenze war bereits geschlossen, als Tania dort eintraf, und sie mußte lange warten, bis endlich ein peruanischer Zollbeamter auftauchte und ihr erklärte, daß sie nur auf dem Rücken eines Esels hinüber nach Bolivien käme. Die Reise nach La Paz schien sich zu einem wahren Abenteuer zu entwickeln. Doch Tania gab nicht auf. Unverdrossen setzte sie die Tour fort, passierte den verlassenen bolivianischen Grenzposten und mietete ein Fahrzeug, das sie nach Copacabana brachte, einem Dorf auf der anderen Seite des Titicaca-Sees.

Damit war die Aufregung allerdings nicht zu Ende, noch fehlte der Einreisestempel der bolivianischen Grenzbeamten. Etwas unruhig machte sich Tania am nächsten Tag auf den Weg zum Polizeikommissariat: Sie wußte nur zu gut, daß die Fingerabdrücke in dem gefälschten Paß nicht die ihren waren. Aber die Sorge war umsonst. Der zuständige Beamte machte keinerlei Schwierigkeiten. Er freute sich schon darüber, endlich einmal wieder seinen Stempel aus der Schublade herausholen zu dürfen. Schließlich kamen nicht viele Touristen hier über die Grenze. Es war der 18. November 1964 – Tanias erster oder, wenn man es genau nimmt, eigentlich ihr zweiter Tag in Bolivien.

Ihre Ankunft in La Paz ereignete sich zu einem ausgesprochen kritischen Zeitpunkt, worauf sie im Grunde nicht vorbereitet war. Der Militärputsch des Generals Barrientos hatte die politischen Verhältnisse völlig verändert. Die von ihr und ihren Vorgesetzten auf Kuba angefertigte Einschätzung der allgemeinen Lage in Bolivien war damit überholt und ohne jeden praktischen Nutzen. Tania ließ deswegen aber nicht den Kopf hängen. Ganz im Gegenteil, sie fühlte sich herausgefordert, ihr Improvisationstalent unter Beweis zu stellen und zu zeigen, daß sie ebensogut mit einer überraschend neuen Situation umgehen konnte. Und überraschend neu war die Situation in Bolivien tatsächlich: Bis zum 4. November, also bis vierzehn Tage vor Tanias Ankunft, hatten Víctor Paz Estenssoro und seine Partei MNR die Macht inne gehabt. Viele Mitglieder des MNR waren junge, linksgerichtete Politiker, die während der Regierungszeit ihrer Partei die wichtigsten Ämter in Ministerien, Botschaften und internationalen Organisationen besetzten. Sie alle verband weniger eine gemeinsame ideologische

Überzeugung als eine Haltung des politischen Opportunismus, mit der sie das korrupte System als eine Art Selbstbedienungsladen ansahen. Nur wenige von ihnen waren daher nach dem Staatsstreich bereit, gegen die Militärdiktatur zu kämpfen und ihre ideologischen Prinzipien zu verteidigen. Die Mehrzahl zog es lieber vor, ihren auf unredliche Weise angehäuften Reichtum im Ausland zu genießen.

Unter der Regierung Paz Estenssoro waren die Beziehungen zwischen Bolivien und Kuba hervorragend. Die verschiedenen kubanischen Botschafter in La Paz gingen bei den Mitgliedern der jungen MNR-Parteispitze ein und aus, und Dutzende von ihnen reisten auf Einladung Kubas wiederholt nach Havanna. Fidel Castro vertraute Paz Estenssoro, der eine von Nordamerika unabhängige Außenpolitik betrieb, und war sicher, daß er und seine Regierung die lateinamerikanischen Revolutionäre bei ihrem Befreiungskampf unterstützen würden. Bolivien sollte als Sprungbrett für die Befreiung der Nachbarländer dienen. Das war die geheime Devise der kubanischen Regierung, und mit dieser Devise wurden ihre Botschafter zwischen 1959 und 1964 nach La Paz entsandt. Das Ergebnis ihrer Arbeit ließ nicht lange auf sich warten: Die Kontakte zwischen La Paz und Havanna waren bald so eng wie nie zuvor; es herrschten gegenseitiges Einvernehmen und Harmonie zwischen beiden Staaten. Als Zeichen seines Vertrauens und seiner Freundschaft schenkte Fidel Castro dem bolivianischen Präsidenten sogar eine seiner privaten Pistolen.

Dieser zeigte sich auf seine Weise erkenntlich. In Abstimmung mit dem Chef der politischen Polizei, Oberst Claudio San Román, und mehreren Ministern seines Kabinetts erteilte er den peruanischen ELN-Guerrilleros die Genehmigung, sich auf bolivianischem Territorium aufzuhalten. Und als eine fünfunddreißig Mann starke Kolonne peruanischer Guerrilleros im Beni-Gebiet von der bolivianischen Armee geschlagen und mehrere ihrer Kämpfer,

darunter der peruanische Dichter und Freund Che Guevaras Javier Heraud, getötet wurden, erklärte Paz Estenssoro
die gefangenen Guerrilleros zu politischen Flüchtlingen
und beauftragte Oberst San Román persönlich, die entsprechenden Passierscheine auszustellen.

Doch die engen Beziehungen zu Kuba waren nicht der
einzige Grund für die wohlwollende Behandlung der peruanischen Guerrilleros. Es gab noch einen anderen Faktor, der
dabei eine wichtige Rolle spielte. Die damals herrschende
peruanische Militärjunta unterstützte im benachbarten Bolivien die mächtige rechtsgerichtete *Falange Socialista
Boliviana* (FSB) und ließ ihr sowohl logistische als auch
ökonomische Hilfe zukommen. Paz Estenssoro, der in
Anspielung auf das spanische Wort für »Fuchs« wegen seiner Cleverness manchmal Paz Esten-*zorro* genannt wurde,
zahlte es der Militärjunta Perus durch seine tolerante Haltung den ELN-Guerrilleros gegenüber mit gleicher Münze
heim.

Allerdings sollte sich bald herausstellen, daß der Fuchs
Paz Estenssoro sich trotz seiner Schläue verrechnet hatte.
Als er nämlich nach seinem Sturz von Kuba eine Gegenlei-
stung für die erwiesenen Gefälligkeiten forderte und Havanna um finanzielle Unterstützung bat, lehnte Fidel Castro ab. Er wußte, daß der gestürzte bolivianische Präsident
und seine Partei MNR ihre politischen Chancen für immer
verspielt hatten und ihm daher nichts mehr nützten.

Tania konnte nun nicht, wie ursprünglich angenommen, mit
einem für ihre geheimen Aktivitäten günstigen politischen
Klima rechnen, sondern mußte sich auf ständige Überwa-
chung und scharfe Kontrollen einstellen. Mit General Barrientos hatte die bolivianische Rechte das Ruder an sich
gerissen. Die nationalistisch eingestellten Streitkräfte – und
mit ihnen das Pentagon und der CIA – erlebten einen uner-
hörten Aufschwung und waren bald maßgeblich an allen

bedeutenden Entscheidungen beteiligt. Das wichtige Ministerium für Campesino-Angelegenheiten übertrug General Barrientos (der seine Sympathie gegenüber den USA zu allem Überfluß durch die Verwendung eines texanischen Cowboyhutes demonstrierte) seinem Freund José Arze Murillo, einem ehemaligen Innenminister und Botschafter, der als Mitarbeiter des bolivianischen CIA-Büros bekannt war.

Parallel zu dieser politischen Entwicklung hielt der Militarismus wieder Einzug in Bolivien. Die Streitkräfte wurden ausgebaut und modernisiert. Ende 1964, also nur ein paar Wochen nach Tanias Ankunft in La Paz, standen nicht weniger als 15 000 gut ausgebildete und ausgerüstete Männer unter Waffen, von denen viele ein Spezialtraining im Antiguerrillakampf absolviert hatten. Der Sold wurde generell um 30 % erhöht, so daß ein Unterleutnant mit Zulagen und Prämien monatlich bis zu 600 Dollar verdienen konnte, während das Gehalt eines Schuldirektors bei 69 Dollar lag.

Die Vereinigten Staaten, die in der Regierungszeit Paz Estenssoros befürchtet hatten, Bolivien könne sich in ein zweites Kuba verwandeln, unterstützten den Staatsstreich von General Barrientos. Die Militärhilfe für Bolivien stieg von 12 auf 80 Millionen US Dollar. Damit stand Bolivien hinter Israel an zweiter Stelle auf der nordamerikanischen Liste der Empfänger finanzieller Zuwendungen. Außerdem wurden viele bolivianische Offiziere in nordamerikanischen Camps, unter anderem in Fort Bragg, North Carolina, auf die Auseinandersetzung mit Guerrillaeinheiten vorbereitet. In der bolivianischen Stadt Cochabamba leiteten argentinische Militärs den Aufbau eines Trainingslagers für Spezialeinheiten auf dem Gebiet der Guerrillabekämpfung (ITE).

Das aber führte keineswegs dazu, daß General Barrientos als ein verhaßter Diktator erschienen wäre. Statt dessen schaffte er es, sich zu einem Verteidiger der Campesinos und der Agrarreform zu stilisieren und auf diese Weise breite Kreise der Landbevölkerung für sich zu gewinnen. Im sogenannten »Pacto Militar-Campesino« legte er das Verhältnis zwischen der Armee und der Bauernschaft fest, indem er sich auf alte Traditionen aus der Kolonialzeit berief. Danach begriffen sich die Streitkräfte als den »Paten«, den *padrino*, der Campesinos, welcher diese in Notlagen zu beschützen hatte, der für sie sorgte und ihnen stets mit Rat und Tat zur Seite stand. Den Campesinos hingegen wurde die Rolle der »Patenkinder«, der *ahijados*, zugewiesen, die von ihrem Beschützer Hilfe und Unterstützung erwarten durften und sich mit allen Fragen und Sorgen an ihn wenden sollten.

Dieses als *compadrazgo* (Vetternwirtschaft) bekannte System schuf Bande, die viel stärker waren als jede politische Zugehörigkeit. Bis heute hat es seine Wirksamkeit nicht verloren und wird gerade in Wahlkampfzeiten gerne und häufig von Politikern eingesetzt. General Barrientos besaß besonderes Geschick, sich als *padrino* oder *compadre* der armen Landbevölkerung darzustellen. So gründete er am 24. Januar 1965 eine Sonderkommission innerhalb der Militärjunta, die sich erklärtermaßen darum kümmern sollte, daß die Rechte und Errungenschaften der Campesinos nicht angetastet wurden. Daß er mit dieser Politik auf dem richtigen Weg war, zeigten ihm die Wahlen ein Jahr später, aus denen er als regulärer Sieger hervorging. Von einer unzufriedenen Landbevölkerung, die den Nährboden für Ches Guerrilla abgeben sollte, konnte deshalb zu jener Zeit nicht die Rede sein.

Weder Tania noch ihre Auftraggeber hatten diese neuartige Situation voraussehen können, als sie den Bolivien-Einsatz auf Kuba planten. Sie hätten sich aber durchaus darüber im klaren sein können, daß die Bedingungen für Tanias und für Che Guevaras Arbeit nach dem Militärputsch wesentlich schwieriger sein würden, als man ursprünglich angenommen hatte. Die Möglichkeit des Scheiterns der gesamten Aktion hätte von vornherein in Betracht gezogen werden müssen. Nicht zuletzt deshalb, weil ein weiteres erschwerendes Moment hinzukam, das eine nicht zu unterschätzende Rolle spielen sollte.

Die kommunistischen Parteien Südamerikas machten gerade einen Spaltungsprozeß durch, der von grundlegenden Meinungsverschiedenheiten geprägt und mit gegenseitigen Bespitzelungen und Beschimpfungen verbunden war. Die Parteien zerfielen in zwei unterschiedliche Richtungen, in eine prosowjetische und eine prochinesische. Während die Sowjets einem gewaltsamen Aufstand ablehnend gegenüberstanden und glaubten, die Entwicklung in den jeweiligen Ländern mit Hilfe der einzelnen kommunistischen Parteien und über Koalitionen mit linken Bewegungen in ihrem Sinne beeinflussen zu können, traten die Chinesen unverhohlen für den bewaffneten Kampf als probates Mittel politischer Veränderung ein. Die kubanische Regierung geriet auf diese Weise in eine doppelte Schußlinie: Einerseits war sie auf Grund ihrer historischen Erfahrungen förmlich dazu verpflichtet, die Guerrillabewegungen in Lateinamerika zu unterstützen. Andererseits machte die internationale Realität, das heißt die sich verschärfende Auseinandersetzung mit den USA, Fidel Castro seine ständig wachsende Abhängigkeit von der Sowjetunion schmerzlich bewußt.

Angesichts dieses Dilemmas versuchte Kuba nun, einen Kurs »aktiver Neutralität« zu betreiben: Nach außen hin wollte man die Sowjetunion nicht brüskieren, insgeheim aber gab man den bewaffneten Rebellen tatkräftige Schützenhilfe. Jahrelang brachte Fidel Castro das Kunststück fertig, seine wichtigen Gönner im Osten nicht zu verärgern, gleichzeitig jedoch hinter den Kulissen seine eigenen Interessen im Bereich der lateinamerikanischen Guerrillabewegungen durchzusetzen. Bei diesem doppelten Spiel leistete ihm sein Geheimdienstchef Manuel Pineiro, alias Barbarroja, ausgezeichnete Dienste, der es verstand, von Kuba aus die Fäden der verschiedenen militärischen Aktivitäten in der Hand zu behalten, ohne daß Fidel Castros Image in Mitleidenschaft gezogen worden wäre.

Che Guevara aber war gegen diese doppelzüngige Politik. Wann immer sich ihm ein Anlaß bot, bekundete er offen und umstandslos seine prochinesische Einstellung und sein Ja zum bewaffneten Kampf. Mit jedem Tag wurde er dadurch unbequemer für Fidel Castro, mit jedem Tag wuchs die Distanz zwischen ihm und dem *Máximo Líder*. Die Tatsache, daß er auf dem Gipfeltreffen der lateinamerikanischen kommunistischen Parteien in Havanna vom 22. bis zum 29. November 1964 (also zur Zeit von Tanias Ankunft in La Paz) nicht erschien, deuteten viele politische Beobachter als ein erstes unmißverständliches Zeichen der Differenz zwischen den beiden Revolutionsführern.

Unterdessen nahm die Entwicklung in ganz Lateinamerika ihren Lauf. Schon Anfang 1964 war es in Peru zur Spaltung der kommunistischen Partei in einen prosowjetischen und einen prochinesischen Flügel gekommen. Ein reichliches Jahr später, im April 1965, passierte dasselbe mit der KP des Nachbarlandes Bolivien. Auf einem außerordentlichen Parteitag in Siglo XX, dem wichtigsten bolivianischen Bergarbeiterzentrum, zerfiel die Partei in zwei Fraktionen, von denen die eine von dem altgedienten, moskautreuen Vorsitzenden Mario Monje und die andere vom ehemaligen zweiten Sekretär Oscar Zamora angeführt wurde. Die kurz nach diesem außerordentlichen Kongreß veröffentlichte *Declaración de Siglo XX* zeigte zwar noch ein deutliches Übergewicht der prochinesischen Linie unter Oscar Zamora, der zusammen mit einigen Parteifreunden in den letzten Monaten aktiv an der Vorbereitung der Guerrilla auf bolivianischem Boden beteiligt gewesen war.

Aber ihre Position wurde schon bald durch innere Streitigkeiten geschwächt. Es taten sich unüberbrückbare Gegensätze auf, die eine koordinierte Politik auf Dauer unmöglich machten.

Che hatte diese Entwicklung bereits auf Kuba vorhergesehen und Tania deshalb ausdrücklich verboten, mit der kommunistischen Partei Kontakt aufzunehmen. Obwohl ihn mit Oscar Zamora eine echte Freundschaft verband und er wiederholt versucht hatte, über ihn Einfluß auf die KP Boliviens zu nehmen, mißtraute er deren Mitgliedern zutiefst. Für Tania aber folgte daraus, daß ihre Isolation noch größer sein würde, als es ihre Mission ohnehin schon mit sich brachte.

Als Tania am 18. November 1964 in La Paz ankam, wollte sie im Hotel *La Paz*, das mitten im Stadtzentrum lag, ein Zimmer mieten. Da dieses jedoch ausgebucht war, quartierte sie sich im Hotel *Sucre* auf der Avenida 16 de Julio ein, die meistens »El Prado« genannt wird. Hier schlage auch ich, über dreißig Jahre danach, meine Zelte auf. Hier führe ich lange Gespräche mit Bolivianern, die Laura Gutiérrez gut gekannt haben, aber nicht ahnten, daß es sich bei ihr um eine dreifache Agentin handelte, die nur ein Ziel verfolgte: mit ihrer Hilfe Zugang zur bolivianischen Gesellschaft zu finden und Beziehungen zu den höchsten Ebenen der Macht zu knüpfen. Im ruhigen Café, das sich im Erdgeschoß des Hotels befindet (und wo auch Tania während ihres zweieinhalbjährigen Aufenthaltes in La Paz immer wieder saß), nutze ich die Gelegenheit und stelle mir ihr Leben in dieser von schweigsamen, verschlossenen Indios bewohnten und von hohen, schneebedeckten Bergen umgebenen Stadt vor.

Das Publikum in dem früher recht eleganten, heute aber heruntergekommenen Hotel, dessen angestaubter Glanz noch etwas von seiner vergangenen Würde erahnen läßt, ist nicht gerade das beste. Viele der Gäste sind *mulas*, kleine Drogendealer, die hier ihre Ware entgegennehmen und, als ordentliche Bürger verkleidet, die notwendigen Verbindungen herstellen und pflegen. Die beinahe gespenstische Ruhe im Innern des nur wenig besuchten Cafés steht im krassen Gegensatz zur lauten Hektik draußen auf der Straße. Dort, direkt unter meinem Fenster, bieten Indianerinnen in weiten, bunten Röcken Kunsthandwerk feil; sie tragen ihre Babies in einem Tuch auf dem Rücken und lassen sich vom tosenden Verkehr scheinbar nicht stören. Die Kellner in dunklen, korrekten Anzügen mit leicht abgewetzten Ellbogen und fadenscheinig wirkenden Hosen versuchen krampfhaft, einen letzten Rest von der einstigen Vornehmheit zu bewahren. Ihr Alter ist genauso undefinierbar wie das des Mobiliars: Es ist, als wäre die Zeit hier stehengeblieben, und womöglich hat der eine oder andere von ihnen sogar persönlich Tania bedient und ihr (so wie mir jetzt) einen Mate-Tee gegen den *soroche*, die bei Fremden gefürchtete Höhenkrankheit, serviert, während sie ihren Tagesablauf plante oder sich angeregt mit ihren neuen Bekanntschaften unterhielt.

Die ersten Tage in La Paz verbrachte Tania damit, die Stadt kennenzulernen und jeden ihrer Winkel zu erforschen. Sie freute sich, endlich wieder in Südamerika zu sein. Es war zwar nicht Argentinien, aber das machte nichts. Schließlich war sie ja nicht mehr weit davon entfernt. Wenn alles gut ging und der Funke der Guerrilla auf Argentinien übersprang, wie sie und Che es sich erhofften, würde sie schon bald die geliebte Heimat ihrer Kindheit wiedersehen. Außerdem gab es da noch die Volksmusik Boliviens aus den Anden, vom *altiplano*, die sie in vielem an die Musik der argentinischen Nordprovinz Salta erinnerte. Und so ergänzte sie ihre Sammlung andiner Folklore, die sie bereits in ihrer Jugend angelegt hatte, um eine Reihe neuer Titel. Sie legte sich eine Sammlung aller auffindbaren bolivianischen Lieder und Tänze zu: *carnavalitos, huaynos, cuecas, taquiris, sangas, auqui auquis, wititis, khachuas, wila khawanis* ... Auf ihren Streifzügen durch La Paz hatte sie immer einen kleinen Kassettenrekorder dabei, der ihr nicht nur bei ihrer Agententätigkeit von Nutzen war, sondern mit dem sie ebenso ihre Lieblingsmusik aufnahm.

Von Anfang an gab Tania sich große Mühe, so wenig wie möglich aufzufallen. Das begann mit der Kleidung, für die sie die in La Paz allgemein üblichen, gedeckten Farben wählte: schwarze oder braune flache Schuhe, zumeist Mokassins; ein dunkelgrauer melierter Mantel; und dazu eine schwarze Ledertasche, brav über den linken Unterarm gehängt, in der sie ihren Kassettenrekorder verbarg. Die systematische Mimikry erstreckte sich bis zu ihrer Frisur: Die Haare waren dunkelbraun gefärbt und schlicht gekämmt, um keinerlei Aufsehen zu erregen. Unauffällig von Kopf bis Fuß wollte sie erscheinen, obwohl natürlich jede weiße Frau in dieser indianisch geprägten Bevölkerung eine Besonderheit war.

In dieser Verkleidung besuchte Tania Museen, Märkte und sonstige Sehenswürdigkeiten der Stadt. Sie machte Ausflüge in die nähere Umgebung von La Paz, an den Titicacasee und zu den Ruinen von Tihuanacu. Bald kannte sie das Land gut genug, um sich hier wie zu Hause zu fühlen. Auch der gefürchtete *soroche*, der schon so manchem Touristen den Aufenthalt in der 3600 Meter über dem Meeresspiegel liegenden Stadt verdorben hat und nicht selten den Griff zur Sauerstoffflasche unerläßlich macht, schien ihr nichts anzuhaben.

Bolivien war ihr offensichtlich wohlgesonnen: Niemand wunderte sich über ihre Anwesenheit, niemand mißtraute ihr, niemand schöpfte Verdacht, nicht einmal die Polizei, bei der sich Laura Gutiérrez in den ersten Tagen anmelden mußte. Der Polizeichef, der ihr im zentralen Touristenbüro empfohlen worden war, erklärte ihr nämlich, daß die bolivianische Botschaft in Frankreich, von wo aus sie nach Lima geflogen war, ihr die falschen Einreisepapiere ausgestellt hätte. Doch beruhigend fügte er hinzu, daß dies kein Grund zur Aufregung sei, und gab ihr die entsprechende Touristenkarte, in die er zuvor noch das Datum ihres Grenzübertritts eintrug, ein Verfahren, das in seinen Augen eine reine Routineangelegenheit war. Für Tania aber stellte dieser erste Kontakt mit den Behörden in La Paz eine Art Feuerprobe dar, hatte sie doch nun endgültig den Beweis, daß ihr gefälschter Paß mit den fremden Fingerabdrücken einer Prüfung durch die Polizei standhielt. Dieses Erlebnis verlieh ihr das gehörige Selbstvertrauen und ließ sie nun auch einen weiteren Schritt wagen: Nachdem sie sich mit der Stadt und dem Land vertraut gemacht hatte, mußte sie den Kontakt zu Leuten aus ihrer neuen Umgebung suchen.

Während eines ihrer zahlreichen Besuche im Nationalmuseum für Archäologie lernte sie den jungen Maler Moisés Chire Barrientos kennen, einen direkten Verwandten von General René Barrientos, der ihr sofort den Hof machte. Für Tania kam dieser Mann wie gerufen. Er konnte ihr sehr nützlich sein, und so machte sie ihn in kürzester Zeit zu ihrem ersten Liebhaber in Bolivien. Sie bediente sich seiner skrupellos, und dann, als sie ihn nicht mehr brauchte, verließ sie ihn genauso skrupellos.

Diese Geschichte erzählt mir Chire Barrientos (allerdings weniger kraß und ohne jede Verbitterung), als wir zusammen im Café des Hotels *Sucre* einen Mate-Tee trinken und anschließend über die Avenida del Prado zu seinem Atelier gehen, das sich direkt neben der berühmten Kolonialkirche San Francisco in der Straße Sagárnaga befindet. Chire Barrientos ist heute ein anerkannter Künstler, der viele Preise gewonnen hat, obwohl sein Äußeres dies nicht unbedingt vermuten läßt. In seinem dunklen Anzug, mit dem gestreiften Hemd, der dezenten Krawatte und den dicken, grün gefärbten Brillengläsern wirkt er eher wie ein Beamter aus dem Außenministerium denn wie ein Bohemien. Die charaktervollen Gesichtszüge lassen keinen Zweifel an seiner indianischen Herkunft. Er ist ein typischer Bewohner des Andenhochlandes: unauffällig, leise, verschlossen.

»Laura Gutiérrez war meine größte Liebe, die ich nie vergessen werde, auch wenn sie mich am Ende verlassen und vielleicht sogar die ganze Zeit für ihre Zwecke benutzt hat«, sagt er. Man merkt ihm die rund sechzig Jahre an, die er mittlerweile zählt. Vor Anstrengung keuchend läuft er neben mir die enge, kopfsteingepflasterte Gasse zu seinem Atelier und der dazugehörigen Gallerie *Arte Sur* hinauf, wo wir, von riesigen Ölgemälden und Aquarellen umstellt, auf denen vor allem Indios aus dem bolivianischen Altiplano abgebildet sind, unser Gespräch über Tania fortsetzen.

»Ja, sie war wirklich meine größte Liebe«, wiederholt er, mir gegenüber in einem bequemen Sessel sitzend, wobei seine Augen hinter den dicken Brillengläsern plötzlich noch viel trauriger als vorher aussehen. Auf jeden Fall kommt es mir so vor. Aber vielleicht liegt es auch nur an der ungewohnten Beleuchtung im Raum. »Ich lernte sie wenige Tage nach ihrer Ankunft in La Paz im Nationalmuseum für Archäologie kennen, wo ich damals arbeitete. Ich mußte die verschiedenen Exponate abzeichnen und war gleichzeitig als zweisprachiger Touristenführer angestellt. Sie bat mich, sie durch das Museum zu begleiten und ihr die ausgestellten Stücke zu erklären. Wir waren uns auf Anhieb sehr sympathisch. Sie war eine ausgesprochen gebildete und attraktive Frau. Ich war wirklich fasziniert von ihr. Schon bald holte sie mich jeden Mittag im Museum von der Arbeit ab, und wir gingen irgendwo in der Nähe zusammen essen und sprachen über Archäologie oder bildende Künste. Laura war sehr interessiert und wollte sogar, daß ich ihr

Mal- und Zeichenunterricht gab. Aber leider wurde nie etwas daraus.«

Schnell verwandelte sich ihre platonische Freundschaft in eine leidenschaftliche Liebesbeziehung. Die Tatsache, daß Chire Barrientos verheiratet war und fünf Kinder hatte, störte Laura Gutiérrez kaum. Schließlich war sie nicht nach Bolivien gekommen, um sich hier auf Dauer niederzulassen und eine Familie zu gründen. Und Chire Barrientos war froh, eine so emanzipierte junge Frau getroffen zu haben, die nicht unter dem strengen bolivianischen Sittenkodex aufgewachsen war und sich deshalb vorteilhaft von den prüden Mädchen in seiner Nähe abhob. Ihre liberale Einstellung begeisterte ihn, und er wunderte sich nicht weiter darüber, daß sie fast nie von ihrer Familie sprach. »Sie erklärte mir, daß sie sich nicht sehr gut mit ihrem Vater verstehe«, sagt Chire Barrientos mit leiser, singender Stimme, während er die dicken Brillengläser sorgfältig mit einem schneeweißen Taschentuch putzt. »Ihre Familie war angeblich sehr reich. Deshalb hatte sie auch soviel Geld. Häufig bestand sie darauf, mich einzuladen, wenn wir ausgingen. Ja, Geld spielte offensichtlich keine Rolle für sie. Sie sprach sogar davon, sich einen Jeep kaufen zu wollen. Wozu brauchst du denn einen Jeep, fragte ich sie. Der kostet doch viel zuviel! Nun, ich liebe eben das Abenteuer, die Berge, die Täler, die freie Natur und das alles, antwortete sie.«

Chire Barrientos folgte Tania bald wie ein Schatten. Wann immer es ihm möglich war, begleitete er sie und kümmerte sich um die verschiedensten Angelegenheiten. Oft fuhren sie mit seinem kleinen Volkswagen in die nahegelegenen Berge und verbrachten »wunderschöne gemeinsame Stunden«, wie er sich heute noch erinnert. Auch bei der Wohnungssuche war er ihr behilflich. Gemeinsam studierten sie tagelang die Zeitung, bis sie in der Nähe der Universität, so wie Laura es unbedingt wollte, in der Straße Juan José Pérez Nr. 232, ein kleines Apartment für sie fanden. »Ich weiß noch ganz genau, wie ich in meinem Volkswagen ihre paar Sachen vom Hotel *Sucre* zu ihrer neuen Unterkunft brachte. Ein, zwei Koffer, dazu einige Kartons und sonst nichts weiter.«

Mit der Zeit hatte Chire Barrientos das Gefühl, die Frau seines Lebens gefunden zu haben. Er war gefesselt von Tanias sprühender Lebenskraft, von ihrer Fröhlichkeit, von ihrem Charme. Keinen Augenblick lang, nicht einmal, als sie ihn verließ, dachte er, daß sich hinter Laura Gutiérrez eine mit allen Wassern gewaschene Dreifachagentin verbarg, so überzeugend spielte Tania ihre Rolle. Dabei gab es durchaus Dinge, die ihn hätten mißtrauisch machen können. Chire Barrientos streicht sich nachdenklich mit der rechten Hand über das noch immer pechschwarze Haar und steckt die linke leicht verlegen in die Hosentasche. »Nie wollte sie, daß ich ein Foto von ihr machte, obwohl ich sie sehr oft darum bat. Sie sei nicht fotogen, so lautete ihre Antwort immer wieder. Und außerdem hasse sie Fotos. Schade. Ich hätte zu gern ein Foto von ihr gehabt.«

Je näher sich die beiden kamen, umso häufiger begannen sie, über Politik zu sprechen, über die Entwicklung in Bolivien und auch über die Leute, die Chire Barrientos kannte. »Sie fragte mich, welche Künstler, Schriftsteller, Maler und Intellektuelle linke Positionen vertraten, und welche besonders großen Einfluß hatten. Manchmal hatte ich das Gefühl, daß sie mir etwas anvertrauen wollte oder daß sie mir etwas verheimlichte. Aber zur Aussprache kam es nie. Im Gegenteil. Nachdem ich ihr einmal gesagt hatte, daß ich die linken Intellektuellen zwar bewunderte, selbst aber eher rechts eingestellt sei, spürte ich eine gewisse Distanziertheit von ihrer Seite.«

Chire Barrientos war in La Paz kein Niemand. Als naher Verwandter des Diktators hatte er Zugang zu den allerhöchsten Kreisen der Gesellschaft und kannte viele einflußreiche Leute. Tania hatte das von Anfang an mit in ihr

Kalkül einbezogen und bat den Maler immer drängender, sie seinen Bekannten endlich vorzustellen. Chire Barrientos lud daraufhin oft namhafte Maler und Intellektuelle in sein Atelier ein, nahm Laura zu Ausstellungseröffnungen, Empfängen und Parties mit und arrangierte sogar einen kurzen Gesprächstermin mit General René Barrientos. »Barrientos war von ihr sehr angetan. Er war einer der größten Schürzenjäger Boliviens und ließ sich keine Chance entgehen. Später erfuhr ich, daß sich die beiden häufig trafen, daß sie überaus eng miteinander befreundet waren und wiederholt auf Folklorefestivals zusammen gesehen wurden, manchmal sogar in Begleitung von General Ovando. Laura hatte offensichtlich Barrientos' Vertrauen gewonnen, denn er schlug ihr vor, einem seiner Söhne Privatunterricht in Deutsch zu geben, und natürlich sagte sie zu.« Selbst heute noch, nach so vielen Jahren, fällt es dem Maler offenbar schwer, über Tanias Untreue zu sprechen. Doch seiner Stimme ist keine Bitterkeit anzumerken, sondern eher so etwas wie uneingestandene Resignation.

General Barrientos war nicht die einzige wichtige Person, die Tania über Chire Barrientos kennenlernte. Er nahm sie ebenfalls ins Erziehungsministerium mit und stellte sie seiner Freundin Julia Elena Fortún, einer hohen Beamten in der Abteilung für Folklore-Studien, vor. Dr. Fortún hatte nicht weniger als vierzig Mitarbeiter unter sich, die meisten von ihnen Intellektuelle, Gymnasiallehrer, Universitätsprofessoren und Künstler, die unentgeltlich im ganzen Land ethnologische und anthropologische Forschungen durchführten. Sie war, wie so viele andere auch, von Lauras Auftreten beeindruckt, und machte ihr spontan das Angebot, sie in ihr Team zu integrieren. Das einzige, was sie brauchte, war ein Empfehlungsschreiben der argentinischen Botschaft. Chire Barrientos erinnert sich noch heute daran, wie Julia Elena Fortún ohne große Umschweife zum Telefon griff und dem ersten Sekretär Ricardo Arce, einem gemeinsamen guten Freund, erklärte: »Ich habe hier eine junge Argentinierin bei mir, die sich für archäologische Studien interessiert und die ich darum gerne in meinem Team hätte.«

Ricardo Arce sah keinen Hinderungsgrund, das gewünschte Empfehlungsschreiben auszustellen, und so kam Tania ihrem Ziel noch einen Schritt näher. Sie hatte über Chire Barrientos nicht nur Zugang zu den höchsten Kreisen der politischen Macht erhalten, sondern dank seiner Vermittlung auch eine Beschäftigung gefunden, die es ihr erlaubte, im ganzen Land herumzureisen, ohne irgendwelches Aufsehen zu erregen. Mit einem offiziellen Beglaubigungsschreiben des Ministeriums ausgestattet, fuhr sie in den nächsten Wochen und Monaten in die abgelegensten Dörfer, um auf ihrem Kassettenrekorder die Zeugnisse der bolivianischen Volksmusik festzuhalten und gleichzeitig das Terrain für Che Guevara und seine Guerrilleros zu sondieren. Besser hätte sie es gar nicht treffen können, denn sie hatte hier eine Beschäftigung gefunden, mit der sie nicht nur den eigentlichen Grund ihrer Anwesenheit in Bolivien tarnen konnte, sondern die ihr obendrein noch großen Spaß machte. Das blieb auch den Verantwortlichen im Erziehungsministerium nicht lange verborgen, und so erhielt sie immer wichtigere Aufträge und durfte Bolivien sogar auf internationalen Kongressen vertreten oder Ausstellungen in La Paz organisieren.

Chire Barrientos aber konnte kaum noch etwas für sie tun, das wußte sie genau. Und so zog sie sich langsam von ihm zurück, was für den Maler ein schwerer Schlag war. Trotz dieser Enttäuschung denkt er noch heute, da er die Wahrheit über Tania, alias Laura Gutiérrez, kennt, wehmütig an jene junge Argentinierin zurück, die an seiner Seite La Paz für sich erschloß, die zusammen mit ihm ihr erstes Weihnachtsfest in Bolivien feierte und die ihn stundenlang bei seiner Arbeit begleitete. Als er sich schließlich mit einer freundschaftlichen Umarmung von mir verabschiedet, meint er ohne jede Spur von Ironie:»Ihr Besuch, mein Freund, hat in mir viele schöne Erinnerungen geweckt. Ich möchte Ihnen nur noch sagen, daß Tania mich trotz alledem tatsächlich geliebt hat. Einige meiner Freunde haben auf Kuba eine Erklärung von ihr gelesen. Darin sagt sie, daß ich, Chire Barrientos, ihre erste große Liebe in Bolivien gewesen sei.«

Chire Barrientos' Worte noch in den Ohren, mache ich mich auf den Weg in die Straße Juan José Pérez Nr. 232, wo Laura Gutiérrez Bauer ihren zweiten Lebensabschnitt in La Paz begann. Schon wenige Meter nach der Kolonialkirche San Francisco bin ich auf der Avenida Manuel Sucre und biege in die Avenida 16 de Julio ein. Ich überquere die Plaza del Estudiante und folge der Avenida Arce, bis ich schließlich mein Ziel erreiche. Die Bürgersteige sind voller Leben, voller Farben, ein buntes Gemisch aus Indios, neugierigen Touristen und interessierten Käufern, die hier das eine oder andere zu ergattern suchen. Töpferwaren, Gegenstände aus gehämmertem Kupfer, Amulette, Silberschmuck, Alpaka-Pullover: Die Auswahl ist schier unendlich. Dazu gibt es Erfrischungen und typische Gerichte in Hülle und Fülle, die zumeist von den auf dem Boden hockenden *cholitas* in ihren typischen Indianertrachten angeboten werden.

Langsam gehe ich die Straße Juan José Pérez bis zur Hausnummer 232 hinauf, einem alten, leicht verfallenen dreistöckigen Gebäude aus der Jahrhundertwendezeit, das mit seiner abbröckelnden Fassade wie ein Zeuge der Vergangenheit wirkt. Aber wohl nicht mehr lange: Die Baugerüste an seinen Außenmauern lassen vermuten, daß es schon bald »renoviert« bzw. »modernisiert« wird, genau wie das Gebäude nebenan, in dem eine Bar namens *Moulin Rouge* auf zahlungskräftige Gäste wartet. Etwas weiter oben stehen noch einige Häuser, die Tania gekannt haben muß, zum Beispiel der kleine Kramladen an der Ecke, der den einladenden Namen *Amistad* (Freundschaft) trägt, oder die *saltenería*, in der die berühmten *empanadas* verkauft werden. In der Sackgasse direkt gegenüber der Nummer 232 lese ich ein Graffito:»Las niñas buenas se van al cielo, las malas a todas partes.« Die guten Mädchen kommen in den Himmel, die bösen dürfen überall hin. Was für ein Zufall! Sollte das eine Anspielung auf Laura Gutiérrez sein?

Die nahegelegene Universität UMSA, wo Tania ein und aus ging, gleicht eher einem politischen Zentrum denn einer Bildungsstätte für die Elite des Landes. Schon am Eingang sind die Wände mit revolutionären Botschaften übersät. Die Plakate hängen dicht an dicht; es würde Stunden dauern, wollte man alle Slogans entziffern. Etwas weiter hinten liegt ein kleiner Innenhof, in dem sich mehrere Pärchen ausruhen. Auf der hohen Mauer hinter ihnen ein Che Guevara-Porträt in Lebensgröße, darunter folgendes Zitat von ihm:»Jede einzelne unserer Taten ist ein Schlachtruf gegen den Imperialismus.«

Für Tania war dieses Viertel eine ideale Ausgangsbasis. Hier konnte sie sicher sein, kein Aufsehen zu erregen, während sie sich in die bolivianische Gesellschaft vorarbeitete. Nachdem sie Chire Barrientos verlassen hatte, hielt sie Ausschau nach einem neuen Opfer. Bereits vorher war ihr Blick auf Ricardo Arce, den ersten Sekretär der argentinischen Botschaft in La Paz gefallen, der ihr so bereitwillig ein Empfehlungsschreiben für das bolivianische Erziehungsministerium geschrieben und es ihr damit ermöglicht hatte, dem Forschungsteam Julia Elena Fortúns beizutreten. Ricardo Arce erlag Lauras Charme genauso schnell wie Chire Barrientos. Schon bald verabredeten sie sich regelmäßig, gingen zusammen essen, unternahmen Ausflüge in die nähere Umgebung von La Paz und besuchten die renommiertesten Nightclubs der Stadt. Arce war ein begeisterter Tänzer und verbrachte die Nächte am liebsten in Bars und Musiklokalen. Gemeinsam mit Laura gab er sich dieser Leidenschaft hin, so oft er konnte. Gleich am Anfang ihrer Bekanntschaft im Jahr 1965 stürzte er sich mit ihr in den Trubel des Karnevals und ließ auch sonst keine Gelegenheit aus, in ihrer Begleitung das süße Leben des Nichtstuns zu genießen.

Der etwa fünfzigjährige argentinische Diplomat war wie geblendet von der wesentlich jüngeren Tania und nahm sie überallhin mit, sogar auf offizielle diplomatische Veranstaltungen, wo er sie im allgemeinen als argentinische Forscherin vorstellte, die vor kurzem in Bolivien eingetroffen sei. Wenn er zu tief ins Glas geschaut hatte, was bei ihm öfter vorkam, präsentierte er sie bisweilen sogar als seine Frau oder als eine Kollegin aus der argentinischen Botschaft. Für Tania bot sich dadurch die Möglichkeit, mühelos Zutritt zu diplomatischen Kreisen und bei den wichtigsten Mitarbeitern des Außenministeriums zu erhalten, wo sie wegen ihres sympathischen Auftretens und ihres attraktiven Aussehens bald ein gern gesehener Gast war. Über Arce lernte sie ebenfalls Marcelo Barbosa, den argentinischen Konsul in Santa Cruz, kennen, mit dessen Hilfe sie sich später wichtige Informationen über die Gegend verschaffte, die Che Guevara für seine Operationen ausgesucht hatte.

Wieder einmal hatte Tania bewiesen, wie leicht es ihr fiel, die Menschen in ihrer Nähe zu täuschen, sie hinters Licht zu führen. Keiner zweifelte auch nur einen Moment an der Echtheit ihrer Identität, auch Ricardo Arce nicht. Als sie mit ihm brach, war das ein schwerer Schlag für sein männliches Ego. Reumütig kehrte er zu seiner Frau zurück und versuchte, seine Ehe, die unter dem Seitensprung verständlicherweise sehr gelitten hatte, wieder einigermaßen zu kitten. Doch nie kam ihm der Verdacht, von einer gewieften Agentin mißbraucht worden zu sein.

Laura Gutiérrez setzte ihren Weg nach dieser Affäre zielstrebig und unbeirrt fort. Bedenkenlos benützte sie die Menschen in ihrer nächsten Bekanntschaft zum eigenen Vorteil. So machte sie es auch mit Ana Henrich, die im selben Haus wohnte wie sie und, wie Tania ermittelte, nicht nur bis vor kurzem im bolivianischen Senat gearbeitet hatte, sondern außerdem hervorragende Beziehungen zur bolivianischen Falange unterhielt und als Sekretärin des Präsidenten der extrem rechtsgerichteten Partei *Partido Revolucionario Auténtico* tätig war. Mit viel Geschick näherte sie sich der neuen Wohnungsnachbarin. Sie erwies ihr mehrere kleine Gefälligkeiten, lud sie wiederholt in ihr Apartment ein, und schon bald waren sie enge Freundinnen, die offensichtlich vieles miteinander verband: Beide lebten allein in La Paz (Ana Henrich stammte aus dem Beni-Gebiet und hatte keine Verwandten in der bolivianischen Hauptstadt), beide waren unverheiratet, beide begriffen sich als emanzipierte Frauen, die im Leben etwas erreichen wollten.

Abermals ging Tanias Rechnung auf. Durch Ana Henrich lernte sie eine Reihe von Leuten kennen, die für sie sehr nützlich werden sollten, so zum Beispiel Mario Quiroga Santa Cruz, der als Journalist bei der Tageszeitung *Presencia* arbeitete und in rechten Kreisen als Respektsperson galt. Dank seiner Intervention erhielt Laura eine Arbeitserlaubnis, die sie unter anderem für die Verlängerung ihrer Aufenthaltsgenehmigung benötigte. Außerdem bot er ihr an, als Korrektor für seine Zeitung zu arbeiten. Kurzzeitig war sie versucht, das Angebot anzunehmen; die Verlockung war groß, auf diese Weise Zugang zu den Massenmedien zu finden. Doch dann siegte die Vernunft, und sie lehnte ab. Sie war bereits zu viele Verpflichtungen eingegangen und fürchtete, das Ganze könne ihr über den Kopf wachsen und dadurch ihre eigentliche Aufgabe, die Agententätigkeit, in Frage stellen.

Mit jedem Tag fühlte sich Tania sicherer in Bolivien, mit jedem Tag wuchs ihre Gewißheit, daß niemand sie entlarven würde. Nur eine Sache bereitete ihr von Anfang an Sorgen: die fremden Fingerabdrücke in ihrem gefälschten argentinischen Paß. Sie mußte aber endlich einen bolivianischen Personalausweis, die *cédula de identidad*, beantragen. Das war nur unter Vorlage des Passes möglich, und sie fürchtete, dieser könnte zur Überprüfung in das Nachbarland Argentinien geschickt werden. Erneut zeigte sich, daß sie ihre Bekanntschaften richtig ausgewählt hatte. Ana Henrich nämlich hatte Verbindungen zu dem einflußreichen und bekannten Anwalt Bascope Méndez, der Laura Gutiérrez dann bei der Beschaffung ihrer Papiere behilflich war. Er glaubte ihr, als sie ihm erzählte, daß sie ihren argentinischen Paß verloren habe, und besorgte ihr binnen kürzester Zeit das geforderte polizeiliche Führungszeugnis und den Personalausweis.

Bereits am 20. Januar 1965, also nur drei Monate nach ihrer Ankunft in Bolivien, war Laura Gutiérrez im Besitz einer gültigen *cédula de identidad*, ein berechtigter Anlaß, sich bei ihrer Freundin Ana Henrich mit einer kleinen Party in der Juan José Pérez-Straße Nr. 232 zu bedanken. Jetzt blieb ihr nur noch eines zu tun übrig: Sie mußte sich neben dem bolivianischen Personalausweis auch noch einen echten bolivianischen Paß zulegen, mit dem sie unbehelligt in die angrenzenden lateinamerikanischen Staaten reisen konnte. Momentan bestand für derartige Reisen zwar noch kein Bedarf. Doch sie wußte, dies würde spätestens dann der Fall sein, wenn Che Guevara seine Guerrilla-Aktivitäten auf bolivianischem Boden gestartet hatte.

Viele Leute, mit denen ich in La Paz über Tania sprach, kannten sie von der *Peña Naira* her, einer im ganzen Land berühmten Kneipe, in der Folkloresänger und Folkloregruppen aus Bolivien und Südamerika auftraten (manche von ihnen erlangten später Weltruhm, darunter die Chilenin

Violeta Parra und das bolivianische Ensemble *Los Jairas*).
Dieses Lokal war ein beliebter Treffpunkt für die Fans der
lateinamerikanischen Volksmusik, für Linksintellektuelle,
Bohemiens und Studenten. Hier auf der Straße Sagárnaga,
direkt neben der Kolonialkirche San Francisco, fand sich
noch bis vor kurzem allabendlich ein bunt zusammenge-
würfeltes Völkchen von Leuten unterschiedlichster Herkunft ein und lauschte bei einem Glas Wein den Klängen
einer *zamba*, einer *chacarera* oder eines *huayno* – wenn sie
nicht gerade über Kunst und vor allem über Politik diskutierten. Laura Gutiérrez war eine von ihnen. Sie fühlte sich
wohl in dieser zwanglosen Atmosphäre; sie genoß es, sich
bis spät in die Nacht hinein mit ihren neuen Freunden zu
unterhalten, obwohl sie besonders bei politischen Auseinandersetzungen darauf achten mußte, sich nicht durch ein
unbedachtes Wort zu verraten. Gleichzeitig erfuhr sie hier
viele Dinge, die ihr für ihre Agententätigkeit von Nutzen
waren.

Jahrelang war die *Peña Naira* ein Synonym für Nonkon-
formismus, Widerstand und Arbeit im Untergrund. Hier
wurden in den vierziger Jahren zahlreiche politische Kom-
plotte geschmiedet; hier wurde sogar die Kommunistische
Partei Boliviens gegründet. Als man die renommierte Folklo-
rekneipe vor einigen Jahren schloß, verschwand mit ihr un-
wiederbringlich auch ein Stück bolivianischer Geschichte,
was von vielen bedauert wird, am meisten vielleicht von
ihrem Besitzer. Der heute über achtzig Jahre alte Luis José
Ballón gehörte zu den Gründungsmitgliedern der KP und
mußte im Laufe seines langen Lebens immer wieder für
seine politische Überzeugung leiden. Verfolgung, Gefängnis, Exil, nichts blieb ihm erspart. Trotzdem flüchtete er
sich nicht in Haß oder Verbitterung. Vielleicht war das der
Grund, warum ihm die Gäste der *Peña Naira*, und mit ihnen
auch Laura Gutiérrez, so große Achtung entgegenbrachten
und ihn oft beinahe liebevoll Pepe Ballón nannten.

Als ich etwas verspätet in seiner Wohnung in der Straße Pedro Kramer Nr. 972 eintreffe, empfängt Don Pepe mich überaus herzlich. Ich habe ihm meinen Besuch angekündigt, und nun ist er begierig, sein Wissen an den Mann zu bringen. Noch während seine Tochter Kaffee, Käse und Toastbrot aufträgt, fängt er an, von Tania zu erzählen. »Ja, natürlich kannte ich sie. Sie war ein Stammgast in meiner Kneipe, und wir wurden schon bald sehr gute Freunde. Sie war ein sehr talentiertes, sympathisches junges Mädchen und liebte das Nachtleben und die Folklore. Wenn wir das Lokal um Mitternacht dicht machten und noch eine Weile im kleinen Kreis zusammensaßen, war Laura fast immer dabei. Manchmal spielte sie sogar Gitarre und sang dazu. Sie hatte eine recht gute Stimme. Selbstverständlich sprachen wir auch über Politik. Ich hielt sie für eine argentinische Journalistin, die sich nun einmal besonders für Folklore interessierte und deshalb stets einen Kassettenrekorder bei sich trug, mit dem sie alle Musiker aufnahm, die in der *Peña Naira* auftraten.«

Pepe Ballón streicht sich mit den knotigen Händen über den nahezu kahlen Kopf. Seine hellblauen, wässrigen Augen schauen etwas melancholisch drein; doch der Mund unter seinem weißen Schnurrbart verzieht sich zu einem verschmitzten Lächeln. Ob ich wisse, warum sein Lokal *Naira* hieß. »Naira« sei ein Wort aus dem Aymará und bedeute soviel wie »Auge«. Wahrscheinlich hätte ich mich jetzt auf einen längeren linguistischen Exkurs gefaßt machen müssen, wenn ihn seine Tochter nicht an den Grund meines Kommens erinnert hätte. »Ach ja, Laura Gutiérrez«, nimmt er den Gesprächsfaden sofort wieder auf. »Als die Polizei ihren Jeep entdeckte und darin eine Kassette fand, die sie in meinem Lokal aufgenommen hatte, wurde ich auf der Stelle verhaftet und verhört. Sie sagten mir, daß es solange eine Guerrilla geben würde, wie die *Peña Naira* existiere, und drohten mir deswegen, meine Kneipe für immer zu schließen. Aber mich beeindruckten sie damit nicht. Zu oft bin ich von den Militärs ins Gefängnis gesteckt worden.«

Ob Tania wohl je geahnt hat, was für einen zuverlässigen Freund sie in Pepe Ballón hatte? Selbst heute noch sieht er in ihr die sympathische, folklorebegeisterte Journalistin aus Argentinien und nicht die kaltblütige, berechnende Agentin, die sich in all den Monaten ihrer Bekanntschaft keine einzige Blöße gab. Die politisch gemäßigte, liberale, scheinbar nach allen Seiten hin offene Laura Gutiérrez erweckte weder beim Besitzer noch bei den Gästen der *Peña Naira* den geringsten Verdacht, so gut beherrschte sie es, sich zu verstellen und die Umwelt über ihre wahren Beweggründe zu täuschen. Ihr schauspielerisches Talent war einfach überwältigend. Doch eine echte Glanzleistung ihres mimischen Könnens zeigte sie, als sie den Ingenieurstudenten Mario Martínez aus Oruro aufs Korn nahm.

Schon seit längerer Zeit hatte sie mit dem Gedanken gespielt, sich pro forma mit einem Bolivianer zu verheiraten, um auf diese Weise die bolivianische Staatsangehörigkeit zu erlangen. Mario Martínez schien ihr ein idealer Kandidat zu sein. Er war gutaussehend, relativ gefügig, ohne Familienanhang in La Paz und bis über beide Ohren in sie verliebt. Als er ihr einen Heiratsantrag machte, nahm sie diesen umgehend an, vor allem nachdem Mario ihr erklärt hatte, daß seine Eltern noch nichts von der Eheschließung erfahren dürften, da sie sonst mit Sicherheit fürchteten, er würde sein Studium nicht ordnungsgemäß beenden.

Besser hätte es für Tania gar nicht kommen können. Mitte 1965 schickte sie eine Botschaft nach Havanna, in der sie ihre Situation und die ihres zukünftigen Ehemannes schilderte und die Vorteile darlegte, die mit einer solchen Heirat verbunden waren. Sie hatte nämlich keineswegs vor, für lange Zeit die brave bolivianische Gattin abzugeben, sondern sie wollte Mario Martínez aus dem Verkehr ziehen, sobald er seine Schuldigkeit getan hatte. Spätestens wenn Che in Bolivien eintraf, mußte sie wieder völlig ungehindert ihren Aktivitäten nachgehen können. Sie schlug vor, dem jungen Ehemann ein Stipendium auf Kuba zu besorgen. Danach dann die Scheidung zu betreiben, sei, so teilte sie den Vorgesetzten in Havanna mit, dank ihrer guten Beziehungen zu einheimischen Rechtsanwälten und zur bolivianischen Justiz kein Problem. Die Antwort aus Kuba ließ nicht lange auf sich warten. Nur wenige Tage später erhielt sie eine Nachricht von Ariel, bzw. von Manuel Pineiro, wo dieser ihr mitteilte, daß der kubanische Geheimdienst mit ihren Plänen einverstanden sei.

Unmittelbar danach fand in aller Stille die Trauung statt. Zu der anschließenden kleinen Feier im Haus der mit Tania befreundeten Künstlerin Yolanda Rivas de Plaskonska war gerade mal eine Handvoll Gäste geladen. Alles sollte so unauffällig wie möglich ablaufen, so wollte es der frischgebackene Ehemann, und so wollte es auch Tania. Als nächstes galt es nun, Mario Martínez ins Ausland zu verfrachten, ohne daß er irgendeinen Verdacht schöpfte. Tanias Vorgesetzte in Havanna hielten sich an die Abmachung und beschafften dem angehenden Elektroingenieur schon bald ein Vollzeitstipendium. Doch Marios Vater, der inzwischen von der heimlichen Heirat erfahren hatte, war damit ganz und gar nicht einverstanden. Wie könne sein Sohn nur nach Kuba gehen! Ein Studium in Havanna werde seine berufliche Laufbahn schwer belasten! Mario wiederum hielt nicht allzuviel von der Idee, sich so schnell von seiner jungen Frau zu trennen. Tania mußte sich etwas Neues einfallen lassen.

Hilfe bekam sie am Ende von Loyola Guzmán, einer jungen, aktiven bolivianischen Kommunistin, die als einzige unter den Kadern der kommunistischen Partei Che Guevaras und Manuel Pineiros Vertrauen genoß und mit der Tania deshalb Verbindung aufnehmen durfte. »Loyo«, wie Che

Guevara sie nannte, ist heute Leiterin der Organisation für politisch Verfolgte, deren offizieller Name *Asociación de Familiares de Detenidos, Desaparecidos y Mártires por la Liberación* lautet. In ihrem Büro auf der Avenida 16 de Julio mitten im Zentrum von La Paz, beschrieb sie mir Tanias Problem. »Der verliebte junge Mann hatte keine Lust, Bolivien zu verlassen, und der Vater war strikt dagegen, daß sein Sohn in einem kommunistischen Land studierte. Ich war damals gerade von einer Reise aus Bulgarien zurückgekehrt und hatte zwei Stipendien mitgebracht, die eigentlich für junge bolivianische Sympathisanten der KP bestimmt waren. Eines bot ich Tania an.«

Tania gelang es irgendwie, Mario Martínez zu überreden. Mit welchen Argumenten, das weiß auch Loyola Guzmán nicht. Und selbst der Vater gab schließlich seine Zustimmung. Vielleicht hörte sich Bulgarien, weil es in Europa lag, in seinen Ohren nicht so kommunistisch an wie Kuba; vielleicht war dieses Land für ihn nicht so vorurteilsbeladen wie Fidel Castros Insel. Laura Gutiérrez jedenfalls hatte ihr Problem damit gelöst. Bereits wenig später reichte sie die Scheidung ein und brach alle Beziehungen zu ihrem früheren Ehemann und dessen Familie ab. Die lange Liste ihrer ausgedienten Liebhaber wurde nur um einen weiteren Namen ergänzt.

Mario Martínez aber hat die Schmach, von Laura Gutiérrez schamlos ausgenutzt worden zu sein, nie verwinden können. Als er nach Bolivien zurückgekehrt war, zog er sich von allen seinen früheren Freunden und Bekannten zurück. Niemand hatte eine Ahnung, wo er abgeblieben und was aus ihm geworden war. Auf meine Fragen antwortete mir immer nur Achselzucken und der lapidare Satz: »No sé nada de él.« Niemand wußte etwas von ihm, bis mir ein Freund aus Cochabamba einen Hinweis gab. Von einem Verwandten habe er gehört, daß dort ein gewisser Mario Martínez lebe, der verheiratet sei, Kinder habe und bei der bolivianischen Elektrizitätsgesellschaft ENDE arbeite. Wenn ihn nicht alles täusche, müsse das der Mann sein, den ich suchte. Als ich im August in Cochabamba war, wagte ich mein Glück und rief die Telefonnummer an, die mein Freund mir gegeben hatte. Doch der Mario Martínez, den ich an der Leitung hatte, behauptete, nichts mit einer Tania zu tun gehabt zu haben. Mario Martínez sei doch ein recht verbreiteter Name. Damit war das Gespräch beendet.

Viele Leute aber, die sowohl Laura Gutiérrez als auch ihren bolivianischen Ehemann gekannt hatten (unter ihnen Loyola Guzmán), teilten, nachdem ich ihnen die entsprechenden Daten genannt hatte, meine Ansicht. Bei diesem Mario Martínez aus Cochabamba mußte es sich wirklich um den Gesuchten handeln. Ich nahm also einen zweiten Anlauf und machte mit seiner Sekretärin einen Termin aus.

Vom Pförtner mit einem Schildchen für alle sichtbar als Besucher gekennzeichnet, warte ich eines Nachmittags in seinem Büro auf ihn. Es ist kurz nach der Mittagspause, und »der Herr Ingenieur«, wie die Sekretärin respektvoll sagt, soll schon auf dem Weg sein. Wenige Minuten später ist er da: klein, schlank und dunkelhäutig, mit einem vollen Schnurrbart; vom Typ her eher ein Mittelamerikaner aus Tegucigalpa oder Managua als ein echter Bolivianer. In seiner Jugend mag er einmal gut ausgesehen haben, heute, im Alter von reichlich fünfzig Jahren, wirkt er ziemlich unscheinbar und durchschnittlich. Als wir nach ein paar belanglosen Worten auf den eigentlichen Anlaß meines Besuches zu sprechen kommen, ändert sich seine anfänglich ruhige und verbindliche Art. Nervös rutscht er auf seinem Sessel hin und her, wischt sich wiederholt mit einem Taschentuch über die Stirn und reibt sich die feuchten Handflächen trocken. Ja, er sei tatsächlich der Mario Martínez, den ich suche, aber ein Interview könne er mir nicht geben. Er habe mit seiner Vergangenheit gebrochen, seine Frau wisse so gut wie nichts davon, und gerade jetzt, da man die

Elektrizitätsgesellschaft privatisieren wolle, könne eine frühere Verbindung zur Guerrilla sehr gefährlich für ihn werden.

Mit jedem Wort steigert sich seine Nervosität, und obwohl ich ihn mit Fragen nahezu bombardiere, gibt er mir keine Antwort mehr. Nein, er habe nichts mehr zu sagen, das Vergangene existiere nicht mehr für ihn, er habe unter alles einen Schlußstrich gezogen. Erst als ich ihm erzähle, daß Loyola Guzmán behauptet, ihn vor einigen Jahren gesehen zu haben, meint er entschieden: »Loyola lügt. Ich habe sie nie mehr wiedergesehen!«

Ich verabschiede mich von Mario Martínez und nehme das Bild eines Mannes mit, der sich verzweifelt gegen die Schatten seiner Vergangenheit wehrt. Auch nach drei Jahrzehnten hat er das traumatische Erlebnis, von einer Frau, die er offensichtlich wirklich geliebt hat, für ihre Zwecke mißbraucht worden zu sein, nicht verarbeitet.

Als Gattin eines Bolivianers plante Tania nun den nächsten Schritt: Sie wollte versuchen, eine Anstellung in einer Regierungsbehörde zu finden, sie wollte sich gewissermaßen in die Höhle des Löwen begeben, um als einfache Sekretärin oder Dolmetscherin getarnt Che und seinen Männern sowohl bei der Einreise als auch während ihres Guerrillakampfes im bolivianischen Urwald helfen zu können. Auch diesmal erwiesen sich ihre Männerbekanntschaften bei der Umsetzung ihrer Pläne als hilfreich. Sie hatte nämlich ein Verhältnis mit Eduardo López Muñoz, einem landesweit bekannten Playboy, angefangen, weil dessen Bruder Gonzalo López Muñoz der Pressesprecher des Präsidenten war. Eduardo López Muñoz ist vielleicht ein besonders gutes Beispiel dafür, daß es Laura Gutiérrez bei der Auswahl ihrer Liebhaber allein um den Nutzen ging, den sie aus der jeweiligen Beziehung schlagen konnte, und daß alle anderen Überlegungen für sie eine untergeordnete Rolle spielten.

Sie wußte genau, daß Eduardo López Muñoz mit jeder Frau aus den oberen Gesellschaftsschichten anbändelte, egal ob sie nun ledig, verheiratet, geschieden oder verwitwet war. Er lief buchstäblich jedem Rock hinterher und handelte sich dabei auch so manchen Ärger ein. Jahre später mußte er sogar viele Monate im Gefängnis verbringen, weil er beschuldigt wurde, in den Mord an einer angesehenen Bolivianerin verwickelt zu sein. Doch all das störte Tania kaum, war sie doch letztlich aus demselben Holz geschnitzt wie er. Und so bildete die beiderseitige Gewissenlosigkeit eine solide Grundlage, auf der sich für kurze Zeit eine recht enge Beziehung entwickelte. Laura schenkte Eduardo sogar ein vergoldetes Zigrettenetui mit einer Widmung von ihr, das dieser bei jeder Gelegenheit stolz herumzeigte.

Über Eduardo seinen Bruder Gonzalo López Muñoz kennenzulernen, war dann nicht mehr schwer. Bald machte dieser ihr das Angebot, als Privatsekretärin für ihn im Präsidialamt zu arbeiten. Für Tania war das ein Geschenk des Himmels, denn Gonzalo López Muñoz galt als Vertrauensmann des Diktators Barrientos und des Generals Ovando, des zweiten Mannes in Bolivien. Über seinen Schreibtisch gingen viele geheime Akten und Informationen, so daß sie mühelos hinter die Kulissen der politischen Macht blicken konnte. Wie bei jeder neuen Aufgabe stürzte sie sich auch diesmal mit Begeisterung in die Arbeit: Sie verfaßte Pressemitteilungen, organisierte Pressekonferenzen und arbeitete sogar bei *IPE* mit, einem Informationsblatt für Politik und Wirtschaft, dessen Besitzer und Herausgeber ihr neuer Chef war und das im ganzen Land bei allen wichtigen offiziellen und inoffiziellen Stellen zirkulierte.

In ihrer Funktion als Sekretärin des Pressesprechers im Präsidialamt hatte Tania außerdem leichten Zugang zu Blankoexemplaren für Ausweispapiere, von denen sie offenbar sehr großzügigen Gebrauch machte. Im Juli 1967

100

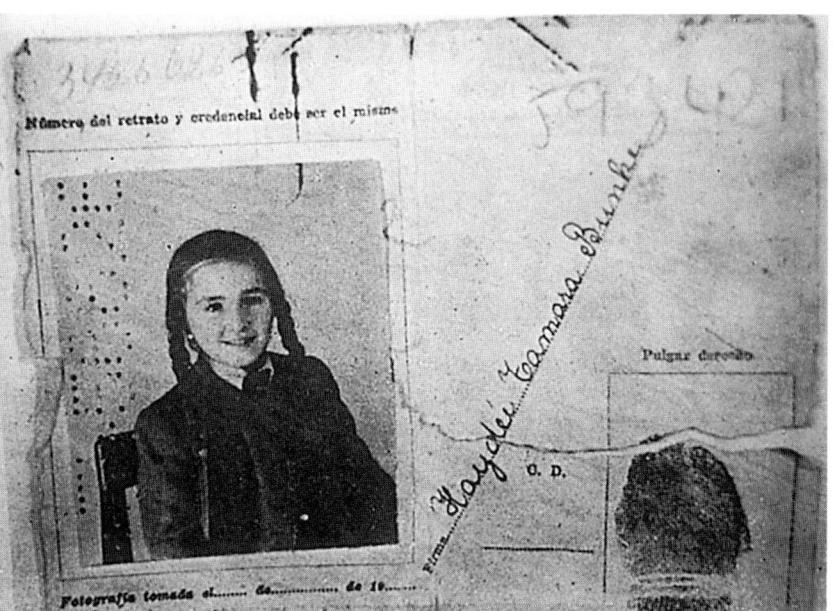

1 Tamara Bunkes erster Personalausweis in Argentinien.
2 Ihre Schulklasse an der deutschsprachigen Cangallo-Schule in Buenos Aires. Tamara Bunke sitzt in der ersten Reihe links (etwa 1947/48).

3 Das erste Foto in der DDR: Tamara Bunke im September 1952 in
Fürstenberg an der Oder.

4 Tamara 1955 auf einer Demonstration in Stalinstadt
(Eisenhüttenstadt), dem damaligen Wohnort ihrer Familie. Sie trägt
die Uniform der paramilitärischen Gesellschaft für Sport und Technik
(GST).

5 Tamara Bunke als Studentin in Kuba (etwa 1961/62).

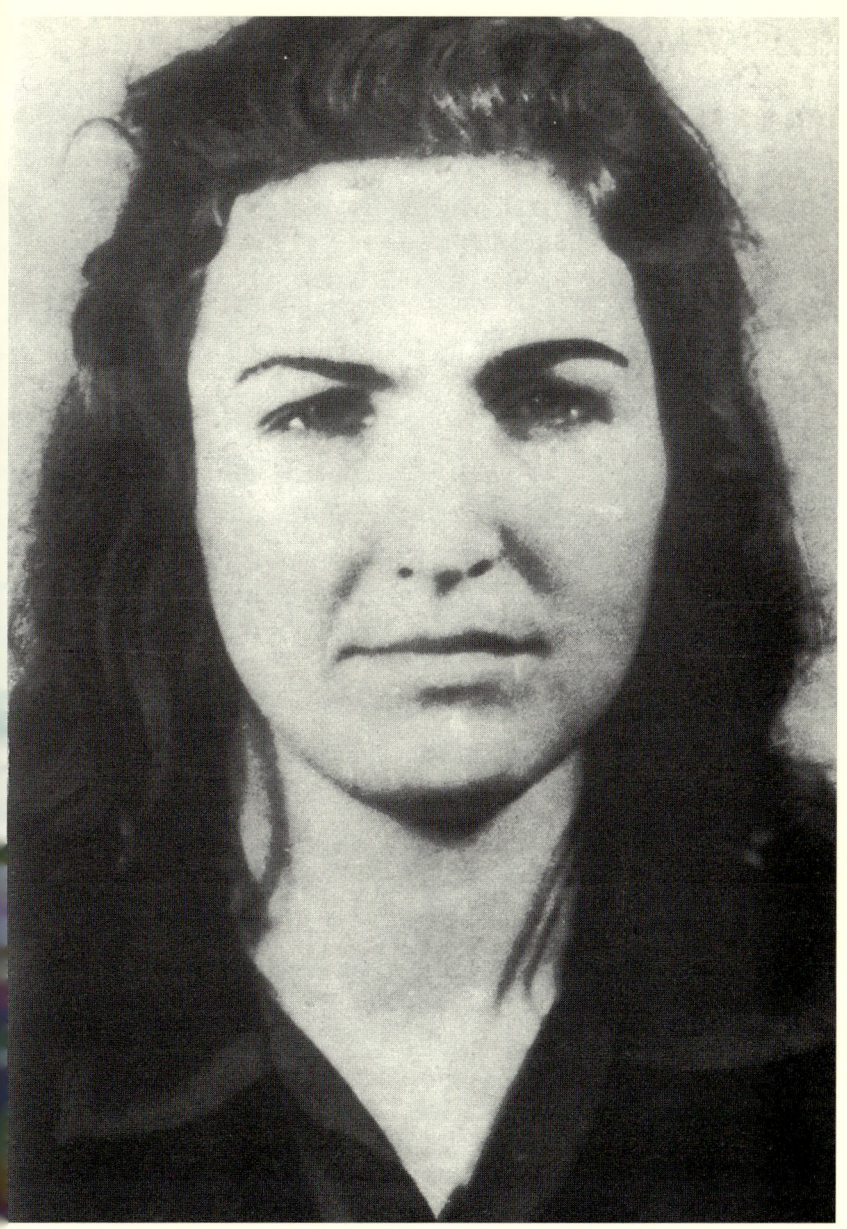

6 Tamara vor ihrer Reise unter falschem Namen nach Westeuropa im Jahre 1964. Es ist das letzte Bild von ihr, bevor sie in die Illegalität abtaucht.

7 Tamara bei einem freiwilligen Arbeitseinsatz 1961 in Havanna,
zusammen mit Che Guevara (zweiter von rechts).

8 Tamara Bunkes letzter Brief an ihre Eltern vom Oktober 1964 (außer bei der Anrede und den Grüßen am Ende schreibt sie spanisch).

9 Tamara Bunke in Kuba.

10 Haydée Bidel Gonzáles in Europa.

11 Marta Iriarte (ihre zweite Identität auf der Europareise 1964, v.a. in Berlin).

12 Tamara Bunke als Laura Gutiérrez Bauer in Bolivien, ab November 1964.

N° del Pasaporte 2 067 141

Nombre y apellido Laura Gutierrez Bauer

Firma del Interesado Laura Gutierrez

Impresión dígito pulgar

PCC   No. 063319

PARTIDO COMUNISTA DE CUBA

El compañero Tamara Bunke Bider

Es militante del **núcleo Ministerio Educación**

Seccional o Municipal _____

Regional _____ Provincia **La Habana**

Expedido el 6 de Abril de 19 66

FIDEL CASTRO RUZ
PRIMER SECRETARIO DEL COMITE CENTRAL

13 Tanias argentinischer Paß als Laura Gutiérrez.
14 1966 wird Tamara Bunke als Mitglied in die Kommunistische Partei Kubas aufgenommen (der Ausweis ist von Fidel Castro persönlich unterschrieben).

DIRECCION NACIONAL DE INFORMACIONES
DE LA
PRESIDENCIA DE LA REPUBLICA

ADOLFO MENA

C R E D E N C I A L

EL DIRECTOR DE PRENSA E INFORMACIONES
DE LA PRESIDENCIA DE LA REPUBLICA tie-
ne el agrado de presentar al señor don

ADOLFO MENA

Enviado especial por la Organización de
Estados Américanos (O.E.A.), que efectúa
un estudio y reune informaciones sobre las
relaciones económicas y sociales que rigen
en el campo boliviano.

El Director que suscribe la presente cre-
dencial pide a las autoridades nacionales
y ruega a las personas e instituciones--
privadas prestar al señor Adolfo Mena to-
da la cooperación que puedan para facili-
tar su labor investigadora.

La Paz, 3 de noviembre de 1966

Director de Prensa é Infor...
Presidencia de la ...

15 Die Agentin Tania besorgt Che
   Guevara ein Beglaubigungs-
   schreiben des Presseamtes auf den
   Namen Adolfo Mena, unter dem
   Che in Bolivien 1966 eingereist ist.
   Das Schreiben weist ihn als Sonder-
   beauftragten der Organisation
   Amerikanischer Staaten aus.
16 Laura Gutiérrez in La Paz, Bolivien.

17 Auf einem der von der bolivianischen Armee gefundenen Fotos der
   Guerrilleros im Dschungel sind Tania und Che Guevara zu sehen (sie
   auf der linken Seite halb verdeckt hinter einem Baum, Che in der
   Mitte).
18 Tania fotografiert die Guerrilleros (im Hintergrund links: Che
   Guevara).

19 Die Abbildung zeigt Loyola Guzmán als Guerrillera mit Uniform und Waffe (außer ihr sind Coco und Inti Peredo sowie der Kubaner Alejandro zu sehen, v.l.n.r.). Mit Hilfe dieses von der Armee entdeckten Fotos wurde sie identifiziert und das Verbindungsnetz der Guerrilla in La Paz zerschlagen.

20 Heute setzt sich Loyola Guzmán in der bolivianischen Hauptstadt für die Opfer politischer Verfolgung ein.

21 u. 22 Eusebio Tapia als Guerrillero 1967 und bei seinem Gespräch
mit dem Autor.
23 u. 24 Der Bolivianer José Castillo 1967 und heute. Als Guerrillero
Paco überlebte er das Massaker von Vado del Yeso.

25 Die sterblichen Reste der Guerrillera Tania werden mit militärischen Ehren und in Anwesenheit eines katholischen Geistlichen auf dem Friedhof von Vallegrande bestattet.

26 Nach der erfolgreichen Aktion von Vado del Yeso ist die Einheit von Hauptmann Vargas Salinas in Vallegrande angetreten. Unverkennbar gehören die Soldaten eben jener Bauernschaft an, die Che Guevara zum Aufstand gegen die Machthaber anstacheln wollte.

27 Der Journalist Edwin Chacón (links) und der General Mario Salinas
unterhalten sich in Santa Cruz, Bolivien, über die Ereignisse von
1967.

28 Der Autor vor dem Grab Tamara Bunkes in Vallegrande.

stieß die bolivianische Armee auf ein Versteck der Guerrilla und fand ein Beglaubigungsschreiben des bolivianischen Presseamtes vom 3. November 1966, das die Unterschrift von Gonzalo López Muñoz trug und auf den Namen Adolfo Mena ausgestellt war. Adolfo Mena aber war kein anderer als Che Guevara. In diesem Schreiben bat der Pressechef »die einheimischen Behörden und privaten Institutionen, Herrn Adolfo Mena, Sonderbeauftragter der Organisation Amerikanischer Staaten«, bei seinen Forschungen zur wirtschaftlichen und sozialen Lage der bolivianischen Landbevölkerung soweit wie möglich behilflich zu sein. Che Guevara hatte dieses wichtige Dokument offensichtlich von Tania erhalten, als er Anfang November, getarnt als uruguayischer Geschäftsmann, in Bolivien einreiste.

Doch dies war nicht das einzige Ausweispapier, das von Laura Gutiérrez aus dem Presseamt des Präsidenten entwendet wurde. Nicht weniger als siebzig abgestempelte und von Gonzalo López Muñoz unterzeichnete Beglaubigungsschreiben lagen der bolivianischen Armee am Ende vor. Tania hatte gute Arbeit geleistet und allem Anschein nach reichlich vorgesorgt. Auch das Informationsblatt *IPE* war für Laura Gutiérrez ein ziemlich nützliches Instrument. So verschaffte sie vielen von Ches Guerrilleros einen Ausweis als »Agente Suscriptor Autorizado«, der seinen Inhaber berechtigte, neue Abonnenten für das Blatt zu werben und die entsprechenden Monatsbeiträge zu kassieren.

Wieviel ihr Chef Gonzalo López Muñoz von alledem wußte, ist bis heute ungeklärt. Eine unbestrittene Tatsache ist jedoch, daß er sehr wohl Verbindungen zur Guerrilla besaß und keinesfalls so unbescholten war, wie er immer wieder bei den Verhören behauptete. Einer der wichtigsten bolivianischen Guerrilleros in Ches Truppe, Inti Peredo, war sein Schwager, und Che Guevara machte am 2. Dezember 1966, also kurz nach seiner Ankunft in Bolivien, folgende Eintragung in sein Tagebuch: »Coco hat Weisung, den Kontakt mit Sánchez, den ich später treffen werde, einzuleiten und Verbindung mit dem Pressechef des Präsidenten aufzunehmen, der sich angeboten hat, uns Informationen zu liefern, weil er Intis Schwager ist.«

Gonzalo López Muñoz hat seine Beziehungen zur Guerrilla stets geleugnet. Bis zu seinem Tod im Jahr 1995 behauptete er steif und fest, von Tania, alias Laura Gutiérrez, hintergangen worden zu sein. Als die Behörden nicht aufhörten, ihm bohrende Fragen zu stellen, nahm er schließlich zu der Ausrede Zuflucht, er könne sich an nichts mehr erinnern.

Gegen Ende des Jahres 1965 war Tania an ihrem Ziel angelangt. Sie hatte sich in der bolivianische besseren Gesellschaft eingerichtet wie eine Spinne in ihrem Netz. Sie hatte, wie Che Guevara und Barbarroja es ihr aufgetragen hatten, zahlreiche Verbindungen zu wichtigen Leuten und hohen Regierungsstellen geknüpft und dort, wo es angebracht schien, ihre Fäden gesponnen. Ihre Vorgesetzten konnten mit ihr zufrieden sein. Und auch in Berlin und Moskau registrierte man Tanias ausgezeichnete Arbeit bestimmt mit einiger Genugtuung, nicht zuletzt weil ihr Posten im Präsidialamt besonderen Erfolg versprach. Als Privatsekretärin des Pressechefs hantierte sie nicht nur mit hochsensiblem Informationsmaterial, sondern sie ging auch bei den wichtigsten Massenmedien ein und aus und verkehrte persönlich mit den namhaftesten Journalisten des Landes.

Einer von ihnen war Edwin Chacón Aramayo, der als Korrespondent der angesehenen Tageszeitung *Presencia* die politischen Ereignisse aus nächster Nähe beobachtete und kommentierte. Er berichtete nicht nur von La Paz aus, sondern später auch als »Kriegsberichterstatter« unmittelbar aus dem bolivianischen Urwald, wo er, gerade mal einundzwanzig Jahre alt und alle Gefahr mißachtend, wochenlang mit den Antiguerrillaeinheiten das unwegsame Gelände auf der Suche nach Che und seinen Männern durchstreifte.

Als er Tania Mitte 1965 kennenlernte, konnte er nicht ahnen, daß er knapp zwei Jahre später unter recht ungewöhnlichen Umständen bei ihrer Beerdigung anwesend sein sollte.

»Ich arbeitete für mehrere Zeitungen in Oruro und La Paz, als ich Tania zum ersten Mal begegnete. Wenn ich mich recht erinnere, war das auf einer der vielen Pressekonferenzen, die sie regelmäßig im ›Informationsministerium‹, wie es damals noch hieß, organisierte.« Edwin Chacón lebt inzwischen mit seiner Familie in Santa Cruz. Immer wenn sich die Gelegenheit ergibt, schaue ich auf meinen Reisen bei ihm vorbei, denn er weiß so gut wie kein anderer über die politische Lage in seinem Heimatland Bescheid und ist eine wahre Fundgrube, was Tania und ihre Aktivitäten auf bolivianischem Boden betrifft. Diesmal haben wir uns im Eiscafé *Hawai* verabredet, das dem alten Cabildo von Santa Cruz gegenüber liegt. Ein besonders geeigneter Rahmen, um über Laura Gutiérrez zu sprechen, denn bestimmt hat sie auf ihren vielen Reisen ins Landesinnere auch dieses gut erhaltene Rathausgebäude aus der Kolonialzeit besucht.

»Auf den Pressekonferenzen gab sie den wichtigsten Journalisten des Landes die letzten Verlautbarungen aus dem Präsidialamt bekannt«, fährt Edwin Chacón fort, während er sich ein bißchen von dem Kaffeekonzentrat eingießt und die Tasse dann mit heißem Wasser auffüllt. »Sie hatte offensichtlich sehr gute Beziehungen zur Regierung. Das war nicht nur mein Eindruck, sondern auch der meiner Kollegen. Wir alle hatten das Gefühl, daß sie im Presseamt die Hauptfigur war. Deshalb gingen wir auch immer direkt zu ihr, wenn wir uns eine Meldung bestätigen lassen wollten oder wenn wir irgendwelche Angaben für einen Artikel oder eine Radiosendung brauchten. Sie war eine sehr angenehme, sympathische Person und außerdem recht gebildet.

Über sie selbst wußten wir jedoch nicht viel. Wir hielten sie für eine Argentinierin mit bolivianischen Eltern, das heißt, wir glaubten, daß sie, obwohl sie in Argentinien geboren war, die bolivianische Staatsangehörigkeit besaß und deswegen im Ministerium arbeiten durfte. Wir mochten sie alle sehr gern. Eine Zeit lang sah ich sie fast jeden Tag. Im Jahr darauf verlor ich allerdings ein wenig den Kontakt zu ihr, weil ich mich mehr meinem Studium widmete.«

Auch privat sahen sich Laura und Edwin in der zweiten Hälfte des Jahres 1965 oft, vor allem dann, wenn Laura nach Oruro fuhr, um die Volkskunst der Gegend zu studieren. »Wir merkten bald, daß sie eine große Leidenschaft hatte«, setzt Edwin Chacón seine Erinnerungen an Tania fort, »und das war die Folklore. Ständig traf ich sie in Oruro; dann gingen wir manchmal zusammen essen oder besuchten das dortige Museum. Ab und zu begleitete ich sie auch zum Poopó- oder zum Uru-See. Es war erstaunlich, wie gut sie sich in Bolivien auskannte, viel besser als ich.«

Und ihr Ehemann Mario Martínez, was war mit dem? Von ihm wußten Edwin Chacón und seine Kollegen zu jener Zeit nichts. Tania hatte ihn scheinbar gut verheimlicht, denn erst nach ihrem Tod erfuhr der Journalist vom damaligen Geheimdienstchef General Saucedo von seiner Existenz. »Sie war schon eine Meisterin auf ihrem Gebiet«, meint Edwin Chacón leise lächelnd. »Und zu allem Überfluß noch ausgesprochen attraktiv.« Als er meinen fragenden Blick sieht, fügt er aber gleich hinzu: »Ich bin ihr nur deshalb nicht ins Netz gegangen, weil ich damals eine sehr hübsche Freundin hier in Oruro hatte.«

Es ist mittlerweile ziemlich spät geworden, fast sieben Uhr abends, und Edwin schlägt vor, in dem nahegelegenen Restaurant *El Forno*, wo typische Gerichte aus Santa Cruz serviert werden, eine Kleinigkeit zu essen. Für heute ist das Thema Tania, alias Laura Gutiérrez, vom Tisch. Aber es ist gewiß nicht das letzte Mal, daß wir über sie sprechen.

Der Mann aus Havanna

Trotz aller Erfolge, die Tania in den ersten Monaten in La Paz verbuchen konnte, war sie mit sich und ihrem Leben nicht zufrieden. Sie hatte zwar die gesteckten Ziele erreicht, doch sie merkte, daß es ihr immer schwerer fiel, die verschiedenen Rollen zu spielen. Es fehlte ihr jemand, mit dem sie sich ab und zu aussprechen konnte, für den sie Tamara Bunke oder Tania und nicht Laura Gutiérrez Bauer war. Der ständige Druck, sich keine Blöße geben zu dürfen, das ewige Auf-der-Hut-Sein vor einer möglichen Entlarvung sowie die völlige Isolation, in der sie seit fast einem Jahr lebte, zehrten an ihren Kräften. Zu wiederholten Malen brach sie in hysterische Weinkrämpfe aus, allerdings nur in ihrer Wohnung, so daß niemand etwas davon mitbekam.

Ende September 1965 sandte sie darum eine chiffrierte Botschaft an Barbarroja und teilte ihm mit, daß sie sich ungeachtet ihrer erfolgreichen Arbeit oft sehr allein und deprimiert fühle, daß sie es satt habe, völlig auf sich allein gestellt zu sein, und deswegen unbedingt jemanden zu ihrer Unterstützung brauche. Manchmal habe sie sogar den Eindruck, sie könne ihre verschiedenen Identitäten nicht mehr auseinanderhalten und glaube wirklich, daß sie Laura Gutiérrez sei.

Barbarroja nahm Tanias Botschaft sehr ernst. Er sah sofort, daß sie sich in einer äußerst kritischen Lage befand, daß der monatelange Streß nicht spurlos an ihr vorbeigegangen war und die Dauerbelastung ihre Mission zu gefährden drohte. Er suchte also nach einer geeigneten Person, die er nach La Paz schicken konnte. Diese Person mußte Lateinamerikaerfahrung haben, sich gut auf dem Gebiet der Spionage und Spionageabwehr auskennen und sollte möglichst schon einmal in La Paz gewesen sein. Schließlich entschied er sich für den Agenten *Mercy*, der wie Tania Argentinier war. Barbarroja gab ihm eine Reihe von Aufträgen mit auf den Weg:

1. Glückwunsch an Tania für die bisher geleistete Arbeit und Mitteilung, daß sie in Anerkennung ihrer Leistungen Vollmitglied der Kommunistischen Partei Kubas geworden sei.

2. Übergabe der Nachrichten von Familienangehörigen und Freunden und Information über die Entwicklung des revolutionären Prozesses.

3. Überprüfung, inwieweit mit der Möglichkeit einer Entlarvung durch den Feind zu rechnen ist, bevor die Kontaktaufnahme mit ihr erfolgt, um ihre Sicherheit nicht zu gefährden.

4. Auffrischung der Grundkenntnisse auf dem Gebiet der Spionage und Spionageabwehr, die sie aus Mangel an Übung, wie sie mitteilt, allmählich zu vergessen beginnt.

5. Analyse der persönlichen Beziehungen, die sie in Bolivien geknüpft hat, um festzustellen, ob und wie diese für die revolutionäre Arbeit eingesetzt werden können.

6. Vorbereitung von Tanias Ausreise in ein anderes lateinamerikanisches Land, wo sie ihren gefälschten argentinischen Paß gegen einen neuen mit ihren eigenen Fingerabdrücken eintauschen kann. Dadurch soll das Risiko für den Fall so niedrig wie möglich gehalten werden, daß sie bei der Beantragung von Ausweispapieren als Gattin eines Bolivianers ihren argentinischen Paß vorlegen muß.

Genau wie Tania wurde Mercy zunächst für ein paar Wochen nach Europa geschickt, um dort seine »Legende« als argentinischer Geschäftsmann mit entsprechenden Daten und Bekanntschaften zu untermauern, bevor er dann am 1. Januar 1966 auf dem Flughafen *El Alto* in La Paz eintraf. Eine Woche lang folgte er Tania auf Schritt und Tritt, ohne sich zu erkennen zu geben. Er konnte sich nur schwer vorstellen, daß sie ein so reges gesellschaftliches Leben entwickelt hatte, ohne dabei irgendeinen Verdacht zu erregen. Er beobachtete die Orte, die Tania aufzusuchen pflegte, folgte ihr inkognito ins Ministerium und in die verschiedenen Museen und unterhielt sich am Ende sogar mit ihrer Friseuse, der er als angeblicher Handlungsreisender kosmetische Produkte aus Frankreich anbot. Erst als er völlig sicher war, daß Tania nicht beschattet wurde, setzte er sich telefonisch mit ihr in Verbindung: »Señorita, geben Sie auch Unterricht in Wirtschaftsdeutsch?« Sie antwortete wie vereinbart: »Nein, Wirtschaftsdeutsch ist leider nicht meine Spezialität.« Der Kontakt war hergestellt.

Nach mehreren fehlgeschlagenen Versuchen kamen sie schließlich überein, sich außerhalb der Stadt an einem Ort zu treffen, wo Tania ihren Geheimcode, mit dem sie die Botschaften aus Havanna entzifferte, vergraben hatte. Einzeln fuhren sie mit demselben Bus bis zur Endhaltestelle im Stadtteil Tembladerani; einzeln legten sie von dort aus einige Kilometer durch eine karge Mondlandschaft bis zum vereinbarten Treffpunkt zurück. Als Tania den dort in einem hohlen Knochen versteckten Code ausgegraben hatte, gab sich ihr Mercy endlich zu erkennen. Monatelang hatte sie auf diesen Augenblick gewartet, doch schlagartig war ihr klar, daß der Agent aus Kuba nicht ihren Vorstellungen entsprach. Anstatt sie nach der langen Zeit der Isolation herzlich zu begrüßen, erteilte er ihr eine schwere Rüge. Wie könne sie nur einen so abgelegenen Ort als Versteck aussuchen! Soviel Dilettantismus habe er selten erlebt! Er befahl ihr, den alten Code zu vernichten, bevor er ihr einen neuen aushändigte. Tania tat, was Mercy ihr befahl, allerdings mit innerem Widerstreben, denn dieser Mann, den ihr Manuel Pineiro als seelischen Beistand geschickt hatte, war ihr zutiefst unsympathisch.

Mercy erklärte ihr, daß er von Havanna den Auftrag erhalten habe, mindestens drei Stunden täglich gemeinsam mit ihr zu arbeiten. Tania versuchte, sich in Ausflüchte zu retten; sie sei zu beschäftigt und habe unmöglich so viel Zeit. Sie verabredeten, sich in ein paar Tagen im Stadtviertel Calacoto zu treffen, wo eine Freundin von Tania eine Wohnung hatte, die sie ihr mitunter zur Verfügung stellte. Hier übergab ihr Mercy die sehnlichst erwarteten Briefe, die er in seinen Schuhsohlen von Kuba nach Bolivien geschmuggelt hatte und die Tania schluchzend entgegennahm, wobei sie halb im Scherz, halb im Ernst murmelte: »Und ich glaubte schon, man habe mich ganz vergessen.« In seinem Bericht an Havanna schrieb Mercy: »Als sie mit dem Lesen fertig war, verbrannte sie alles auf mein Anraten hin und behielt nur die Instruktionen, die sie in ihr hohles Schlüsselbund schob.«

Da Mercy auch weiterhin darauf bestand, sich jeden Tag mit ihr zu treffen, um ihre auf Kuba erworbenen geheimdienstlichen Kenntnisse aufzufrischen, sie in die neuesten Techniken der Spionage und Spionageabwehr einzuweisen und gleichzeitig eine Reihe von toten Briefkästen zur Hinterlegung von Materialien und Nachrichten einzurichten, mußte ein geeigneter Unterschlupf gefunden werden, was sich als ausgesprochen schwierig erwies. Weder in La Paz noch anderswo fanden sie einen passenden Ort. Erfolglos klapperten sie verschiedene Hotels und Wohnungen ab. Sie reisten, natürlich einzeln, sogar nach Cochabamba und quartierten sich im Hotel *Bolívar* ein. Aber das Hotel war voller Nordamerikaner, die ihnen sehr verdächtig vorkamen. Und als Tania am Abend auch noch mit drei bolivianischen Journalisten flirtete, beschloß Mercy, umgehend nach La Paz zurückzukehren. Er begriff, daß es ihm unmöglich gelingen würde, seinen Auftrag in Bolivien auszuführen, zumal Tania jede Gelegenheit wahrnahm, den unliebsamen Kollegen durch ihr Auftreten zu provozieren. Und so verlegte er das Training spontan nach Brasilien. São Paulo, vielleicht auch ein Ort an der Küste schienen ihm dafür besonders geeignet zu sein.

Tania befahl er vorerst, nach Santa Cruz zu fahren und dort auf weitere Anweisungen von seiner Seite zu warten. Er selbst wollte direkt nach São Paulo fliegen und ihr von dort aus ein Telegramm mit folgendem Wortlaut zusenden: »Wir brauchen dringend Ihre Dienste als Dolmetscherin. Bitte kommen Sie sofort nach Brasilien.« Damit sollte sie bei der Fluggesellschaft *Lloyd Aéreo Boliviano* das von ihm in São Paulo bezahlte Ticket abholen. Da Tania aber eine Bescheinigung fehlte, die alle Bolivianer bei der letzten Volkszählung erhalten hatten, und sie diese eventuell vorlegen mußte, bereitete Mercy als versierter Agent für den Notfall noch eine zweite Reiseroute vor, die über die bolivianische Stadt Cobija im Norden des Landes nach Brasília und weiter nach São Paulo führte.

Die Vorsorge erwies sich als überflüssig. Tania hatte keine Probleme bei der Ausreise und traf Ende Februar wohlbehalten in São Paulo im Hotel *Handais* ein, wo Mercy schon ein Zimmer angemietet hatte. Noch immer waren sich die beiden nicht gerade sympathisch, aber sie hatten inzwischen eingesehen, daß sie vorübergehend eine Art Notgemeinschaft bildeten und wohl oder übel miteinander auskommen mußten, egal wie schwer ihnen das fallen mochte. Zwar reagierte Tania auch weiterhin allergisch auf jede Kritik, und Mercy konnte sich nicht verkneifen, ihr gegenüber den erfahrenen Agenten herauszukehren. Doch es gab auch Dinge, die ihn an ihr beeindruckten. So meldete er, der gerne auf großem Fuß lebte, nach Havanna, daß Tania ungemein sparsam, wenn nicht gar geizig sei und daß er sie förmlich habe zwingen müssen, sich anständige Kleidung zu kaufen.

Und auch sonst war sie offenbar gegen jegliche Geldverschwendung: »Am liebsten aß sie in ganz billigen Lokalen, und wenn wir ein Taxi nehmen wollten, mußte ich sie erst einmal davon überzeugen, daß wir auf diese Weise einfacher und schneller an unser Ziel kamen, denn schließlich kannten wir uns ja in der Stadt nicht aus.« Ganz besonders beeindruckt war Mercy, als ihm Tania eines Tages gestand, daß sie am liebsten ein Geschäft aufmachen würde, um viel Geld zu verdienen. »Dann könnte ich demnächst eine Menge Dollar nach Kuba schicken. Stell dir vor, wie schön es wäre, wenn sie mir keine Dollar mehr zu schicken brauchten, sondern sogar noch welche von mir bekämen!« In seinem Bericht machte Mercy kein Hehl daraus, daß diese Worte ihre Wirkung auf ihn nicht verfehlten: »Ihre Augen füllten sich mit Tränen, als sie das sagte, und ich gebe gern zu, daß ich irgendwie gerührt war. Aber schon im nächsten Moment schlug ihre Stimmung wie so oft ins Gegenteil um, und ohne irgendeinen ersichtlichen Grund beschimpfte sie mich und nannte mich einen Idioten.«

Auch hier begann nun die Suche nach einem geeigneten Aufenthaltsort. Endlich fanden sie in dem Badeort San Vincente, am Strand von Itarare, eine Wohnung, in der Tania am 1. März 1966 eintraf und Mercy einen Tag später. Ohne viel Zeit zu verlieren, erstellten sie einen festen Arbeitsplan: Jeden Morgen von 8.00 bis 10.00 Uhr standen »Kontrolle und Gegenkontrolle« sowie von 10.00 bis 12.00 Uhr Chiffrieren und der Umgang mit unsichtbarer Tinte auf dem Programm; vor dem Mittagessen waren eineinhalb Stunden für den Strand vorgesehen. Danach folgten bis fünf Uhr nachmittags Methoden der Informationsbeschaffung und Informationsauswertung und anschließend, bis acht Uhr abends, Unterweisungen in der Spionageabwehr. Doch selbst dann war der Tag noch nicht zu Ende. Nach dem gemeinsamen Abendessen wiederholten sie noch einmal alles, was sie an diesem Tag durchgenommen hatten, bevor sie sich, vor Mercys Rundfunkgerät sitzend, eine halbe Stunde der Entspannung gönnten und *Radio Havanna* hörten.

Die Schwerpunkte dieses dicht gedrängten Arbeitsprogramms wurden in den nächsten drei Wochen immer wieder verändert. Kartographie kam hinzu genauso wie Karate. Mercy zeigte Tania, wie man Schlösser aufbrach, unbemerkt Briefe öffnete, Nachrichten chiffrierte, geheime Botschaften verschickte, Personen beschattete: alles Dinge, die sie schon einmal auf Kuba gelernt hatte, die aber mittlerweile etwas in Vergessenheit geraten waren. Zum Schluß arbeitete er für sie einen Verbindungsplan mit Havanna aus und ließ sie eine Skizze mit den verschiedenen Geheimfächern anfertigen.

Fast den ganzen Monat beanspruchte dieses Intensivtraining, das Tania bereitwillig und ohne zu murren über sich ergehen ließ. Als Mercy sich allerdings in den letzten Tagen anschickte, alles noch einmal von vorn zu wiederholen, und sie im Ton eines Schulmeisters abfragen wollte, explodierte sie. »Diese Art der Abfragerei habe ich immer an meinen Lehrern in Havanna gehaßt, weil ich mir dabei irgendwie blöd vorkam.« Erst als Mercy sie auf die Notwendigkeit einer solchen Überprüfung hingewiesen hatte, beruhigte sie sich allmählich wieder und meinte in einem versöhnlicheren Ton: »Sag mir lieber, worüber ich sprechen soll. Das liegt mir mehr.«

Ende März war die Ausbildung zu Ende und Tania erhielt den Befehl, von São Paulo aus mit der Fluggesellschaft *Varig* nach Mexico City zu fliegen. Mercy aber sollte nach Kuba zurückkehren. Trotz aller Streitigkeiten und Meinungsverschiedenheiten bestand Tania darauf, ihn in São Paulo zum Bahnhof zu begleiten, wo er einen Bus nach Santos und von dort aus ein Schiff nach Havanna nehmen würde. Schon vorher hatte Mercy Anzeichen eines leichten Abschiedsschmerzes an ihr entdeckt. Nun aber, da die

Trennung unmittelbar bevorstand, schien sie so etwas wie das schlechte Gewissen zu überfallen. Es war, als mache sie sich Vorwürfe, daß sie ihn häufig zu unrecht so schlecht behandelt hatte, denn als Mercy bereits beim Einsteigen war, rief sie ihm laut vor allen Leuten nach:»Danke für alles, was du mir beigebracht hast und danke auch dafür, daß du meine Launen ertragen hast. Ich habe wirklich sehr viel von dir gelernt.«

Zurück in Kuba übergab Mercy Barbarroja einen detaillierten Bericht, den er mit folgenden Sätzen beendete: »Trotz der kurzen Zeit, die uns für Tanias Ausbildung zur Verfügung stand, lernte sie dank ihrer guten Auffassungsgabe alles, was ich ihr zeigte, und wenn sie mit etwas nicht einverstanden war, sagte ich ihr, daß sie denjenigen, der ihr nächster Kontaktmann sein würde, dazu befragen sollte. Das akzeptierte sie.

Was die zahlreichen Auseinandersetzungen betrifft, die wir miteinander hatten, so führe ich diese auf ihren Widerspruchsgeist zurück sowie darauf, daß sie viel zu lange allein in einem Land gewesen ist, das wie jede andere kapitalistische Gesellschaft eine Vielzahl von Widersprüchen beherbergt. In mir sah sie offensichtlich ein Ventil, ihre angespannten Nerven und Gefühle (…) auszugleichen. Es war für sie eine schwere emotionale Erschütterung, nach so langer Zeit endlich einmal wieder mit jemandem aus ihrer ›kleinen Heimat‹, wie sie Kuba nannte, sprechen zu können. Und als ich ihr die Botschaft, die ich für sie mitgebracht hatte, zusammen mit den Reden des Genossen Fidel (…) übergab, da brach sie vor Rührung in Tränen aus.

Hinsichtlich ihrer Einstellung zu unserer Arbeit meine ich, daß sie sich der Ehre bewußt ist, ein Glied in jener Kette sein zu dürfen, die eines nicht allzu fernen Tages den Imperialismus erwürgen wird, und daß sie stolz ist, für diesen besonderen Einsatz zum Wohle der Revolution ausgesucht worden zu sein.«

Barbarroja zeigte sich von Mercys Arbeit sehr angetan. Er hatte Tania zum richtigen Zeitpunkt aus ihrer Vereinsamung gerettet und sie allem Anschein nach in eine Topagentin verwandelt. Im Laufe der nächsten Monate mußten er und Che Guevara allerdings feststellen, daß Mercy keineswegs so vertrauenswürdig war, wie sie gedacht hatten, und daß er offenbar einen Teil der beträchtlichen Geldsumme, die ihm für Tanias Ausbildung zur Verfügung stand, in die eigene Tasche umgelenkt und auch danach immer wieder Unregelmäßigkeiten begangen hatte.

Am 14. Februar 1967 machte Che diese Eintragung in sein Tagebuch: »... Und noch eine Nachricht: Mercy kam hier ohne Geld an und täuschte einen Diebstahl vor, aber wir vermuten Veruntreuung, obwohl etwas noch Schlimmeres nicht auszuschließen ist.« Und in einem Kommuniqué, das Fidel Castro im selben Monat an Ramón, sprich Che Guevara, sandte, heißt es: »Fall Mercy: Hat angeblich dort (Bolivien) Geld und Anweisungen bei Diebstahl verloren. Wir sind dabei, seine verdächtige Handlungsweise zu untersuchen. Eine Veruntreuung von Geldern ist durchaus möglich; aber auch die Einmischung einer feindlichen Macht schließen wir nicht aus.«

Bedeutet das etwa, daß Mercy genau wie Tania nicht nur für die Kubaner tätig war? War er möglicherweise ihre Kontaktperson auch zu anderen Geheimdiensten? Diese Frage liegt nahe, wird aber vermutlich nie endgültig beantwortet werden können, denn Mercy wurde kurze Zeit darauf aus dem Verkehr gezogen und verschwand in der Anonymität. Seine wahre Identität ist bis heute nicht geklärt und wird wohl auch nie geklärt werden können.

Doch zurück zu Tania. Am 31. März 1966, noch bevor Mercy an Bord des Frachters ging, der ihn nach Kuba bringen sollte, war sie bereits in einer Maschine der brasilianischen Luftfahrtgesellschaft *Varig* auf dem Weg von São Paulo nach Mexico City, wo ein weiterer Agent des kubanischen Geheimdienstes sie in Empfang nehmen würde. Nicht nur sie, sondern auch ihre Vorgesetzten machten sich nämlich immer noch Sorgen wegen der falschen Fingerabdrücke in ihrem Paß. Deshalb hatten die Kubaner ihren Mann in der mexikanischen Hauptstadt beauftragt, einen neuen argentinischen Paß zu besorgen, der wieder auf den Namen Laura Gutiérrez Bauer ausgestellt, diesmal aber mit den echten Fingerabdrücken versehen werden sollte. Knapp zwei Wochen mußte sie warten, bis der Verbindungsmann aus Havanna seine Sache erledigt hatte. Zeit genug also für sie, um die eindrucksvollen Kunstschätze der mexikanischen Metropole zu besichtigen und außerdem die Post vorzubereiten, die sie dem Agenten mitgeben wollte. Als sie dann Mitte April mit Barbarrojas Mann zusammentraf und von ihm ihren neuen Paß bekam, gab sie ihm unter anderem einen Brief an ihre Eltern mit. Es war der letzte, den sie von ihrer Tochter erhalten sollten.

»Liebe Mama, lieber Papa!

Vielen Dank für die Briefe. Ihr schreibt wirklich sehr gut auf Spanisch. Mein kleiner Neffe sieht auf dem Foto unheimlich deutsch aus; aber das ist ja auch nicht verwunderlich bei diesen Eltern. Jetzt fehlte nur noch, daß er ein Wissenschaftler wird genau wie sie.

Wie Ihr seht, geht es mir hervorragend. Ich arbeite viel und studiere außerdem, um, wie Mama immer sagt, soviel wie möglich zu lernen. Die Magenprobleme von früher sind verschwunden, aber manchmal erwischt mich eine schwere Grippe, obwohl ich sehr viel Obst esse und mehr schlafe als früher.

Ich freue mich sehr, daß es Euch gut geht und daß Ihr meine Situation versteht (eigentlich habe ich es auch nicht anders erwartet). Außerdem bin ich sicher, daß Ihr Geduld haben werdet und daß Euch das mit großer Freude erfüllen wird, da Ihr wißt, daß ich meine Pflicht tue, was für Euch genauso wichtig ist wie für mich.

114

Paßt gut auf Euch auf! Ich möchte Euch nicht als alte ›Tattergreise‹ wiedersehen. Vielleicht können wir ja eines Tages zusammen auf den Pico Turquino steigen. Viele, viele Küsse. Eure kleine ITA«

Als Tania in São Paulo die *Varig*-Maschine nach Mexiko-Stadt nahm, war sie fest davon überzeugt, daß sie, sobald sie ihren neuen Paß in der Tasche hatte, wieder nach La Paz fliegen würde, um dort ihre Arbeit fortzusetzen. Umso größer war darum ihr Erstaunen, als sie in Mexiko die Order erhielt, sich unverzüglich nach Prag zu begeben, wo sich Che Guevara seit einiger Zeit, von der Weltöffentlichkeit und allen östlichen oder westlichen Geheimdiensten unbemerkt, versteckt hielt. Und so machte sie sich denn auf und überquerte ein letztes Mal den großen Teich, um in der Tschechoslowakei weitere Anweisungen entgegenzunehmen. Außer Manuel Pineiro wußte kaum jemand etwas von dieser Reise, denn Ches Anwesenheit in Prag war eines seiner bestgehüteten Geheimnisse.

Nach dem Scheitern seines Afrika-Abenteuers hatte Che sich im März 1966 in Prag eingerichtet, um in aller Ruhe Klarheit über seine zukünftigen Pläne zu gewinnen. Die Rückkehr nach Kuba zog er nicht einmal mehr in Erwägung. Er lehnte Fidel Castros prosowjetischen Kurs kategorisch ab. Bereits im April 1965 hatte er sich in einem heute legendären Brief (den der Adressat allerdings erst Monate später bekanntgab) von Castro verabschiedet. Darin hatte er offiziell auf »meinen Posten in der Parteiführung, mein Amt als Minister, meinen Dienstgrad als Comandante und meine kubanische Staatsangehörigkeit« verzichtet. Ein Zurück war also nicht mehr möglich. Was blieb, war ein Leben als Revolutionär, als Befreier der unterdrückten Völker, als Guerrillero im Kampf gegen Armut und Ungerechtigkeit. In dieser Situation gewannen die »Fokus-Theorie« und der gemeinsam mit Barbarroja auf Kuba entwickelte

115

Gedanke, die Revolution in einem südamerikanischen Land zu beginnen und von da aus in die Nachbarstaaten zu tragen, wieder an Bedeutung.

Bolivien und Peru gehörten von Anfang an zum Kreis der potentiellen Kandidaten, wobei Peru offenbar lange Zeit an erster Stelle stand. Bolivien war als Stützpunkt vorgesehen, von wo aus die Guerrilleros in Peru versorgt und nach Möglichkeit ein zweiter Revolutionsherd in Argentinien geschaffen werden sollte. Harry Villegas, alias Pombo, ein Weggefährte Che Guevaras in der Sierra Maestra, im Kongo und in Bolivien, schrieb Jahre später: »Unser ursprüngliches Ziel war nicht Bolivien, sondern Peru, weil dort die Guerrilla bereits im Keim vorhanden war.« Wenn die Entscheidung sozusagen in letzter Minute trotzdem zugunsten Boliviens ausfiel, so lag das unter anderem an der hervorragenden Arbeit, die Tania in diesem Land geleistet hatte. Barbarroja hatte Che ständig über ihre Agentin in La Paz auf dem Laufenden gehalten und ihm von ihren Erfolgen berichtet, was letzteren schließlich bewog, Bolivien als Standort für seinen nächsten Guerrillaeinsatz auszuwählen.

Nicht alle seiner Mitkämpfer waren einverstanden, und viele politische Beobachter und Historiker sehen in dieser, unüberlegt getroffenen Entscheidung einen Grund für den späteren Mißerfolg. Fidel Castro hatte im fernen Havanna nichts Eiligeres zu tun, als zu erklären, daß er nichts mit der Angelegenheit zu tun habe: »Diesen Auftrag hat er [Che] nicht von uns bekommen; die Idee, der Plan, alles stammt allein von ihm.«

Che Guevara war jedoch von der Richtigkeit seines Entschlusses felsenfest überzeugt und bestellte nun schnell Tania zu sich in die Tschechoslowakei, um weitere Einzelheiten über seinen neuen Einsatzort zu erfahren. In Prag wunderte sich Tania über die bescheidenen Verhältnisse, unter denen Che lebte. Eine winzige Wohung, in der nichts als ein Küchentisch und ein paar primitive Betten standen, war seine Kommandozentrale. Noch mehr wunderte sie sich aber, als sie erfuhr, wer dieses Versteck ausgesucht hatte. Es war niemand anderes als Ulises Estrada, jener Mann, den sie nach ihrer Rückkehr in Havanna heiraten und mit dem sie, wie sie ihren Eltern schrieb, viele *mulatitos* haben wollte. Am Ende des Afrika-Abenteuers hatte er von Manuel Pineiro den Auftrag erhalten, Che Guevara »an einen sicheren Ort zu bringen, bis er entschieden hat, was er machen will.« Dieser hatte ihn aber dann schon bald nach Kuba zurückgeschickt, weil er wegen seiner dunklen Hautfarbe und seiner ungewöhnlichen Dickleibigkeit in Prag zu viel Aufsehen erregte.

Che freute sich, Tania nach so langer Zeit wiederzusehen. Nicht nur weil er von ihr wichtige Informationen erwartete, sondern auch weil er sich zu Tode langweilte und nach weiblicher Gesellschaft sehnte. Die wenigen Bücher, die ihm zur Verfügung standen, hatte er längst ausgelesen, und das ewige Schachspielen ging ihm allmählich auf die Nerven. Harry Villegas und Coello, alias Tuma, seine beiden besten Freunde, die mit ihm in der Sierra Maestra und im Kongo gekämpft hatten, taten zwar ihr Bestes, um ihn zu zerstreuen, doch sie konnten in diesem angeblichen Frühling in Prag, der eher einem Winter glich, nicht viel gegen seine depressiven Stimmungen unternehmen. Tania kam ihnen allen daher wie gerufen.

Zwei, vielleicht auch drei Wochen blieb sie bei Che in der Tschechoslowakei, ohne daß dieser auch nur den leisesten Verdacht schöpfte, ohne daß er je auf den Gedanken kam, sie, die er vor Jahren in der DDR kennengelernt hatte, könnte außer Havanna noch andere Auftraggeber haben. Er schien ihr absolutes Vertrauen entgegenzubringen. Und so erfuhr sie, daß unmittelbar nach ihrer Rückkehr die Vorbereitungen für den Guerrillakampf anlaufen würden und daß

Che vorhatte, bis spätestens Ende des Jahres selbst in Bolivien zu sein. Als sie dann wieder im Flugzeug nach La Paz saß, wußte sie, daß die lange Zeit der Isolation endgültig für sie vorbei war und daß ein neuer Abschnitt in ihrem Leben begann. Nicht wissen konnte sie allerdings, daß dies zugleich der Anfang ihres Endes sein sollte.

Vorbereitungen zum Guerillakampf

In La Paz waren unterdessen die ersten Vorbereitungen angelaufen. Bereits im März hatte Che seinen engen Vertrauten José María Martínez Tamayo, der bei der Planung des Guerrilla-Einsatzes in Südamerika von Anfang an dabei gewesen war, per Weisung aus Prag nach Bolivien entsandt, wo er sich sogleich mit der bolivianischen Kommunistischen Partei in Verbindung setzte und Kontakt zu Juan Pablo Chang und anderen Mitgliedern der peruanischen Guerrillabewegung ELN (Ejército de Liberación Nacional) aufnahm. Er sollte mit Ches alten Freunden in Bolivien, darunter den Brüdern Peredo, Saldana, el Nato und Vázquez Viana, die alle auf Kuba ausgebildet worden waren, schnellstmöglich ein Netz zuverlässiger Mitarbeiter aufbauen und einen passenden Ort finden, wo man ein Trainingslager errichten konnte. Die Gruppe machte sich unverzüglich auf die Suche, und Martínez Tamayo kaufte schon bald eine kleine Farm im Yungas-Gebiet, nordöstlich von La Paz, unweit der Stadt Caranavi. Sie lag allerdings, wie sich später herausstellte, in der Nähe eines militärischen Sperrgebietes und mußte deshalb wieder aufgegeben werden.

Ende April setzte sich von Havanna aus ein zweiter Vertrauensmann Ches in Richtung Bolivien in Marsch. Es handelte sich um José Monleón, einen der besten Agenten Barbarrojas, der zusammen mit Martínez Tamayo bereits auf Kuba an den Vorbereitungen der Südamerika-Expedition beteiligt gewesen war. Genau wie Mercy reiste er als wohlhabender Geschäftsmann getarnt nach Bolivien ein und lebte unter dem Decknamen Iván oder Renán mehrere Monate lang in La Paz. Im Gegensatz zu Martínez Tamayo hielt er sich von der bolivianischen Linken fern, denn seine Aufgabe war es, Tania und den anderen kubanischen Agenten aus dem Untergrund heraus Beistand zu gewähren und ihnen vor allem in Notsituationen Hilfestellung zu leisten. Einer kubanischen Quelle zufolge war er ein »Experte für Gegenkontrolle, Methoden der Informationsbeschaffung und Informationsweitergabe, Spionageabwehr, Personenbeschattung, Sicherheitsmaßnahmen, Funkübertragungen, Geheimcodes und chiffrierte Botschaften.«

Als Tania Anfang Mai nach dreimonatiger Abwesenheit in La Paz landete, hatte sich für sie in der Zwischenzeit vieles verändert. Sie arbeitete nun nicht mehr allein, sondern hatte zwei Männer an ihrer Seite, die sie beide von Kuba her kannte. Den einen, José Monleón, hatte sie bei Gesprächen mit Barbarroja und Che kennengelernt; der andere, Martínez Tamayo, war sogar ein guter Freund von ihr, mit dem sie mehr als nur die geheimdienstliche Tätigkeit verband.

Kurz nach Tanias Eintreffen kamen die drei Agenten in La Paz zusammen, um ihre Arbeit aufeinander abzustimmen und sich gegenseitig von der neuesten Entwicklung in Prag bzw. in Havanna zu unterrichten. Zwei Monate darauf, am 10. Juli, erhielt Tania eine Botschaft von Che mit dem Auftrag, alles für die Ankunft der kubanischen Guerrilleros vorzubereiten und vor allem einen geeigneten Schlupfwinkel für sie zu besorgen.

Von nun an sollten sich die Ereignisse regelrecht überschlagen. Am 25. Juli kamen nach einer langen Reise über Deutschland, Afrika und Brasilien Harry Villegas und Coello in Santa Cruz an, wo sie von Martínez Tamayo in Empfang genommen wurden. Sie hatten sich wenige Tage zuvor in Prag von Che verabschiedet, der am 19. Juli seine Zelte in der Tschechoslowakei abbrach und mit einem uruguayischen Paß unter dem Namen Ramón Benítez über Wien, Zürich und Moskau nach Havanna flog, wo er sich ein letztes Mal auf die Südamerika-Expedition vorbereiten wollte. In den nächsten Wochen wählte er nicht nur die kubanischen Guerrilleros aus, die ihn dabei begleiten würden, sondern er steuerte auch die verschiedenen Aktivitäten auf bolivianischem Boden. Unablässig stand er mit seinen Leuten in Kontakt, und wiederholt suchten ihn Villegas, Coello und Martínez Tamayo auf, um ihm Bericht zu erstatten.

Che Guevara sah bald, daß bei weitem nicht alles so lief, wie er es sich erhofft hatte. Häufig kam es zu Kommunikationsproblemen zwischen den Beteiligten; nicht selten wurden einmal gefaßte Entscheidungen in letzter Minute wieder umgestoßen; und die Beziehungen zur bolivianischen Kommunistischen Partei und speziell zu deren Parteivorsitzendem Mario Monje gestalteten sich von Tag zu Tag komplizierter. Monje änderte pausenlos seine Meinung: Das eine Mal sagte er der Guerrilla seine volle Unterstützung zu und versprach, genügend Kämpfer für Che anzuwerben; das andere Mal kritisierte er lautstark den bewaffneten Kampf und zog die bereits zugesagte Hilfe wieder zurück.

Außerdem kam es zwischen Ches nächsten Genossen öfters zu Streitigkeiten. So warfen Harry Villegas und Coello beispielsweise ihrem Kampfgefährten Martínez Tamayo vor, zu lange untätig gewesen zu sein, während dieser sich damit verteidigte, daß er viel zu wenig Zeit für die Vorbereitungen habe; Che überstürze alles und gefährde damit den ganzen Einsatz. Von einer Reise nach Havanna zurückgekehrt, meinte er zu Harry Villegas: »Es gibt eine Menge unvernünftiger Dinge, was Ches Pläne angeht.«

Auch Tania sorgte für Probleme. In Prag hatte Che ihr ausdrücklich aufgetragen, sich von jener Gruppe, die den eigentlichen Guerrillakampf vorbereitete, fernzuhalten und wie bisher auf eigene Faust zu arbeiten. Es war für ihn von größter Wichtigkeit, daß es zwischen ihr und den kämpfenden Männern so wenig Kontakte wie möglich gab. Tania wußte das ganz genau, denn auch Villegas und Coello hatten sie über Martínez Tamayo noch einmal unmißverständlich daran erinnert. Trotzdem hielt sie sich nicht daran.

Seit ihrer Rückkehr aus Prag nahm sie persönlich an allen Vorbereitungen auf bolivianischem Boden teil, und nicht nur, weil sie sich etwa als unersetzlich betrachtete oder der Meinung war, daß keiner so gut Bescheid wußte wie sie (was ja durchaus stimmen mochte), sondern vor allem deshalb, weil sie nicht im Abseits stehen wollte und durfte. Sie mußte über alles auf dem Laufenden sein. Dazu war sie hier. Außerdem hatte sie keine Lust, nur die Handlangerin oder Statistin zu spielen. Geduld und Gehorsam waren noch nie ihre Stärke gewesen; das hatte sie schon in der DDR bewiesen, als sie allen Widerständen zum Trotz ihre Ausreise erzwang; und das zeigte sich auch in Bolivien, wo sie das tat, was sie selbst für richtig hielt.

Gleichzeitig aber mußte sie, um keinen Verdacht zu erregen, ihren gewohnten Tätigkeiten nachgehen. Und so arbeitete sie weiterhin als Privatsekretärin des Pressechefs Gonzalo López Muñoz, fuhr in diesen Wochen im Auftrag des Erziehungsministeriums regelmäßig ins Landesinnere, um ihre Folkorestudien zu betreiben, und hörte auch nicht auf, einigen ausgewählten Schülern aus der bolivianischen Oberschicht Deutschunterricht zu erteilen.

Inzwischen bereitete sich Che in Kuba mit wachsender Ungeduld auf seine neue Aufgabe vor. Trotz der zahlreichen Kontakte fiel es ihm nicht leicht, sich auf der Insel ein genaues Bild von der Lage in Bolivien zu machen. Viele der Informationen waren widersprüchlich und beunruhigten ihn. Aus diesem Grund unternahm er alle denkbaren Anstrengungen, um seine Abreise zu beschleunigen. Ohne jemanden vorher in Kenntnis gesetzt zu haben, traf er am

3. November 1966 in Begleitung seines Leibwächters Alberto Fernández Montes de Oca, alias Pacho, in La Paz ein und nahm sofort die Verbindung zu Tania auf.

Daß diese ihn zunächst nicht wiedererkannte, war nicht verwunderlich. Che Guevara, der mit einem uruguayischen Paß auf den Namen Adolfo Mena nach Bolivien eingereist war, hatte es geschafft, sein Aussehen bis zur Unkenntlichkeit abzuwandeln. Anzug, Krawatte und Hut sowie die Brille mit den übermäßig starken Gläsern machten ihn zu einem typischen Ministerialbeamten oder einem hohen Funktionär einer internationalen Organisation. »Soziologe« war als Berufsbezeichnung in seinen uruguayischen Paß eingetragen. Darüber hinaus hatte er sich eine Halbglatze zugelegt und die Form seines Unterkiefers durch eine Prothese verändert.

Nachdem sich Tania davon überzeugt hatte, daß sich hinter dieser fremd aussehenden Person tatsächlich niemand anderes als Che Guevara verbarg, begann sie ihm kurz Bericht zu erstatten. Sie erklärte ihm, daß es falsch sei, sie nur für Spionagearbeiten im bolivianischen Staatsapparat einzusetzen. Schließlich könne sie beim Aufbau der Guerrilla viel wertvollere Dienste leisten. Abermals erreichte Tania das selbst gesteckte Ziel, denn noch bevor Che La Paz wieder verließ, informierte er Martínez Tamayo und José Monleón darüber, daß Tania von nun an entgegen seinen früheren Anordnungen zum engeren Kreis jener Genossen gehörte, die mit der Bildung der kämpfenden Kolonne beauftragt waren.

Bereits am 5. November, zwei Tage nach seiner Ankunft in La Paz, brach Che gemeinsam mit Pacho in einem Jeep zum künftigen Lager der Guerrilleros am Ufer des Ñancahuazú-Flusses auf. Martínez Tamayo und Coello waren vorausgefahren, und Harry Villegas würde ihnen zusammen mit dem Bolivianer Jorge Vázquez Viana folgen.

Ñancahuazú im Südwesten von Santa Cruz war von den Guerrilleros nach längeren gründlichen Überlegungen als endgültiger Stützpunkt für ihre Unternehmungen ausgesucht worden. Die erste Farm in der Nähe der Stadt Caranavi nordöstlich von La Paz hatten sie bereits wenige Wochen nach dem Kauf aus Sicherheitsgründen aufgeben müssen, so daß sie gezwungen gewesen waren, erneut auf die Suche nach einem geeigneten Standort zu gehen. Nach vielen heftigen Diskussionen und zahlreichen Rückfragen bei Che in Kuba war ihre Wahl schließlich auf eine verlassene Farm am Ufer des Ñancahuazú, eines Nebenflusses des Río Grande, gefallen.

In einer Tagebuchnotiz, die Harry Villegas sich am 11. September machte, heißt es:»Das Anwesen in Ñancahuazú liegt im Südwesten der Provinz Santa Cruz, einer gebirgigen Gegend mit üppiger Vegetation, die im allgemeinen arm an Wasser ist. Auf der Farm aber fehlt es nicht daran. (…) Das Anwesen ist etwa 255 Kilometer von Santa Cruz entfernt (…) und liegt ziemlich abseits. (…) Um dorthin zu gelangen, braucht man nicht über Lagunillas zu fahren, das fünfundzwanzig Kilometer vom Ñancahuazú-Fluß entfernt ist, sondern kann einen Seitenweg sechs Kilometer südlich von Gutiérrez nehmen. (…) Etwa drei Kilometer von der Farm entfernt liegt direkt an der Straße von Santa Cruz nach Camiri das Haus von Algaranaz. Dieser Mann ist das einzige Risiko für unsere Arbeit, weil er unser nächster Nachbar ist und noch dazu ungemein neugierig zu sein scheint. Unter der Regierung von Paz Estenssoro war er Bürgermeister von Camiri. Nachdem wir die Farm gekauft hatten, erfuhren wir, daß er das Gerücht verbreitete, wir wollten die abgeschiedene Lage des Anwesens nutzen, um dort ein Kokainlabor einzurichten. Andererseits ist er daran interessiert, daß wir ihm Kühe und Schweine abkaufen, so daß er sich um ein gutes Verhältnis zu uns bemüht.«

Hier nun schlug Che am späten Abend des 7. November

sein Lager auf. Noch am selben Tag machte er den ersten Eintrag in sein Tagebuch und schrieb: »Heute beginnt ein neuer Abschnitt.« Und einige Tage darauf notierte er: »Mein Haar fängt an, nachzuwachsen, wenn auch sehr spärlich, und die weißen Haare werden blond und verschwinden allmählich; auch mein Bart beginnt zu wachsen. In ein paar Monaten werde ich wieder ich selbst sein.«

Zur selben Zeit war Tania in La Paz voll und ganz damit beschäftigt, sich um die Guerrilleros aus Kuba zu kümmern, die einer nach dem anderen in La Paz eintrafen. Barbarroja hatte ihren Grenzübertritt bestens vorbereitet und sie mit meisterhaft gefälschten venezolanischen, ecuadorianischen, panamaischen und uruguayischen Pässen ausgerüstet. Nach dem wochenlangen Training auf Kuba, das Che persönlich geleitet hatte, fieberten sie jetzt, aus dem Spiel endlich Ernst werden zu lassen. Umso verblüffter waren sie, als sie auf dem Flughafen *El Alto* eine Frau abholte und in ihr Versteck in La Paz brachte, wo sie auf den Marschbefehl ins Basislager warten mußten. Darauf waren die an rauhe Sitten gewöhnten Kubaner überhaupt nicht eingestellt. Doch sie merkten recht schnell, daß Tania durchaus ihre eigenen Qualitäten hatte. Sie verstand es, mit den Männern umzugehen, und störte sich kaum an ihrem deftigen, nicht selten vulgären Sprachgebrauch. Sie hielt sich auch selbst nicht mit groben Witzen zurück, ohne allerdings den geringsten Zweifel daran aufkommen zu lassen, wer hier das Sagen hatte.

Obwohl sie die Männer in La Paz zum ersten Mal in ihrem Leben sah, fiel es ihr nicht schwer, jeden einzelnen von ihnen so zu behandeln, als würde sie ihn seit Jahren kennen, denn sie hatte ihre Lebensläufe vorher ausgiebig studiert und kannte sie daher alle genau. Der Unterschlupf, den sie ausfindig gemacht hatte, war äußerst primitiv; aber das kümmerte im Grunde genommen niemanden, stellte er doch nur eine vorübergehende Bleibe dar. Da es nur ein Bett und zwei Pritschen gab, beschlossen die Männer als überzeugte Anhänger des von Che propagierten Gleichheitsprinzips, daß sie alle auf dem Boden schlafen würden. Tania folgte von Anfang an diesem Beispiel, weil sie keine Ausnahme bilden und von ihnen als gleichberechtigter Partner akzeptiert werden wollte. Selbst ihren Umgangston paßte sie dem der Guerrilleros an, und so war denn auch keiner schockiert, als sie eines Morgens meinte: »Ihr könnt jetzt erzählen, daß ihr in La Paz mit einer Frau geschlafen habt.«

Für Tania war die ihr zugeteilte Aufgabe eine ausgezeichnete Gelegenheit, alle Guerrilleros persönlich kennenzulernen. Wieviel sie davon an ihre Auftraggeber in Ostberlin und Moskau weitergab, läßt sich nicht mit Sicherheit sagen. Man glaubt jedoch, daß sie diese mit irgendwelchen Informationen versorgt haben muß. Es kann kein Zufall gewesen sein, wenn die argentinische Polizei gerade in jenen Tagen begann, Che Guevaras Familie zu überwachen, obwohl alle Welt (darunter auch die verschiedenen Geheimdienste) annahm, daß Che nicht mehr am Leben war. Schließlich hatte man seit Monaten nichts mehr von ihm gehört.

Eines der ersten kubanischen Kontingente kam Ende November in der bolivianischen Hauptstadt an. Dazu gehörten Israel Reyes Zayas (alias Braulio), Hauptmann Leonardo Tamayo Núñez (alias Urbano), Hauptmann Manuel Hernández Osorio (alias Miguel) und Hauptmann Juan Vitalio Acuna Núñez (alias Joaquín), der in Tanias Leben noch eine besondere Rolle spielen sollte. Er war es nämlich, der von Che im April 1967 mit der Führung der Nachhut, der auch Tania angehörte, beauftragt wurde und diese bis zu ihrer Vernichtung durch die bolivianische Armee im August 1967 kommandierte.

Am 7. Dezember landete der kubanische Arzt Octavio de

la Concepción (alias Mugamba, Moro oder Morogoro) in La Paz. Zwei Tage später folgte Comandante Gustavo Machín Hoed de Beche (alias Alejandro), der über Chile nach Bolivien geflogen war. Am 12. Dezember trafen dann die letzten beiden Kubaner, Hauptmann Orlando Pantoya Tamayo (alias Olo oder Antonio) und Hauptmann Jesús Suárez Gayol (alias Félix oder El Rubio), auf dem Flughafen *El Alto* ein und wurden sieben Tage später in Ñancahuazú von Che mit den ironischen Worten, »Na endlich sind die ›Verschollenen‹ da«, in Empfang genommen.

Tania aber hatte damit ihre Aufgabe erfüllt. Mitte Dezember erhielt sie von Che die Anweisung, die Unterkunft, die sie für die kubanischen Guerrilleros in La Paz besorgt hatte, aufzugeben. Gleichzeitig teilte er ihr mit, daß er sie und Martínez Tamayo am 31. Dezember im Lager von Ñancahuazú erwarte, nicht etwa, um mit ihr den Beginn des neuen Jahres zu feiern, sondern um ihr eine neue wichtige Aufgabe zu übertragen.

Bis dahin setzte sie ihre Arbeit systematisch fort. In dem Jeep, den sie Mitte des Jahres angeblich mit dem Geld aus einer Erbschaft für rund 3000 US Dollar gekauft hatte, fuhr sie ständig zwischen La Paz und Camiri, dem Ort in der Nähe des Basislagers, hin und her. Sie sorgte nicht nur für den ununterbrochenen Kontakt zwischen Che und seinen Männern in der bolivianischen Hauptstadt, sondern übernahm auch den Transport der Waffen. Tausende von Kilometern legte sie auf diese Weise zurück und kannte die Route bald besser als jeder andere. Um ihre häufige Anwesenheit in der Kleinstadt Camiri zu tarnen, initiierte sie bei der lokalen Rundfunkstation ein Programm, in dem sie Ratschläge »von Frau zu Frau« erteilte und das schon bald zu einer sehr beliebten Sendung in der Gegend wurde.

Neuerlich bewies Tania ihre Verstellungskünste. Niemand in dieser gottverlassenen Provinz wäre je auf den Gedanken gekommen, daß sich hinter »Laurita«, wie sie sich dem Radiopublikum vorstellte, eine absolut professionelle Agentin verbarg, die selbst ein so harmlos wirkendes Frauenprogramm als Instrument im Dienst ihrer illegalen Tätigkeit gebrauchte. Zwar wunderten sich ihre Zuhörerinnen darüber, daß Laurita manchmal sehr eigenartige Wendungen und Ausdrücke benutzte; doch führten sie das auf ihre argentinische Herkunft zurück. Nie und nimmer wären sie auf den Gedanken gekommen, daß diese merkwürdigen Formulierungen verschlüsselte Botschaften an Che Guevara und seine Männer in Ñancahuazú beinhalteten und daß Laurita in ihren Sendungen nicht nur den hoffnungslos verliebten jungen Mädchen und den schändlich betrogenen Ehefrauen praktische Ratschläge mit auf den Weg gab, sondern gleichzeitig die nur wenige Kilometer entfernt stationierten Guerrilleros über alle wichtigen Ereignisse auf dem Laufenden hielt.

Die neue Arbeit konnte auch erklären, warum Tania sich in Camiri im Hotel *Oriente* ein Zimmer genommen hatte und in der Öffentlichkeit wiederholt in männlicher Begleitung gesehen wurde. Daß es sich bei ihren Begleitern um die beiden bolivianischen Guerrilleros Coco Peredo und Jorge Vázquez Viana, bzw. El Loro, handelte, ahnte natürlich niemand. Als Lauritas Sendung Ende Februar 1967 genauso plötzlich eingestellt wurde, wie sie knapp drei Monate zuvor begonnen hatte, löste das bei der weiblichen Zuhörerschaft in Camiri und Umgebung, die sich an ihre angenehme Stimme und ihre einfühlsamen Kommentare gewöhnt hatte, allgemeines Bedauern aus.

Am 31. Dezember fuhren Tania und Martínez Tamayo, der seine Zelte in La Paz endgültig abgebrochen hatte und sich der kämpfenden Truppe anschließen wollte, zum Lager von Ñancahuazú, so wie Che es ihnen befohlen hatte. Mit ihnen fuhr Mario Monje, der erste Sekretär der bolivianischen Kommunistischen Partei, der gerade von einer längeren Reise durch Europa und Kuba zurückgekehrt war und nun in Absprache mit Che Guevara die beiderseitigen Kompetenzen festlegen wollte.

Während Tania von den Guerrilleros mit lautem Jubel begrüßt wurde, nicht zuletzt, weil sie Briefe und für viele sogar Geschenke bei sich hatte und ihnen darum wie eine Märchenfee erschien, mußte sich Monje mit einem eher kühlen, zurückhaltenden Empfang zufriedengeben. In Ches Tagebuch ist zu lesen: »Um 7.30 Uhr kam El Médico mit der Nachricht an, Monje sei da. Ich bin mit Inti, Tuma, Urbano und Arturo hingegangen. Die Begrüßung war freundlich, aber gespannt. Jeder fragte sich im stillen: Wozu bist du eigentlich hergekommen? In seiner Begleitung befanden sich Pan Divino, der neue Rekrut, Tania, die neue Anweisungen erhalten soll, und Ricardo [Martínez Tamayo], der hierbleiben wird.«

Monje unterhielt sich nicht erst lange mit den Guerrilleros, sondern wandte sich sofort an Che und diskutierte mehrere Stunden mit ihm über Grundsatzfragen. Bereits nach kurzer Zeit kam er auf den eigentlichen Anlaß seines Besuchs zu sprechen: Er und die KP würden Ches bewaffneten Kampf durchaus unterstützen, aber der politische und auch der militärische Führer müsse Mario Monje heißen, solange die Guerrilleros auf bolivianischem Boden operierten. Sollte der Kampf eines Tages in Argentinien weitergeführt werden, so gäbe er seinen Platz gerne an Che Guevara ab und wäre sogar bereit, dessen Rucksack zu tragen. In Bolivien aber müsse die Revolution von einem Bolivianer angeführt werden. Ches Antwort kam wie aus der Pistole geschossen: »Der militärische Führer bin ich; daran kann es keinen Zweifel geben.« Und erläuternd fügte er hinzu, er werde sich nicht noch einmal, wie im Kongo, irgendwelchen Politikern unterwerfen, die nicht die Absicht hätten, aktiv zu kämpfen.

Es zeigte sich schnell, daß zwischen den beiden keine

Verständigung möglich war; mit jedem Satz wurde die Kluft zwischen ihnen tiefer. Che nannte Monje einen Sektierer, Zauderer und Opportunisten und meinte am Ende: »Ich bin nun einmal hier, und nur tot werdet ihr mich wieder los.« Den Männern im Lager blieben die Spannungen zwischen Che und Monje nicht verborgen. Ihre Feindseligkeit gegenüber dem Funktionär der bolivianischen Kommunistischen Partei wuchs zusehends und verwandelte sich schließlich in offenen Haß, als sie erfuhren, daß er nach seinem Gespräch mit Che versucht hatte, die bolivianischen Guerrilleros zur Aufgabe des bewaffneten Kampfes zu überreden (was diese allerdings einhellig ablehnten). Die Wut entlud sich beim Essen, als einer der Kubaner den Bolivianer Nato aufforderte, Monje einen Teller zu geben, und dieser für alle deutlich hörbar antwortete: »Compañero, ich weiß nicht, wie in deinem Land die Schweine fressen; aber hier bei uns fressen sie vom Boden.«

Tags darauf, am 1. Januar 1967, machte Che Guevara folgende Notiz: »Am Morgen sagte mir Monje, ohne noch einmal auf die Diskussion mit mir zurückzukommen, daß er von seinem Amt zurücktreten und der Parteiführung seine Abdankung am 8. 1. vorlegen werde. Seiner Meinung nach war seine Mission beendet. Als er wegging, sah er aus, als wäre er auf dem Weg zum Schafott. (...) Am Nachmittag rief ich alle zusammen und erklärte ihnen Monjes Haltung. Gleichzeitig kündigte ich an, daß wir gemeinsam mit all denen, die die Revolution wirklich wollten, kämpfen würden, und sagte den Bolivianern schwierige Zeiten und Augenblicke moralischer Verzweiflung voraus; aber mit Hilfe gemeinsamer Diskussionen würden wir versuchen, ihre Probleme zu lösen.«

Mario Monje trat entgegen seiner Ankündigung nicht zurück. Sein Bruch mit Che Guevara aber sollte verhängnisvolle Folgen für die Guerrilla haben, zumal er in den kommenden Monaten eine ausgesprochen doppeldeutige, opportunistische Position einnahm und keinen einzigen Freiwilligen aus den Reihen der Kommunistischen Partei rekrutierte, obwohl er das versprochen hatte. In einem chiffrierten Kommuniqué, das Che am 23. Januar 1967 an Fidel Castro schickte, heißt es: »CZO No. 3 [von Che an Fidel]: ... Monje ist jetzt unser Feind; er schaffte es, die letzten drei Gesandten abzufangen; außerdem versuchte er, einen seiner Leute bei uns einzuschleusen. Der Brief, den sie schicken werden, ist in den Punkten A und B ganz klar erlogen.«

Tania wurde Zeuge dieser historischen Auseinandersetzung zwischen Che Guevara und Mario Monje, die für ihre Auftraggeber in Ostberlin und Moskau von besonderem Interesse sein mußte. Schließlich darf nicht vergessen werden, daß der Sekretär der bolivianischen KP das Vertrauen der Sowjetunion genoß, während Che ganz oben auf der Liste des KGB für verdächtige Personen stand.

Nachdem Monje Ñancahuazú verlassen hatte, nahm Che die Gelegenheit wahr, Tania über ihre neue Aufgabe zu informieren. »Ich besprach die Einzelheiten von Tanias Reise nach Argentinien, wo sie Mauricio und Jozami aufsuchen und sie hierher bestellen soll.«

Mit Jozami und Mauricio aber meinte Che den Rechtsanwalt Eduardo Jozami und höchstwahrscheinlich den heute in Mexiko lebenden Schriftsteller und Journalisten Juan Gelman. Beide waren Verfechter des bewaffneten Kampfes, beide hatten sich von der moskautreuen Kommunistischen Partei Argentiniens losgesagt, und beide waren nicht zuletzt große Bewunderer Che Guevaras. Sie und einige andere argentinische Gefolgsleute wie Luis Faustino Stamponi und Ciro Bustos wurden auserkoren, Che bei der Verwirklichung des Traumes von einer Revolution in seinem Heimatland zu helfen. Nach dem Scheitern Jorge Masettis und seines *Ejército Guerrillero del Pueblo* im Jahr 1963 hielt er jetzt die Zeit für gekommen, mit seinen Freunden einen neuen Versuch zu starten.

131

Als Kontaktperson hatte er Tania ausgesucht, die – genau wie er – stets gehofft hatte, nach Argentinien zurückkehren und ihre politische Arbeit dort fortführen zu können. Sie sollte sich mit Juan Gelman und Eduardo Jozami in Verbindung setzen und sie dann in das Lager nach Ñancahuazú bringen, wo Che alle weiteren Details mit ihnen klären wollte. Daß es zu diesem Treffen niemals kam, lag aber nicht etwa an den beiden Argentiniern, sondern einzig und allein an Tania.

Sie verabschiedete sich am 2. Januar herzlich von Che und machte sich auf den Weg nach Santa Cruz, von wo aus sie nach Buenos Aires weiterfliegen würde. Bis nach Santa Cruz begleitete sie Humberto Vázquez Viana, der ebenfalls als Kontaktperson zwischen La Paz und dem Lager der Guerrilla fungierte und auf Anordnung Ches in den nächsten Wochen zusammen mit Tania und der kommunistischen Aktivistin Loyola Guzmán für das Verbindungsnetz in der Hauptstadt zuständig sein würde.

Humberto Vázquez Viana, der immer noch ein überzeugter Linksintellektueller ist, mußte wegen seiner engen Beziehungen zur Guerrilla aus Bolivien fliehen und verbrachte viele Jahre im schwedischen Exil. Heute lebt er in Santa Cruz; und obwohl inzwischen eine lange Zeit verstrichen ist, erinnert er sich genau an die Protagonisten von damals: an Che Guevara, an seinen Bruder Jorge Vázquez Viana, der Ende April 1967 von der bolivianischen Armee gefangengenommen wurde und unter nie völlig geklärten Umständen ums Leben kam, an Loyola Guzmán und natürlich an Tania, die er, wie er mir während unseres Gespräches bei ihm zu Hause in der Straße Barasea in Santa Cruz erzählt, an jenem 2. Januar zum ersten Mal sah.

»Gegen Mitternacht fuhr ich wie verabredet mit dem Jeep zur Finca in Ñancahuazú. Unterwegs kam mir ein anderer Jeep entgegen, der von Coco gesteuert wurde und in dem eine Frau saß. Es war Tania, doch wir mußten sie immer Laura nennen. Coco teilte mir mit, daß ich in Zukunft mit ihr bei der Aufrechterhaltung des Verbindungsnetzes zusammenarbeiten würde. An jenem Tag aber sollte ich sie lediglich über Gutiérrez nach Santa Cruz bringen, wo sie mir Anweisungen für einen neuen Auftrag übergeben würde, den ich unmittelbar nach meiner Ankunft in La Paz auszuführen hatte.«

Und welchen Eindruck hatte er von ihr, als er sie sah? Entsprach sie dem Bild, das er sich von ihr gemacht hatte? »Sie war recht hübsch, hatte eine gute Figur und schöne, graublaue Augen. Aber nach den Beschreibungen meiner Freunde hatte ich sie mir irgendwie attraktiver vorgestellt. Was mir an ihr auffiel, waren ihre tiefe Stimme, ihr ausgesprochen sympathisches Wesen und die Energie, die sie in allem, was sie sagte oder tat, an den Tag legte. Eine sehr dominante Persönlichkeit, das merkte man sofort, die allerdings auch einen leichten Hang zur Hysterie zu haben schien.«

Zehn Stunden fuhr Humberto Vázquez Viana mit ihr zusammen auf der holprigen, von Schlaglöchern zernarbten Straße bis nach Santa Cruz; eine lange Zeit, die Tania nutzte, um ihm Fidel Castros Neujahrsrede, die sie auf Band aufgenommen hatte, vorzuspielen. »Als sie ihren Kassettenrekorder, den sie immer bei sich trug, ausschaltete, folgten lange Minuten des Schweigens. Tania war offensichtlich sehr gerührt von Castros Rede, in der dieser einen Gruß an Che Guevara richtete und davon sprach, daß er, der so oft vom imperialistischen Feind totgesagt worden sei, wie der Vogel Phönix aus der Asche zu neuem Leben auferstehen werde.« Auch über Che und Monje sprach sie mit Humberto Vázquez Viana, der die Worte noch im Ohr hat, mit denen sie diese entscheidende Begegnung kommentierte: »Wie traurig. Che ist heute fast noch magerer als vor Jahren in Havanna. Er sieht genauso hager aus wie damals, als er aus der Sierra zurückkam. Und jetzt auch noch dieser Ärger mit Monje. Dabei würden Tausende von lateinamerikanischen Revolutionären alles dafür geben, wenn sie an seiner Seite kämpfen dürften. Diese verdammten Kerle aber weigern sich, ihm zu helfen.«

In Santa Cruz angekommen, setzte Humberto Vázquez Viana seine Begleiterin an einem kleinen Hotel ab. Bevor sie sich von ihm verabschiedete, übergab sie ihm eine chiffrierte Botschaft Ches, die für Fidel Castro bestimmt war und die der Kontaktmann in La Paz nach seiner Ankunft in Havanna unverzüglich an Barbarroja weitergeben sollte. Humberto Vázquez Viana führte seinen Auftrag ordnungsgemäß aus. Was er nicht wußte, war jedoch, daß der Kontaktmann von Mario Monje absichtlich in La Paz aufgehalten wurde und erst viel später als geplant in Kuba eintraf. Monje vermutete nämlich zu recht, daß Che in seiner geheimen Botschaft von der enttäuschenden Begegnung mit ihm in Ñancahuazú berichtete, und wollte dieser Nachricht durch eine eigene, für ihn günstigere Darstellung zuvorkommen. Und was Humberto Vázquez Viana ebensowenig wußte, war die Tatsache, daß Tania, die auf ihn einen tiefen Eindruck gemacht hatte, sich anschickte, Che Guevara und seine Männer wieder einmal zu verraten.

Ches Pläne, auf argentinischem Boden einen zweiten revolutionären Herd zu schaffen und damit den Guerrillakampf zu »internationalisieren«, standen im krassen Gegensatz zu den politischen Vorstellungen Moskaus und denen der lateinamerikanischen kommunistischen Parteien und mußten daher mit allen Mitteln unterbunden werden. Das erklärt, warum Tania die beiden Argentinier Eduardo Jozami und Juan Gelman über den Mittelsmann Isaac Rutman, einen reichen Kaufmann jüdischer Herkunft aus Buenos Aires, ausgerechnet für Anfang Februar nach La Paz bestellen ließ, obwohl (weil) sie wußte, daß Che am 1. Februar zu einer mehrwöchigen Probexpedition aufbrechen und somit zu diesem Zeitpunkt gar nicht im Lager sein würde.

Wie so oft ging ihre Rechnung ein weiteres Mal auf: Che wartete den ganzen Januar über ungeduldig auf ihre Ankunft. In seiner Analyse zum Monatsende schrieb er: »Tania ist abgereist. Die Argentinier haben noch kein Lebenszeichen von sich gegeben. Sie auch nicht.« Währenddessen trafen Juan Gelman und Eduardo Jozami, die davon ausgingen, daß Che sie erst im Februar erwartete, in aller Ruhe ihre Reisevorbereitungen. Als sie schließlich in La Paz ankamen, erfuhren sie zu ihrer großen Enttäuschung, daß Che auf Manöver war und erst am 5. März zurückkommen würde (Che selbst hatte allerdings den 20. Februar festgesetzt). So kehrten sie denn unverrichteter Dinge nach Argentinien zurück, und die Begegnung, von der Che sich so viel versprochen hatte, kam weder jetzt noch später zustande.

Als Che Wochen danach von Gelmans und Jozamis vergeblichem Versuch erfuhr, sich mit ihm in Verbindung zu setzen, entlud sich seine ganze Enttäuschung ausbruchsartig gegen Tania, obwohl er nie auf den Gedanken gekommen wäre, daß sie vorsätzlich so gehandelt haben könnte. Während er den Vorfall in seinem Tagebuch kaum erwähnte, machte er seiner Empörung, Augenzeugenberichten zufolge, im Gespräch mit Tania hemmungslos Luft und nannte sie eine schwachsinnige Idiotin. Auf seinen Vorwurf hin, daß auch andere versucht hätten, mit ihm Kontakt aufzunehmen, aber an ihrer Unfähigkeit gescheitert seien, erwiderte sie aufgebracht: »Aber einige von ihnen blieben lediglich einen Tag, und schon waren sie wieder weg.«

Doch zurück zu den ersten Januartagen und zu Tanias Aufgaben, die auf Anordnung Che Guevaras vorwiegend darin bestehen sollten, für den Kontakt zwischen den Guerrilleros und der bolivianischen Hauptstadt zu sorgen. Der Aufbau eines Verbindungsnetzes, einer sogenannten *red urbana*, wurde mit jedem Tag dringlicher, obwohl Che selbst sich dieser Notwendigkeit nicht so bewußt war und dem bewaffneten Kampf deutlichen Vorrang vor der Untergrundarbeit in La Paz einräumte. Eine fatale Fehleinschätzung der Lage, wie sich später herausstellen sollte, da das Verbindungsnetz wegen der mangelnden Unterstützung nie richtig funktionierte.

»Alle Untersuchungen, die über die bolivianische Guerrilla angefertigt wurden, kommen mehr oder weniger zu demselben Ergebnis und zwar zu dem, daß eine ihrer größten Schwächen in der fehlenden städtischen Verankerung gelegen habe. Es gab eben keine organisierte Gruppe von Leuten, die sie von der Stadt aus gezielt unterstützt hätten«, erläutert mir Humberto Vázquez Viana, der gleich nach der Rückkehr aus Ñancahuazú seine Arbeit an Tanias Seite aufnahm. »Als Mitglied des Verbindungsnetzes in La Paz weiß ich, daß dieses nie über die konstituierende Phase hinausgelangte.«

Aber nicht nur Che Guevaras mangelndes Interesse, sondern auch die Haltung des ersten Sekretärs der Kommunistischen Partei erschwerten die Bildung der *red urbana*. Mario Monje war bekanntlich nicht von seinem Amt zurückgetreten (trotz seiner anderslautenden Ankündigung in Ñancahuazú) und tat nun alles, um der Guerrillabewegung möglichst großen Schaden zuzufügen. So fing er aus Kuba kommende, frisch ausgebildete bolivianische Guerrilleros ab und verhinderte, daß sie sich Che Guevara anschlossen. Außerdem zögerte er die Weiterleitung wichtiger Botschaften mit allen Mitteln hinaus und drohte denjenigen, die Ches Kampf unterstützten, mit dem Parteiausschluß. Das betraf natürlich auch die Mitglieder des Verbindungsnetzes, zu denen neben Tania, dem Kubaner José Monleón (alias Iván oder Renán) und dem peruanischen Journalisten Julio Dagnino Pacheco (alias Sánchez) vor allem die Bolivianer Humberto Vázquez Viana, Loyola Guzmán und Rodolfo Saldana gehörten. (Letzterem übertrug Che Guevara später, als Tania sich der kämpfenden Truppe angeschlossen hatte und Iván aus Gesundheitsgründen nach Kuba zurückgekehrt war, die Leitung der *red urbana*.)

Von allen Mitgliedern des Verbindungsnetzes machte außer Tania insbesondere Loyola Guzmán einen sehr guten Eindruck auf Che. Am 26. Januar vermerkte er in seinem Tagebuch: »Sie ist zwar noch sehr jung und weich, aber von einer ungeheuren Entschlossenheit. Sie ist drauf und dran aus der kommunistischen Jugendorganisation ausgeschlossen zu werden. Man versucht allerdings zu erreichen, daß sie von sich aus den Austritt erklärt.« Für Loyola Guzmán sollte die Begegnung mit dem Berufsrevolutionär schwerwiegende Folgen haben. Von Che genauso beeindruckt wie dieser von ihr, schloß sie sich rückhaltlos dem Verbindungsnetz in La Paz an. Als die Armee Mitte 1967 in einem Versteck der Guerrilla Fotos von ihr in Uniform fand, die im Januar bei ihrem ersten Besuch in Ñancahuazú aufgenommen worden waren, wurde sie festgenommen und erst 1970 wieder freigelassen. Doch damit war ihr Leidensweg noch lange nicht zu Ende. Es folgten ein Selbstmordversuch, erneuter Kampf im Untergrund (in den Reihen des ELN) und eine abermalige Verhaftung im Jahr 1972 während der Diktatur Hugo Banzers. Damals erwartete sie gerade ihren zweiten Sohn. Von ihrem Mann Félix Melgar hat sie seitdem nichts mehr gehört, was sicher einer der Gründe ist, warum sie heute für die Organisation der politisch Verfolgten arbeitet.

Mehr als dreißig Jahre sind seit jener folgenschweren Begegnung mit Che vergangen, doch es scheint sie keine Mühe zu kosten, sich diese Zeit zu vergegenwärtigen: »Ich war damals knapp zwanzig Jahre alt. Als ich im Lager ankam, empfing mich Che mit den Worten: Klar, daß du von Kopf bis Fuß naß bist. Für eine so kleine Person wie dich ist der Fluß wirklich viel zu tief. Er befahl mir, sofort die Socken auszuziehen und sie in der Sonne zu trocknen. Danach taufte er mich auf den Namen Ignacia. Als ich ihn fragte, warum, antwortete er: nach dem Heiligen Ignatius von Loyola.« Bereits am nächsten Tag fuhr sie mit genauen Instruktionen nach La Paz zurück, um ihre ganze Kraft dem Aufbau des Verbindungsnetzes zu widmen.

Doch wie waren die einzelnen Aufgabenbereiche verteilt? Wer war für was verantwortlich? Humberto Vázquez Viana erinnert sich genau: »Che hatte Loyola ganz klare Anweisungen mitgegeben. Danach war Iván für die Versorgung mit Proviant zuständig. Sicher keine sehr gute Wahl, da er das Land gar nicht kannte und aus diesem Grund auch nicht die notwendigen Kontakte zur Bevölkerung herstellen konnte. Außerdem mußte er im April wegen seiner angegriffenen Gesundheit nach Kuba zurückkehren.

Sánchez kümmerte sich um den Transport; auch das war mit Sicherheit keine sehr glückliche Entscheidung. Als Journalist wäre er viel besser für den Presseapparat und die Propaganda geeignet gewesen. Aber daran war Che zum damaligen Zeitpunkt gar nicht interessiert.

Für die Finanzen zeichnete Loyola Guzmán verantwortlich, ein Posten, für den sie dank ihrer moralischen Integrität und ihrer politischen Standfestigkeit prädestiniert schien. Allerdings war sie beim bolivianischen Geheimdienst wegen ihrer politischen Aktivitäten keine Unbekannte und wurde deshalb ständig überwacht, was für sie jedoch keinen Grund darstellte, ihre Arbeit einzuschränken. Schon bald war sie für uns unverzichtbar, sozusagen ein Mädchen für alles. Sie kümmerte sich um Pressemitteilungen und Propaganda, um den Kauf von Sprengstoff und um die Finanzen, um den Proviant, die Rekrutierung von Sympathisanten und um vieles mehr.

Tanias Aufgabenbereich schließlich umfaßte die Beschaffung geheimer Informationen, etwas, womit sie sich eigentlich seit ihrem ersten Tag auf bolivianischem Boden beschäftigt hatte. Innerhalb der *red urbana* war sie sicherlich diejenige, die am besten auf ihre Aufgabe vorbereitet worden war. Wir anderen waren im Grunde genommen ziemliche Dilettanten und improvisierten, so gut wir eben konnten. Dabei gab es unter den Guerrilleros durchaus einige, die das Verbindungsnetz hätten leiten können, wie zum Beispiel Ricardo Martínez Tamayo. Aber die hatte Che nach Ñancahuazú beordert.«

Humberto Vázquez Viana selbst aber hatte die Aufgabe, Tania und Loyola Guzmán bei ihrer Arbeit zu unterstützen. Um ihre Aktivitäten aufeinander abzustimmen, trafen sie sich in kleinen, unauffälligen Lokalen, sogenannten *chicherías*, in denen einfache, typisch bolivianische Gerichte angeboten wurden. Loyola Guzmán erinnert sich noch an zwei von ihnen, eines in der Nähe des ehemaligen zoologischen Gartens und das andere, das *Patiecito Azul*, in Cota Cota, zu jener Zeit ein ganz am Rande von La Paz gelegener Stadtteil.

Die Arbeit mit Tania empfanden beide, Loyola Guzmán und Humberto Vázquez Viana, als sehr angenehm. Sie waren beeindruckt von ihrer zielstrebigen, effizienten Art und Weise, die Dinge anzupacken, von ihrem Organisationstalent und ihrem Weitblick. Eine Topagentin, der so leicht niemand etwas vormachte, die allerdings auch, wie Loyola Guzmán meint, ihre kleinen Ticks hatte. »Zum Nachtisch gab es in diesen *chicherías* meistens Pfirsiche, die sie allerdings nie ganz aß, sondern erst mit penibler Sorgfalt schälte. Es sah so komisch aus, daß ich einfach lachen mußte. Aber sie meinte nur, völlig im Ernst, sie vertrage die Schale nicht, die sei wie ein Fußtritt in den Magen. Ich kann mir gar nicht vorstellen, wie sie es mit solchen Angewohnheiten unter den bestimmt nicht gerade kultivierten Guerrilleros ausgehalten hat.«

Doch selbst Tanias unbestrittene Fähigkeiten konnten nicht verhindern, daß die *red urbana* vollkommen versagte. Eine der wichtigsten Aufgaben hätte die Anwerbung von

Sympathisanten sein müssen, denn wo anders als in der Stadt war der so dringend benötigte Nachschub zu finden. Aber Che war sich dessen offenbar zu keinem Zeitpunkt bewußt. Von Anfang an degradierte er das Verbindungsnetz zu einem reinen Versorgungszentrum, das den Guerrilleros Nahrungsmittel, Medikamente, Kleidung, Informationen und Geld liefern sollte. Wahrscheinlich erkannte er am Ende seinen taktischen Fehler. Doch für eine Umstrukturierung war es längst zu spät, als er in der Analyse des Monats Juni schrieb: »Auch weiterhin gibt es keinerlei Neuzugänge aus der Bevölkerung. Wir befinden uns in einem *circulus vitiosus*: Um diese Neuzugänge zu erreichen, müssen wir unsere ständigen Aktivitäten in ein bevölkertes Gebiet verlagern. Dafür aber brauchen wir wieder mehr Männer.«

Die Enttarnung

In den ersten Februartagen des Jahres 1967 fuhr Tania erneut nach Argentinien, diesmal, um Ciro Roberto Bustos in das Lager Ñancahuazú einzuladen, wo Che Guevara unbedingt mit ihm sprechen wollte. Ciro Bustos war ein enger Vertrauter Ches, einer der wenigen Überlebenden von Masettis Korps, das 1963 in der nordargentinischen Provinz Salta von der Armee vernichtend geschlagen worden war. Danach hatte er die Aufgabe, Gelder, die er aus Kuba erhielt, an die Familienmitglieder der gefallenen und gefangenen Guerrilleros zu verteilen und die eventuellen Kosten für deren Rechtsanwälte zu übernehmen. Er gehörte zur linksintellektuellen Szene und hatte sich seit Jahren für die Ideale Che Guevaras eingesetzt. Allerdings rief sein Verhalten in Bolivien später einigen Zweifel an seiner Zuverlässigkeit hervor.

Als der relativ bekannte Berufsmaler und Zeichner nämlich im April 1967 nach seinem Besuch bei Che Guevara festgenommen wurde, gab er nicht nur bereitwillig Auskunft über Che und seine Männer, sondern lieferte der bolivianischen Armee gleichzeitig Porträts aller Guerrilleros, die er im Laufe seines mehrwöchigen Aufenthaltes angefertigt hatte. Ein schwerer Verrat, der nicht allein durch die Angst vor möglichen Repressalien zu erklären ist und der vermuten läßt, daß Ciro Bustos mit dem bolivianischen Geheimdienst und den in Bolivien stationierten Agenten des CIA zusammenarbeitete. Vielleicht hat er das Material deshalb so ohne weiteres zur Verfügung gestellt. Die Wahrheit wird wohl nie ans Licht kommen, zumal Ciro Bustos sich auch heute noch in seinem Exil in Malmö versteckt hält und beharrlich zu den Vorfällen in Bolivien schweigt.

Tania reiste über Buenos Aires nach Córdoba, wo sie umgehend Kontakt mit Ciro Bustos aufnahm und ihm Che Guevaras Einladung überbrachte. Sie sagte ihm, dieser wolle ein paar äußerst dringliche Dinge mit ihm besprechen und bitte ihn aus diesem Grund, ins Basislager zu kommen. Das Treffen werde höchstens zwei bis drei Tage dauern, so daß er einschließlich der Hin- und Rückreise nicht länger als zehn Tage unterwegs sein würde. Das war für Ciro Bustos sehr wichtig, da er seiner Frau und seinen Freunden später mitteilte, daß er nach Montevideo fahren müsse und eine längere Abwesenheit deren Verdacht erregt hätte. Als Reisetermin vereinbarten sie Ende Februar und als Treffpunkt das Hotel, wo Ciro Bustos in La Paz wohnen würde. Den Namen des Hotels sollte Tania noch von Isaac Rutman erfahren, dem Geschäftsmann aus Buenos Aires, der auch das Flugticket beschaffte.

Bei seinem Verhör nach der Verhaftung durch die bolivianische Armee schilderte Ciro Bustos genau, wie man die Verbindung in La Paz herstellen wollte: »Falls Tania mich nicht selbst treffen konnte, sollte ich um sechs Uhr nachmittags mit der letzten Nummer der Zeitschrift *Life* in der Hand am Ausgang des Hotels stehen und darauf warten, daß mich jemand fragte, ob ich ein Tourist sei, der die Sonne Boliviens wiedersehen wolle.«

Ciro Bustos bereitete sein Treffen gründlich vor und arbeitete in den nächsten Tagen, wie von Tania gefordert, eine detaillierte Einschätzung aller linken Gruppierungen und Parteien aus, die als Grundlage für die Gespräche in Ñancahuazú dienen und Che Guevara helfen sollten, die Aussichten eines Guerrillakrieges in seinem Heimatland besser beurteilen zu können. Am 25. Februar schließlich machte er sich auf den Weg nach Buenos Aires, wo ihm

Isaac Rutman neben dem Flugticket und dem Geld für die Reise auch einen gefälschten Paß überreichte, mit dem er drei Tage darauf an Bord einer Maschine der bolivianischen Fluggesellschaft *Lloyd Aéreo* nach La Paz flog.

Tania aber hatte in der Zwischenzeit anscheinend eine schwerwiegende Entscheidung getroffen: Sie wollte mit ihrem Leben als Dreifachagentin, das ihr allmählich über den Kopf zu wachsen drohte und sie immer wieder an den Rand der Verzweiflung trieb, Schluß machen. Sie wollte ihre verräterische Haltung Che Guevara gegenüber, zu dem sie sich nicht nur als überzeugte Revolutionärin, sondern ebenso als Frau hingezogen fühlte (und über dessen Aktivitäten sie trotzdem laufend an das MfS und den KGB berichtet hatte), endlich aufgeben. Sie wollte mit dem ewigen Versteckspiel, das über kurz oder lang ihre Kräfte überstieg und sie zunehmend in kompromittierende Situationen brachte, aufhören. Und so reifte wohl in ihr der Entschluß, alle Brücken hinter sich abzubrechen und sich den Guerrilleros im bolivianischen Urwald anzuschließen. Sie wollte von nun an unbehelligt von den Anweisungen aus Berlin, Moskau und auch aus Havanna an der Seite Che Guevaras für den Sieg der Revolution kämpfen. – Diese Entscheidung ist zwar nirgendwo explizit dokumentiert; doch nach zahlreichen Gesprächen mit Menschen aus ihrer unmittelbaren Umgebung und nach einer genauen Analyse ihrer Handlungsweise und deren möglicher Motive gibt es meiner Meinung nach keine andere Erklärung für Tanias ausgesprochen seltsames und unlogisches Verhalten in den folgenden Tagen.

Sie hatte vielleicht auch einfach das Gefühl, im Abseits zu stehen und nur noch ein unbedeutender Statist zu sein, während sich das eigentliche Geschehen mehrere hundert Kilometer von ihr entfernt abspielte. Seitdem die letzten Kubaner in La Paz eingetroffen und von dort aus weiter nach Ñancahuazú gefahren waren, hatte die bolivianische Hauptstadt ihren Stellenwert für das gesamte Unternehmen eingebüßt, wozu Che Guevaras Mißachtung der *red urbana* gewiß nicht wenig beitrug. Für Tania war das ein zusätzlicher Grund, ihrem bisherigen Leben ein Ende zu setzen und mit Sack und Pack in den Urwald zu ziehen, um sich in »Tania la Guerrillera« zu verwandeln.

Das größte Hindernis dabei war Che Guevara, der es strikt ablehnte, Tania in die kämpfende Truppe aufzunehmen. Unter Umständen glaubte er, daß sie als einzige Frau in der Macho-Welt der Guerrilleros nur für Streitigkeiten sorgen würde; möglicherweise fürchtete er auch, sie könne die Strapazen trotz ihrer hervorragenden Ausbildung nicht aushalten. In ihren Gesprächen betonte er jedenfalls immer wieder, daß Tanias Platz in La Paz sei, wo sie wertvolle Arbeit für die Guerrilla geleistet habe und auch weiterhin leisten könne.

Tania kannte natürlich Ches Meinung und wußte genau, daß sie nie mit dessen Zustimmung würde rechnen können. Es blieb ihr nur eins: Sie mußte Che überrumpeln und ihn vor vollendete Tatsachen stellen, sie mußte alles so einfädeln, daß es kein Zurück mehr gab, weder für sie noch für ihn. Wie sie das machen wollte, darüber war sie sich offensichtlich längst im klaren. Sie wartete nur noch auf die passende Gelegenheit, die sich ihr dann bei Ciro Bustos' geplantem Besuch im Lager Ñancahuazú bot.

Als dieser sich wie vorgesehen am Abend des 28. Februar am Eingang des Hotels *Sucre* in La Paz mit der letzten Ausgabe der Zeitschrift *Life* in der Hand aufstellte, wurde er nach dem Austausch der abgesprochenen Erkennungsworte von einem Mann namens Andrés in ein Café direkt neben dem Kino *Universo* gebracht, wo Tania, die sich hier Elma nennen ließ, auf ihn wartete. Die Anspannung der letzten Wochen und der mit ihrem einschneidenden Entschluß verbundene psychische Druck waren offenbar nicht spurlos an ihr vorübergegangen, denn Tania war, wie Ciro Bustos später berichtete, übermäßig gereizt und schlecht gelaunt. »Sie fragte nach meinem Gepäck und teilte mir mit, daß wir am nächsten Tag nach Cochabamba fahren würden. Es war ziemlich kalt und sie sagte, ich solle mir gefälligst einen Wollpullover und einen Anorak kaufen, statt im Anzug herumzulaufen. Außerdem kritisierte sie, daß ich einen Hin- und Rückflug gekauft hatte. Zurück hätte ich doch viel besser den Zug nehmen können.«

Nachdem Tania Ciro Bustos für den nächsten Tag um sechs Uhr nachmittags zum Busbahnhof bestellt hatte, verabschiedete sie sich von ihm, um ihre letzten Vorbereitungen zu treffen. Es galt vor allem, Loyola Guzmán davon zu überzeugen, daß sie, Tania, den Besucher nach Ñancahuazú bringen müsse. Loyola Guzmán konnte das nicht verstehen. Normalerweise waren andere für den Transport zuständig; Che selbst hatte angeordnet, daß Tania die Stadt nicht verlassen und sich aus Sicherheitsgründen auf keinen Fall dem Lager nähern dürfe. Aber wie so oft setzte Tania auch diesmal ihren Willen durch. Loyola spürte ihre Entschlossenheit und war der vielen Diskussionen mit ihr scheinbar überdrüssig.

Tanias gereizte Stimmung sollte die ganze Fahrt über anhalten. Gleich zu Beginn verlor sie die Nerven und schnauzte den Chauffeur des Omnibusses an, weil dieser angeblich zu früh losgefahren war und sie dadurch beinahe den Bus verpaßt hatte. Und auch im weiteren Verlauf nutzte sie jeden noch so kleinen Anlaß, um ihrer schlechten Laune Luft zu machen. Kamen ihr vielleicht doch noch Zweifel an dem, was sie zu tun beabsichtigte? War sie sich womöglich nicht mehr sicher, die richtige Entscheidung getroffen zu haben? Tatsache ist, daß sie während der langen Busfahrt nach Cochabamba und von da aus weiter nach Sucre nicht gerade zufrieden wirkte.

Während des Verhörs gab Ciro Bustos folgende Beschreibung zu Protokoll: »Die ganze Fahrt über schaute sie mich kaum an, bis wir an eine Haltestelle kamen, wo zu Abend gegessen wurde. Durch ein Zeichen gab sie mir zu verstehen, daß ich mich an ihren Tisch setzen sollte; dann winkte sie einen blonden Mann herbei, der unter den Fahrgästen genauso auffiel wie ich. Fast ohne ein Wort zu wechseln, aßen wir zusammen in einer Atmosphäre geheimnisvollen Schweigens. Danach ging die Fahrt weiter. In aller Herrgottsfrühe kamen wir schließlich in Cochabamba an, wo wir einige Stunden später einen Bus nach Sucre nahmen. In der Zwischenzeit war mir klar geworden, daß der Blonde, mit dem ich nur ein paar belanglose Worte gewechselt hatte und der allem Anschein nach ein Franzose war, mit uns zusammen reiste.«

Der unbekannte Franzose aber war niemand anderes als Régis Debray, der vom ersten Augenblick an mit an den Vorbereitungen für den Guerrillakampf beteiligt gewesen war. Fidel Castro hatte ihn bereits früher einmal nach Bolivien geschickt, um die Lage zu sondieren. Auch diesmal kam er auf Veranlassung Fidel Castros hierher, ohne genau zu wissen, welches seine Aufgabe sein würde. Er glaubte, daß Che ihn brauchte, um angesichts der Spannungen mit der Kommunistischen Partei bei den maoistischen und trotzkistischen Kreisen, mit denen er während seines ersten Aufenthaltes Kontakt aufgenommen hatte, für seine Sache zu werben. Che aber hatte ganz andere Pläne mit ihm. Er wollte, daß Debray in Frankreich ein Netz von Sympathisanten zur Unterstützung der Guerrilla aufbaute. Zugleich sollte er zwei wichtige Briefe weiterleiten, einen an Jean-Paul Sartre und den anderen an Bertrand Russel, die sich bereit erklärt hatten, eine weltweite Sammlung zugunsten der bolivianischen Befreiungsarmee zu organisieren. Keinen der beiden Aufträge konnte Régis Debray ausführen, da er mit Ciro Bustos einige Wochen später, auf dem Rückweg in die Zivilisation, festgenommen wurde und erst 1970 wieder frei kam.

Die Fahrt ins Guerrillalager wurde mit jeder Minute unerträglicher, nicht nur wegen der weiten Entfernungen, der immer schlechter werdenden Straßen und des Dauerregens, sondern vor allem wegen Tania. Sie trieb die beiden Reisegefährten pausenlos zur Eile und bekam einen Wutanfall nach dem anderen. Das führte am Ende dazu, daß sich Ciro Bustos und Régis Debray, die immer noch nicht viel voneinander wußten (außer daß sie beide von Che in Ñancahuazú erwartet wurden), gegen Tania verbündeten. Als sie nämlich nach einer vierundzwanzigstündigen Fahrt um acht Uhr abends in Sucre anlangten und Tania um jeden Preis nach ein paar Stunden in Richtung Camiri weiterfahren wollte, streikten sie und bestanden darauf, sich erst mal ein bißchen zu erholen.

»Es blieb ihr nichts anderes übrig, als nachzugeben und uns in ein Hotel zu begleiten«, berichtete Ciro Bustos später. »Ich glaube, es war das *Gran Hotel*, wo der Franzose und ich ein Zimmer nahmen. Sie verabschiedete sich und erklärte uns, daß sie in dieser Stadt nicht mit uns zusammenbleiben würde. Bevor sie uns verließ, bestellte sie noch ein Taxi für den nächsten Tag und befahl uns, pünktlich um 2.20 Uhr morgens vor dem Hoteleingang zu warten.«

So machten sie sich also am Samstag, dem 4. März, wieder auf den Weg, nicht ohne daß es vorher zu einer heftigen Auseinandersetzung zwischen Tania und dem Taxifahrer gekommen wäre, der sich um beinahe zwei Stunden verspätet hatte. Doch damit waren die Unannehmlichkeiten noch lange nicht zu Ende. Der starke, nicht enden wollende Regen machte es erforderlich, daß sie das Fahrzeug wechselten. Wieder gab es einen wüsten Streit, bei dem Tania kein Blatt vor den Mund nahm. Dann stiegen sie in einen Jeep um, mit dem sie am folgenden Tag gegen Mittag in Camiri eintrafen.

Nachdem sie ihre Koffer dort in einem ihr gehörenden Jeep gelassen hatten, führte sie die beiden laut Ciro Bustos'

Aussage zum Mittagessen in ein Restaurant. »Anschließend brachte sie uns zu einem Haus, das ein Hotel zu sein
schien und in dem sie ein Zimmer hatte, das wir benutzen
durften. Den ganzen Nachmittag lang sahen und hörten wir
nichts mehr von ihr.« Tania hatte ihnen zwar noch erläutert,
daß sie abends um zehn Uhr auf dem Marktplatz abgeholt
würden, um die letzte Strecke ins Lager zurückzulegen,
doch das war auch alles. Die beiden Reisenden wußten
nicht einmal, wo genau sie sich befanden. Sie hatten auf der
langen Fahrt völlig die Orientierung verloren und harrten
nun der Dinge, die da kommen sollten.

Tania aber nutzte diese letzten Stunden des Alleinseins
offenbar, um ihren Plan in die Tat umzusetzen und den entscheidenden Schritt von der Undercover-Agentin zur Guerrillera zu wagen. Obwohl sie mehrere Möglichkeiten
hatte, ihren Jeep bei einem Bekannten abzustellen (wie
zum Beispiel der in Camiri lebenden Schwester Loyola
Guzmáns), parkte sie ihn deutlich sichtbar mitten im
Stadtzentrum und ließ außerdem alle ihre persönlichen Unterlagen darin liegen. Sie rechnete damit, daß der Jeep unweigerlich die Aufmerksamkeit der Polizei erregen würde.
Nur einige Tage zuvor hatte sie der bolivianische Guerri-
lero Coco Peredo noch gewarnt, daß die Sicherheitsbehör-
den wegen der ungewohnten Fahrzeugbewegungen und der
vielen neuen Gesichter in der Gegend mißtrauisch geworden seien. Es war für Tania demnach sicher keine Überraschung, als sie erfuhr, daß man den verdächtigen Jeep bereits wenige Tage später beschlagnahmt und geöffnet hatte.
    Denn genau das hatte sie mit ihrem Manöver erreichen
wollen. In dem Jeep fand die Polizei neben Laura Gutiérrez
Bauers Personalausweis, den auf ihren Namen ausgestellten Kraftfahrzeugpapieren sowie einigen anthropologi-
schen Notizen einen Koffer mit verschiedenen Kleidungsstücken für Männer und Frauen und einer weiblichen

Milizuniform. In dem Koffer lag außerdem ein Notizbuch, in das geheime Adressen, Telefonnummern und Kontonummern bei mehreren in- und ausländischen Banken eingetragen waren. Damit war die Lawine ins Rollen gebracht. Die Spur führte zuerst zu Tanias Freundin Yolanda de Ploskonska. Von ihr erfuhr die Polizei, daß Laura Gutiérrez Bauer im Präsidialamt als Privatsekretärin des Pressechefs Gonzalo López Muñoz arbeitete. Bei der anschließenden Durchsuchung ihrer Wohnung stieß sie auf Fotos von ihr mit Präsident Barrientos und General Ovando, dem Oberbefehlshaber der bolivianischen Streitkräfte, ebenso wie auf persönliche Briefe und Tonbandaufnahmen mit Volksmusik aus dem Altiplano.

Fast zur gleichen Zeit hatte die Polizei in Lagunillas, wenige Kilometer von Camiri entfernt, zwei frisch desertierte bolivianische Guerrilleros, Vicente Rocabado und Pastor Barrera, festgenommen und von ihnen erfahren, daß am 5. März aus Camiri kommend eine Guerrillera namens Tania im Lager in Ñancahuazú eingetroffen war. Jetzt brauchte man nur noch zwei und zwei zusammenzuzählen, um zu der Erkenntnis zu gelangen, daß sich hinter Laura Gutiérrez Bauer die Agentin Tania verbarg (eine Agentin, von der man bis zu diesem Zeitpunkt so gut wie nichts wußte).

Die Nachricht schlug in Bolivien wie eine Bombe ein. Niemand konnte begreifen, wie sich Laura Gutiérrez Bauer so lange Zeit in den höchsten Kreisen von Gesellschaft und Politik hatte bewegen können, ohne auch nur den geringsten Verdacht zu erwecken. Tania aber war damit an ihrem Ziel angelangt. Nun, da sie entlarvt war und jeder wußte, wer hinter dem Namen Laura Gutiérrez Bauer steckte, gab es für sie kein Zurück mehr ins frühere Leben. Sie mußte bei den Guerrilleros bleiben, ob es Che nun paßte oder nicht. Am 27. März schrieb er in sein Tagebuch: »Die Deserteure (…) haben offensichtlich geredet. Noch weiß man allerdings nicht, wieviel und wie sie es gesagt haben. Alles deutet darauf hin, daß Tania identifiziert ist, womit zwei Jahre guter und geduldiger Arbeit verlorengehen.«

Mit der »guten und geduldigen Arbeit« meinte Che Guevara selbstverständlich Tanias Agententätigkeit in La Paz und den Aufbau des Verbindungsnetzes, dem sie durch ihr Handeln aber schließlich schweren Schaden zufügte. Erstens, weil sie als eine seiner wichtigsten Stützen ausfiel; zweitens, weil in ihrem Adreßbuch auch die Namen mehrerer ihrer Mitarbeiter verzeichnet waren, wie zum Beispiel der Rodolfo Saldanas, der daraufhin in den Untergrund gehen mußte und der *red urbana* nur noch in sehr begrenztem Maße nützen konnte.

Ches Haltung Tania gegenüber ist mehr als bemerkenswert. Er war zwar wütend, weil sie ihm nicht gehorcht hatte, und kritisierte heftig ihr undiszipliniertes Verhalten, welches dazu führte, daß die Guerrilla nun ohne einen einzigen Kontakt zur Hauptstadt war. Doch kam er nicht eine Sekunde lang auf den Gedanken, hinter ihrem Handeln könne sich etwas anderes als eine spontan getroffene Fehlentscheidung verbergen. Che vertraute Tania uneingeschränkt, obwohl er bereits beim ersten Mal, als ihretwegen die Begegnung mit den beiden Argentiniern platzte, hätte hellhörig werden müssen. Er deutete Tanias Versagen jedoch in beiden Fällen als Zeichen »weiblicher Idiotie«, eine Charakterisierung, die auf niemanden weniger zutraf als auf Tania.

Zwei Jahre lang, von November 1964 bis zu Ches Ankunft im November 1966, hatte sie vollkommen auf sich allein gestellt und ständig von der Gefahr einer Entlarvung bedroht ihre Arbeit in La Paz verrichtet, ohne auch nur einen einzigen Fehler zu begehen. Zwei Jahre lang hatte sie bewiesen, daß sie eine absolut perfekte Agentin war, die vor nichts und vor niemandem zurückschreckte. Von »weiblicher Idiotie«, wie Che Guevara meinte, konnte also keine Rede sein. Eher war wohl auf seiner Seite »männliche Naivität« im Spiel.

Tania war eine ungemein berechnende Persönlichkeit, die jeden Schritt gründlich plante, auch wenn sie am Ende zunehmend die Selbstkontrolle verlor und, Augenzeugenberichten zufolge, häufig in Weinkrämpfe ausbrach. Das kann nur als eine Konsequenz der wochen-, ja monatelangen Anspannung angesehen werden, die womöglich noch durch einen weiteren, ganz persönlichen Umstand verstärkt wurde: Tania litt nämlich an Unterleibskrebs, und es ist durchaus denkbar, daß sie dies schon wußte, als sie den Entschluß faßte, ihrem bisherigen Leben ein Ende zu setzen und sich auf Biegen oder Brechen der Guerrilla anzuschließen. Gab ihre Krankheit vielleicht sogar den Ausschlag zu dieser Entscheidung? Stellte sie etwa das eigentliche Motiv dar? Niemand wird diese Fragen je beantworten können, denn Tania war sehr verschlossen und verstand es, ihre Geheimnisse zu wahren.

Man kann jedoch mit Sicherheit davon ausgehen, daß sie unheilbar krank war und dies in den letzten Wochen ihres Lebens auch wußte. Die Bestätigung dafür erhielt ich während meiner langen Nachforschungen von drei verschiedenen Quellen.

Der erste, der mir gegenüber Tanias Krankheit erwähnt, ist der bolivianische General Mario Vargas Salinas, damals Kommandeur der achten Division. Er befehligte eben jene Einheit, die Joaquíns Kolonne (die Guerrilleros hatten sich in zwei Gruppen getrennt, von denen die eine Che und die andere dem Kubaner Juan Vitalio Acuna Núñez, alias Joaquín, unterstand) in Vado del Yeso, einer Furt des Masicurí-Flusses, eine Falle stellte, wo fast alle Aufständischen, darunter auch Tania, ums Leben kamen. In seinem Landhaus außerhalb von Santa Cruz erzählt mir Mario Vargas Salinas, der heute in Anspielung auf den Fluß, an dem Che Guevaras Gefolgschaft den Tod fand, in ganz Bolivien »der Löwe vom Masicurí« genannt wird, wie er sich an das Geschehen erinnert.

»Nach dem Gefecht gab ich meinen Soldaten den Befehl, die toten Guerrilleros einzusammeln und ihre Rucksäcke bei mir abzugeben. Bevor ich diese ins Hauptquartier, das damals in der nahegelegenen Stadt Vallegrande stationiert war, schickte, untersuchte ich die Inhalte.« Einer der Rucksäcke, der auf diese Weise in seine Hände gelangte, gehörte Restituto José Cabrera, alias El Negro oder El Médico, einem peruanischen Arzt, der jahrelang in den Reihen des ELN in Peru gekämpft und sich im März 1967 Ches Männern angeschlossen hatte. General Mario Vargas Salinas weiß noch genau, wie er den Rucksack öffnete und darin, wasserdicht verpackt, ein Tagebuch fand, das er sofort zu lesen begann. Es fiel ihm nicht leicht, die Schrift zu entziffern. Die Seiten waren schmutzig und zum Teil verklebt. Außerdem war es spät am Abend, und die einzige Beleuchtung, die ihm zur Verfügung stand, war seine Taschenlampe. Vieles konnte er nicht herausbekommen; manches blieb ihm unverständlich. Doch an einen Satz, nahezu am Ende des Tagebuches, erinnert er sich deutlich: »Tania hat Gebärmutterkrebs; der Tod wäre ein Segen für sie, denn sie leidet sehr.«

Am nächsten Tag übergab Vargas Salinas das Tagebuch und die übrigen Gegenstände, die sie bei den Guerrilleros gefunden hatten, seinen Vorgesetzten in Vallegrande. Seitdem gilt es als verschwunden. Wahrscheinlich erlitt es dasselbe Schicksal wie so viele andere wichtige oder auch unwichtige Zeugnisse aus jenen Tagen und landete in den Händen irgendeines einfachen Soldaten, der es als Erinnerungsstück an seinen Kampf gegen Che Guevara und dessen Guerrilla mit zu sich nach Hause nahm.

Den zweiten Hinweis auf Tanias Krankheit liefern die aufschlußreichen Berichte des bolivianischen Guerrilleros José Castillo Chávez, alias Paco, der als einziger den Hinterhalt in Vado del Yeso überlebte. Er wurde nach seiner Festnahme von Vargas Salinas ins Hauptquartier nach Vallegrande gebracht, wo ihn der CIA-Agent Félix Rodríguez verhörte. Während der mehrstündigen Befragung kam er ausführlich auf Tania zu sprechen, die wie er Joaquíns Kolonne angehörte und wochenlang mit ihm durch den unwegsamen bolivianischen Urwald gezogen war. Auch er sprach, wie mir Félix Rodríguez in Miami bestätigt, von Tanias Krankheit und davon, daß sie unter furchtbaren Schmerzen litt, eine Aussage, die er später dem bolivianischen Militär gegenüber wiederholte.

Einen letzten Beleg für Tanias unheilbare Krankheit entnehme ich einem Gespräch mit dem ehemaligen bolivianischen Guerrillero Eusebio Tapia Aruni, alias Eusebio, in La Paz. Er gehörte zu jener Gruppe neu angeheuerter Bolivianer, die Che Guevara abfällig *la resaca*, menschlicher Abschaum, nannte, eine Bezeichung, die Eusebio nach wie vor als ein Stigma empfindet. Ende Juli, also einen Monat vor dem Scharmützel in Vado del Yeso, beschloß er, wegen der feindseligen Haltung der Kubaner zu desertieren, und entging so dem sicheren Tod. An seine Weggefährten von damals hat er verständlicherweise keine guten Erinnerungen, wohl aber an Tania, die ihm sehr leid tat, denn er sah, daß sie große Schmerzen hatte und sich oft nur noch mit allerletzter Kraft durch den Dschungel schleppte.

Eines Tages, nach einem besonders langen Marsch, erlebte Eusebio, wie sie sich unter Tränen an den peruanischen Arzt wandte und ihn voller Verzweiflung fragte: »Was hab ich denn eigentlich, verdammt noch mal? Dieser ständige Schmerz im Unterleib! Kannst du mir nicht ein paar stärkere Tabletten dagegen geben?« Und ein anderes Mal hörte er sie sagen: »Ich halte diesen Schmerz nicht mehr aus. Schwanger bin ich jedenfalls nicht, das weiß ich genau.« Worauf der Arzt ihr antwortete, daß sie Gebärmutterkrebs habe und deshalb unbedingt ihre Tabletten nehmen müsse. Das sei das einzige, was er im Moment für sie tun könne.

In Anbetracht dieser Zeugenaussagen bekommt Tanias Entscheidung, sich der Guerrilla anzuschließen, eine weitere, eine geradezu tragische Dimension, die auch ihre Person in einem anderen Licht erscheinen läßt. – Doch kehren wir vorerst noch einmal zu den Ereignissen in Camiri zurück, zu Ciro Bustos und Régis Debray und ihrer Fahrt zu Che Guevaras Basislager in Ñancahuazú.

Tania la Guerillera

Es war bereits spät am Abend, als Tania, Ciro Bustos und Régis Debray am Sonntag, dem 5. März, von Camiri aus ins Lager der Guerrilleros aufbrachen. Abgeholt wurden sie von Roberto, alias Coco Peredo, mit dem Tania schon mehrmals sowohl in La Paz als auch in Camiri zusammengearbeitet hatte und von dem sie wußte, daß er wie sein Bruder Inti Ches absolutes Vertrauen besaß. Auf der annähernd dreistündigen Fahrt nahm sie deshalb die Gelegenheit wahr, ihn über Che und seine Männer auszufragen. Dieser war am 1. Februar zu einem längeren Übungsmarsch aufgebrochen und wurde täglich im Lager zurückerwartet.

Eigentlich waren alle, wie Coco ihr gestand, ein wenig beunruhigt, weil Che insgesamt nur zwanzig Tage hatte unterwegs sein wollen. Vermutlich sei irgend etwas dazwischengekommen. Also kein Grund zur Sorge. Von Coco erfuhr Tania auch, daß das Farmhaus in Ñancahuazú, das sie *La Casa de Calamina* nannten, recht unsicher geworden war. Die vielen Jeeps und unbekannten Gesichter hatten offensichtlich das Mißtrauen der Bevölkerung geweckt. Die Polizei sei schon zweimal dagewesen und habe das Anwesen durchsucht. Angeblich hatte sie Hinweise erhalten, daß es dort eine Kokainfabrik gebe. Sie würden sich also nicht lange in Ñancahuazú aufhalten können, höchstens ein paar Stunden. Danach müsse man sie gleich in das weiter abseits gelegene Lager zu den anderen Guerrilleros bringen.

Tania hatte nichts dagegen einzuwenden. Genau das hatte sie schließlich gewollt, und mit jedem Kilometer kam sie ihrer Verwandlung in »Tania la Guerrillera« näher. Die Besucher auf dem Rücksitz des Jeeps wurden erst gar nicht nach ihrer Meinung gefragt. Die ganze Fahrt über richteten Tania und Coco Peredo kaum ein Wort an sie, was die beiden aber nicht weiter störte. Sie waren viel zu sehr damit beschäftigt, die heftigen Stöße, die sie von einer Ecke in die andere schleuderten, abzufangen und herauszufinden, in welcher Position sie die Fahrt durch das immer unwegsamer werdende Gelände einigermaßen heil überstehen konnten.

In der *Casa de Calamina* angekommen, nutzten sie die wenigen Stunden, die ihnen blieben, um sich ein wenig auszuruhen und von den gerade überstandenen Strapazen zu erholen. Irgendwie ahnten sie, daß der Fußmarsch, der ihnen am nächsten Morgen bevorstand, kein Zuckerlecken sein würde. Ciro Bustos lieferte, wenige Wochen später, eine detaillierte Beschreibung: »Nachdem wir ein ganzes Stück zurückgelegt hatten, überquerten wir einen Fluß. Dann ging es weiter durch den Urwald, bis wir schließlich wieder auf den Fluß stießen. Antonio befahl uns, vorerst im Wasser weiterzulaufen, was wir auch taten. An manchen Stellen reichte uns das Wasser bis an die Hüfte. Nach etwa fünfhundert Metern kletterten wir auf das gegenüberliegende Ufer. Der Marsch war außerordentlich anstrengend, zumindest für mich. Der Fluß führte viel Wasser, und da man ihn stellenweise nicht durchwaten konnte, mußten wir über die Steine und Unebenheiten an seinen Ufern steigen. Nach ungefähr fünf Stunden kamen wir an einen felsigen Abschnitt. Um keine Spuren zu hinterlassen, hieß man uns, wieder durch das Wasser zu waten. Nach einer gewissen Zeit stießen wir auf mehrere Männer, die im Fluß badeten. Auf der rechten Seite, oberhalb der Felsen, gab es am Fuße eines Hügels einen Weg, der etwa fünfhundert Meter weit bis zu dem Platz, wo sich das Lager befand, an einem Bach entlangführte, bevor er im dahinterliegenden Dickicht verschwand.«

Antonio, einer von Ches Kampfgefährten aus der Sierra Maestra, dessen wirklicher Name Orlando Pantoja Tamayo lautete, stellte sie den Männern im Lager vor. Eine bunt zusammengewürfelte Truppe aus Kubanern, Bolivianern und Peruanern; manche von ihnen mit langjähriger Erfahrung im Guerrillakampf in Kuba und Afrika, andere wiederum blutige Anfänger, die noch nie in ihrem Leben eine Waffe in der Hand gehalten hatten. Dazu gab es alles, was das soziale Spektrum zu bieten hat: Analphabeten neben promovierten Akademikern, einfache Bergarbeiter neben voll ausgebildeten Fachärzten. Und natürlich waren alle Hautfarben und Rassen Lateinamerikas vertreten: Weiße, Schwarze, Mulatten, Indios, Mestizen, Asiaten ...

Tania kannte die meisten von ihnen persönlich. Immerhin hatte sie viele der Guerrilleros in La Paz in Empfang genommen und von dort aus in das Lager weitergeleitet. Und so wurde sie denn mit offenen Armen begrüßt. Keiner wunderte sich über ihre Anwesenheit; alle gingen davon aus, daß sie länger bleiben würde, und Antonio befahl dem Bolivianer El Nato, ihr und den beiden Besuchern die nötige Ausrüstung auszuhändigen. »El Nato gab uns eine Decke, eine Hängematte, eine Plastikplane, einen Teller, Kleidung, Stiefel, einen Löffel und einen Becher«, berichtete Ciro Bustos beim Verhör. »Außerdem erhielten wir einige Tage später einen leeren Mehlsack, aus dem wir einen Rucksack machten, sowie eine Notration an Lebensmitteln, die aus zwei großen Dosen Kondensmilch, einer Dose Fleisch, einer Dose Sardinen, einer Dose Corned beef, einem Paket Kaffee, drei Päckchen Salz und einer Schachtel Zigaretten bestand. Man befahl uns, den Rucksack sofort zu packen und ihn immer bereitzuhalten. Dadurch konnte abgesichert werden, daß jeder im Fall eines unvorhergesehenen Rückzugs genügend Lebensmittel mitnahm. Selbst in ganz kritischen Situationen durfte niemand seine Reserve anrühren.«

Darüber hinaus wurden die drei Neuankömmlinge gleich zu Beginn mit den entsprechenden Waffen ausgerüstet. Ciro Bustos und Régis Debray erhielten jeder einen Karabiner M-1. Tania aber, die ihre Militäruniform mit ins Lager gebracht hatte, trug vom ersten Tag an einen Revolver im Gürtel, von dem sie sich keinen einzigen Augenblick mehr trennte; ein deutlich sichtbares Zeichen ihrer Verwandlung in eine Guerrillera und gleichzeitig eine unmißverständliche Warnung an die Männer, daß sie ihnen durchaus gleichgestellt war und keineswegs vorhatte, im Lager eine untergeordnete Rolle zu spielen.

Tania merkte sofort, daß die Kampfmoral und die Disziplin der Männer sehr zu wünschen übrig ließen. Und impulsiv wie sie nun einmal war, nahm sie Antonio beiseite, der während Ches Abwesenheit das Lager kommandierte, und tadelte ihn wegen seiner laschen Haltung. In der immer lauter werdenden Auseinandersetzung, die schon nach kurzer Zeit von niemandem mehr überhört werden konnte, fielen Worte wie »mangelnde Führungsqualitäten«, »fehlendes Durchsetzungsvermögen« und »verantwortungslose Schlamperei«. Auch mit Schimpfworten sparte Tania nicht, um ihrer Empörung Ausdruck zu verleihen. Dabei war das alles bestimmt nicht allein Antonios Schuld. Tania aber hatte wenigstens klar gemacht, daß sie hier wie in La Paz ihren Mann stehen würde.

Unterdessen wuchs die Unruhe mit jedem Tag, denn Che war immer noch nicht zurückgekehrt, und es kam auch keine Nachricht von ihm. Das ewige Warten und die Ungewißheit spannten die Nerven auf eine Zerreißprobe, und so dachte Tania über eine sinnvolle Freizeitbeschäftigung für die Männer nach. Als der peruanische Guerrillero Juan Pablo Chang Navarro, alias El Chino, vorschlug, Régis Debray möge ihnen aus seinem Werk vorlesen und dabei gleich einige schwierige Stellen erklären, griff sie diese Idee begeistert auf. Von nun an saßen sie bis zu Ches Rückkehr täglich mehrere Stunden beisammen und diskutierten mit dem Franzosen, der ihnen an vier verschiedenen Abenden sogar einen Vortrag über bewaffnete Selbstverteidigung hielt.

Als kurz darauf die Nachricht von der Desertion der beiden Bolivianer Vicente Rocabado und Pastor Barreras eintraf, war es mit der Ruhe im Lager endgültig aus. Der peruanische Arzt Restituto José Cabrera Flores, alias El Médico oder El Negro, wollte sich sofort mit seinem Karabiner M-1 auf den Weg machen, um die beiden Verräter, die in Lagunillas gesehen worden waren, zu erschießen, und konnte von seinen Kameraden nur mit Mühe zurückgehalten werden. Coco Peredo meinte bloß verächtlich, daß die meisten Bolivianer scheinbar in Bordellen und Kneipen angeheuert worden seien. Tania aber machte sich gemeinsam mit einigen der Guerrilleros daran, das Geld in der Kasse zu zählen, um zu sehen, ob die beiden Verräter mehr als nur ihre beiden Gewehre hatten mitgehen lassen. Das war jedoch nicht der Fall: Sie zählte über 10 000 US Dollar und dazu eine beträchtliche Summe in bolivianischen Pesos.

Wenige Tage später, am 14. März, wurden die beiden Deserteure festgenommen, so daß die Polizei oder das Militär bestimmt nicht mehr lange auf sich warten lassen würde und bald vor der Tür stünde, um die Farm in Ñancahuazú und das Lager zu durchsuchen. Alle rechneten fest damit, daß die beiden Bolivianer keine Hemmungen haben würden, ihr gesamtes Wissen auszuplaudern, was sie schließlich auch taten. Auf diese Weise erfuhren die Leute des bolivianischen Geheimdienstes und die in La Paz stationierten CIA-Agenten, die bei den Verhören anwesend waren, nicht nur von der Existenz der Guerrilla in diesem Gebiet, sondern außerdem von der Tanias, die die Überläufer ihnen als eine ausgesprochen selbstbewußte Guerrillera argentinischer Herkunft beschrieben. Sie berichteten ebenfalls von dem Kubaner Antonio und vom *gran jefe*, dem Anführer, den sie zwar noch nicht selbst zu Gesicht bekommen hätten, der aber, wie gemunkelt wurde, niemand anderes als Che Guevara sei.

Der Verrat der beiden Bolivianer war ein schwerer Schlag für die Guerrilla. Jetzt war nicht nur die Lage ihrer Farm in Ñancahuazú bekannt, sondern genauso ihr momentaner Aufenthaltsort im Dschungel. Eine Verlegung der Truppe ins Ausweichlager *El Oso*, das man vorsichtshalber bereits vor einiger Zeit eingerichtet hatte, wurde unvermeidlich. In aller Eile wurden die notwendigen Maßnahmen ergriffen. Ciro Bustos beschrieb das so: »Der Befehl lautete, alles abzubauen und sofort nach *El Oso* aufzubrechen. (...) Wir beschlossen aber, bis zum nächsten Morgen zu warten. El Nato war die ganze Nacht damit beschäftigt, alle möglichen Sachen zusammenzutragen, die am kommenden Tag in das neue Lager gebracht werden mußten. Früh am Morgen machten wir uns auf den Weg (...) und kamen erst am späten Nachmittag in *El Oso* an. Das Gewicht der Lasten auf unseren Schultern und die pralle Sonne hatten uns alle völlig ausgelaugt. Trotzdem kehrte El Nato gleich noch einmal zurück (...), um den Rest zu holen, während wir im Lager auf ihn warteten.«

Inzwischen war es Mitte März, und von Che war immer noch keine Spur zu sehen. Um der ständig zunehmenden Nervosität Herr zu werden, regte Tania schließlich an, jeden Tag um sechs Uhr früh ein paar Männer loszuschicken, die ihm entgegenlaufen sollten, aber am späten Abend wieder zurück sein mußten. Sie sollten der sicher völlig erschöpften Einheit Ches auf den letzten Kilometern bis zum Lager helfen. Régis Debray und Ciro Bustos boten sich sofort an, gemeinsam mit zwei bolivianischen Guerrilleros diese Aufgabe zu erfüllen. An drei Tagen brachen sie vergebens in aller Herrgottsfrühe in den Urwald auf; am vierten Tag jedoch, dem 20. März, entdeckten sie plötzlich die ersten Männer aus Ches Kolonne, die in der Morgendämmerung auf sie zukamen. »Ganz in der Ferne taucht allmählich aus der Dunkelheit der Nacht eine Prozession buckliger Bettler auf, die sich wie Blinde im Schneckentempo vorwärtsbewegen«, so Debrays eindrucksvolle Schilderung.

»Ihre khakifarbenen Gestalten, die sich deutlich vor dem gelbgrünen Dickicht im Hintergrund abzeichnen, kommen im Zickzack durch das hohe, messerscharfe Gras auf uns zu. Eine lange Kette zerlumpter Schlafwandler, mit Pferdegeschirr oder Sätteln beladen, den Oberkörper unter der Last der Rucksäcke (sie wiegen mindestens 30 Kilo) vornübergebeugt, dazu die Gewehrläufe in waagerechter Position. Dann das klirrende Geräusch der Feldflaschen, der am Gürtel hängenden Revolver, der auf den Rucksäcken festgeschnalten, vom Feuer geschwärzten Kochtöpfe, der Trinkbecher und der Macheten. Egal wie schweigsam und leise ein Guerrillero auch sein mag, seine Habseligkeiten verwandeln ihn unweigerlich in ein wahres Einmannorchester. Che geht in der Mitte, den Oberkörper hoch aufgerichtet, seine braune Baskenmütze auf dem Kopf, über den der Rucksack ein ganzes Stück hinausragt, und in der Hand seinen schräg gen Himmel zeigenden Karabiner.«

Bei der Ankunft im Lager wurden Che und seine Männer überschwenglich begrüßt. Tania, die gerade mit einigen Guerrilleros in der Küche war, lief sofort auf Che zu und hakte sich, nachdem sie ihm zuvor die Hand geschüttelt hatte, freundschaftlich bei ihm unter. Dieser aber, der genauso erschöpft und demoralisiert wie der Rest der Truppe aussah, nahm sie kaum zur Kenntnis. Zu den beiden Besuchern gewandt, meinte er nur kurz: »Entschuldigt unsere Verspätung.« Danach rief er den Männern zu: »Also los, alle Köche sofort an die Arbeit!«

Am nächsten Tag sprach Che Guevara mit jedem der Neuankömmlinge, zuerst mit Juan Pablo Chang, alias El Chino, der kurz vor Tania und den anderen Gästen im Lager eingetroffen war; dann mit Régis Debray und Ciro Bustos; und am Ende auch mit Tania. Die ersten Gespräche verliefen offensichtlich in einer sehr sachlichen Atmosphäre. Dabei ging es darum, die Propaganda im Ausland anzukurbeln und zur Unterstützung des Guerrillakampfes gezielte Aktionen auf internationaler Ebene ins Leben zu rufen.

El Chino, dem Che monatlich 5000 US Dollar zur Verfügung stellte, sollte innerhalb der nächsten sechs Monate in Peru eine bewaffnete Bewegung gründen. Das Geld würde er in dem Augenblick, da er das Lager verließ, von Tania ausgehändigt bekommen. Daß es nie dazu kam, lag an der weiteren Entwicklung der Ereignisse, die El Chino zwangen, in Ñancahuazú zu bleiben und in der Guerrilla zu kämpfen, bis er, einen Tag nach der Ermordung Che Guevaras, selbst den Tod fand.

Régis Debray war von Che als internationaler Pressereferent ausgewählt worden, der durch gezielte Artikel in der europäischen und lateinamerikanischen Presse für die Sache der bolivianischen Guerrilla werben sollte. Er hielt ihn anscheinend nicht für einen guten Kämpfer, was auch aus seinem Tagebucheintrag vom 21. März abzulesen ist: »Der Franzose (…) ist in der Absicht gekommen hierzubleiben. Aber ich bat ihn, doch wieder zurückzugehen, um in Frankreich ein Netz von Hilfsorganisationen aufzubauen und vorher in Kuba Station zu machen, was seinem Wunsch entgegenkommt, dort zu heiraten und mit seiner Compañera ein Kind in die Welt zu setzen.«

Ciro Bustos wiederum, den Che wegen seiner Glatze *Pelado* nannte, wurde beauftragt, zusammen mit anderen linksgerichteten Argentiniern, die alle Dissidenten der Kommunistischen Partei waren, in der argentinischen Nordprovinz Salta einen Revolutionsherd zu schaffen.

Am Schluß kam Tania an die Reihe, doch das Gespräch nahm einen ganz anderen Verlauf, als sie es sich ausgemalt hatte. Wochenlang hatte sie auf diesen Moment gewartet, aber statt der erhofften Anerkennung erntete sie nur Tadel und Kritik. Che war sehr verärgert darüber, daß sie seine Befehle mißachtet hatte und selbst mit den Besuchern ins Lager gekommen war. Die Nachricht von ihrer Enttarnung war bis jetzt noch nicht zu ihm gedrungen, er wußte jedoch, daß man ihren Jeep in Camiri entdeckt hatte. Er hatte auch erfahren, daß die beiden bolivianischen Deserteure das Militär über ihre Anwesenheit in Ñancahuazú informiert hatten.

Als kurz darauf El Nato im Lager eintraf und meldete, Einheiten der bolivianischen Armee seien in der Nähe, was sicher auf die Aussagen der beiden Überläufer zurückzuführen war, platzte Che der Kragen. Außer sich vor Wut sprang er auf und schrie beide, Tania und El Nato, an: »Was ist denn eigentlich hier los? Was ist das für eine Scheiße? Bin ich denn von lauter Feiglingen und Verrätern umgeben? Nato, von deinen verdammten Bolivianern will ich keinen einzigen mehr hier sehen. Verstanden? Sie sind bis auf weiteres vom Dienst suspendiert. Ist das klar?«

Auch in den nächsten Tagen beruhigte sich Che nicht. Er stellte hohe Ansprüche an sich selbst und an alle seine Kampfgefährten und hatte keinerlei Verständnis für etwaige menschliche Schwächen. Und so wurde Tania, in der er nie eine Verräterin, sondern stets nur eine typische Vertreterin weiblicher Unberechenbarkeit sah, immer wieder zur Zielscheibe seiner Kritik. Ein um das andere Mal stellte er sich und den anderen die Frage, warum Tania mit den Besuchern ins Lager gekommen sei. Er verurteilte ihr Verhalten in aller Deutlichkeit und meinte vor versammelter Mannschaft: »Das war wieder einmal ein Zeichen von Ungehorsam. Dabei hatte sie ausdrücklich den Befehl, in der Stadt beim Verbindungsnetz zu bleiben!« Als Tania dies hörte, wandte sie sich mit Tränen in den Augen ab und verschwand für mehrere Stunden im nahe gelegenen Dickicht.

Niemand war vor seiner vernichtenden Kritik sicher. So bezichtigte er den Kubaner Arturo Martínez Tamayo, einen Bruder Ricardos, welcher mit Tania in La Paz die *red urbana* aufgebaut hatte, vor allen anderen Guerrilleros der Unfähigkeit. »Du wolltest doch unbedingt hierherkommen, weil du ein ausgebildeter Techniker bist, und jetzt weißt du nicht einmal, wie die Funkanlage funktioniert.« Am meisten aber hatten die vier Bolivianer unter Ches Attacken zu leiden, darunter Eusebio und Paco, die die letzten Wochen von Tanias Leben gemeinsam mit ihr verbringen sollten. Von ihrem Vorgesetzten zur *resaca*, zum menschlichen Abschaum, degradiert, fühlten sie sich von Anfang an als Ausgestoßene, ein Gefühl, das sich noch verstärkte, als dieser ihnen mitteilte, daß sie nichts mehr zu essen bekämen, wenn sie nicht besser arbeiteten. Auch mit der Raucherei sei jetzt Schluß, und ihre persönlichen Sachen sollten sie gefälligst an diejenigen Compañeros verteilen, die sie dringender bräuchten als sie.

Die Stimmung hätte nicht schlechter sein können. Daran vermochte auch ein erstes siegreiches Gefecht mit bolivianischen Militäreinheiten am 23. März nichts zu ändern, bei dem die Guerrilleros sieben Soldaten töteten, vier verwundeten und vierzehn, unter ihnen einen Major und einen Hauptmann, gefangennahmen.

Als vier Tage später die Nachricht von Tanias Enttarnung im Lager ankam, war das für alle ein gewaltiger Schock. Jeder begriff die Tragweite dieses Ereignisses und wußte oder ahnte zumindest, daß es ungeheure Folgen für ihr Unternehmen haben würde. Che aber zog sich völlig in sich zurück. Drei Tage lang hüllte er sich in absolutes Schweigen, darum bemüht, sich über seine Lage Klarheit zu verschaffen. »Sichtbar verärgert wechselte er in den nächsten Tagen mit niemandem auch nur ein einziges Wort«, so

Régis Debrays spätere Schilderung dieser wichtigen Phase, in der Che Guevara allem Anschein nach über das künftige Schicksal der Guerrilla entschied. »Weit abseits saß er in seiner Hängematte unter einer Plane, die Pfeife im Mund, und las, schrieb, grübelte, trank Mate oder reinigte sein Gewehr. Am Abend schaltete er sein Transistorgerät ein und hörte *Radio Havanna*. Ab und zu ein lakonischer Befehl. Ansonsten völlige Geistesabwesenheit, vollkommenes In-sich-versunken-Sein. Im restlichen Lager eine schrecklich angespannte Atmosphäre. Reibereien, Sticheleien, Streitigkeiten zwischen den verschiedenen Nationalitäten, Diskussionen über taktische und strategische Fragen. Dazu die allgemeine Erschöpfung, der Hunger, der fehlende Schlaf und die ständige Bedrohung durch den Urwald.«

Die Erleichterung war groß, als Che endlich aus seiner Selbstversenkung erwachte. In diesen drei Tagen hatten sie deutlich gespürt, wie sehr sie ihn brauchten, wie haltlos sie ohne seine Anweisungen waren. Tania aber merkte, daß Ches Vertrauen zu ihr tief erschüttert war. Er kam zwar auch jetzt nicht auf den Gedanken, daß sie eine Verräterin sein könnte. Aber seine Hochachtung vor der kompetenten, selbstbeherrschten, verläßlichen Agentin schien allmählich zu schwinden, und er distanzierte sich mehr und mehr von ihr. Tania blieb das natürlich nicht verborgen, und sie reagierte, ihrem Wesen in den letzten Wochen entsprechend, mit lautstarken Protesten und hysterischen Weinkrämpfen. Am meisten litt sie darunter, daß sie nicht als gleichberechtigte Partnerin akzeptiert und deshalb auch nicht bei den bewaffneten Auseinandersetzungen mit der Armee eingesetzt wurde. Immer wieder forderte sie von Che, mit der Waffe in der Hand in der ersten Reihe kämpfen zu dürfen, doch ohne Erfolg. Dieser glaubte, sie wäre den Strapazen weder physisch noch psychisch gewachsen, was sich schon wenig später, als die Guerrilleros zu ihrem Marsch aufbrachen, als zutreffend erweisen sollte.

Die Trainingsphase war inzwischen abgeschlossen, und das Lager wurde wegen der Informationen, die in die Hände des Militärs gelangt waren, immer unsicherer. Che Guevara sah sich dadurch früher als geplant gezwungen, die Zelte abzubrechen und sich mit seinen Leuten auf den Weg in eine ungewisse Zukunft zu machen. In den Tagen zuvor hatte er noch mehrere Höhlen anlegen lassen, in denen die Guerrilleros außer Waffen und einem Vorrat an Lebensmitteln und Medikamenten auch eine Anzahl geheimer Dokumente und Fotos versteckten. Des weiteren hatte er die beiden Besucher zu sich gerufen, um gemeinsam mit ihnen über ihre Optionen zu beraten. »Ich sprach mit Danton [Régis Debray] und Carlos [Ciro Bustos] und schlug ihnen drei Alternativen vor: bei uns zu bleiben, sich allein auf den Weg zu machen oder mit uns bis nach Gutiérrez zu marschieren und von dort aus ihr Glück zu wagen. Sie entschieden sich für die dritte Möglichkeit.«

Die dritte Möglichkeit bedeutete, daß sie sich an einer günstig gelegenen Stelle von der Guerrilla trennen und allein in die Zivilisation zurückkehren würden. Für Régis Debray war das kein Problem, da er mit seinen eigenen Papieren in Bolivien eingereist war. Ciro Bustos aber war mit einem gefälschten Paß ins Land gekommen, so daß Che von ihm ein Foto erbat und dieses an Tania mit dem Befehl weitergab, für ihn einen Ausweis auszustellen. »Tania bereitete für mich ein Beglaubigungsschreiben des bolivianischen Presseamtes vor. Sie hatte alles dabei, woher und wieso, wußte ich nicht. Sogar offizielles Papier, das mit den entsprechenden Siegeln und Unterschriften versehen war, wirklich alles.«

Che bereitete indessen eine chiffrierte, mit unsichtbarer Tinte geschriebene Botschaft an Fidel Castro vor, die Régis Debray mit nach Kuba nehmen sollte und in der er diesen über Tanias Enttarnung informierte. »Tania ist hier völlig isoliert. Sie ist von sich aus hierhergekommen, obwohl ich ihr das ausdrücklich verboten hatte, und wurde von den Ereignissen überrascht.«

Am 3. April schließlich begann der lange Marsch gen Norden, der für fast alle der Beteiligten ein tragisches Ende nehmen sollte. Der Aufbruch erfolgte keine Minute zu früh, denn bereits am nächsten Tag traf eine starke Militärpatrouille im Lager ein und entdeckte in einem der Verstecke neben mehreren Dokumenten auch einige Fotos von Che. Für die Guerrilleros begann nun ein dauerndes Katz-und-Maus-Spiel mit der bolivianischen Armee, bei dem mal die eine, mal die andere Seite die Oberhand gewann. Che aber hatte die Lethargie, von der er vor ein paar Tagen befallen worden war, mittlerweile vollkommen abgeschüttelt und war wieder ganz der alte: selbstsicher, autoritär und anspruchsvoll, ein Organisationstalent und ein Meister im Umgang mit Menschen, geachtet, bewundert und gefürchtet, unerbittlich gegen sich selbst und die anderen. Für ihn waren alle gleich; Ausnahmen gab es nicht, nicht einmal für Tania, die sich vom ersten Tag an auf den rauhen Umgangston und die großen physischen Anstrengungen einstellen mußte.

Che forderte eiserne Disziplin, das galt für alle in seiner Umgebung, das galt vor allem aber für ihn selbst, wie Régis Debray berichtete. »Während der fünfminütigen Ruhepause, die nach jeweils einer Stunde Marsch eingelegt wurde, trank er einen oder zwei Becher einer ziemlich klebrigen Flüssigkeit. Ansonsten aber war für alle alles gleich. Er hängte seine Hängematte selbst auf und ab, verlangte, daß bei jeder Mahlzeit alle die gleiche Essenration bekamen, die entweder aus einer halben Sardine oder drei kleinen Stückchen Fleisch bestand, und trug einen genauso schweren Rucksack wie die anderen auch. Als beim Durchwaten eines Flusses seine Maisreserve ins Wasser fiel, verbrachte er einen ganzen Tag, ohne etwas zu essen, um nicht die Rationen der anderen anbrechen zu müssen.«

Doch selbst nach einem langen, anstrengenden Marsch war der Tag für ihn und seine Genossen noch nicht zu Ende. Che bestand nämlich darauf, daß sich die Guerrilleros auch mitten im Urwald weiterbildeten. Und so zwang er denn alle, sich pünktlich um sieben Uhr abends zu versammeln, um abwechselnd von ihm Unterricht in Wirtschaftspolitik und von einem bolivianischen Guerrillero in Quechua zu erhalten. Warum sie ausgerechnet Quechua lernen sollten, wurde allerdings niemandem klar, denn Quechua wird auf dem Altiplano gesprochen, sie aber befanden sich im tiefsten Urwald, unweit der Grenze zu Argentinien und Paraguay, wo keiner diese Indiosprache versteht.

Tania war, wie von Che vorausgesehen, den Strapazen des Marsches mit jedem Tag weniger gewachsen. Von ihrer früheren Überlegenheit war schon bald nichts mehr zu spüren, und immer häufiger empfanden die Männer ihre Gegenwart als eine schwere Belastung, da sie nicht selten weit hinter den übrigen Guerrilleros zurückblieb und auf diese Weise mehr als einmal die ganze Truppe aufhielt. Als sie schließlich auch noch krank wurde und über 39 Grad Fieber bekam, faßte Che den Entschluß, sie nicht mehr in seiner Gruppe zu belassen, sondern sie der Nachhut zuzuteilen, die von dem Kubaner Juan Vitalio Acuna Núñez, alias Joaquín, angeführt wurde.

Eine gravierende Entscheidung. Erstens, weil er damit für alle zweifelsfrei bekundete, was er von Tanias Fähigkeiten als Guerrillera hielt. In der Nachhut waren nämlich all jene untergebracht, die entweder gesundheitlich angeschlagen waren oder von denen Che eine ausgesprochen negative Meinung hatte, wie zum Beispiel die vier Bolivianer. Zweitens führte diese Entscheidung dazu, daß er Tania aus seiner Nähe entfernte, nicht nur weil die Nachhut räumlich gesehen weit von der übrigen Truppe getrennt war und oft erst am späten Abend mit den anderen Guerrilleros zusammentraf, sondern auch weil Che am 17. April beschloß, mit seinen Männern in Richtung Muyupampa zu marschieren, um für Régis Debray und Ciro Bustos einen Weg in die Außenwelt zu suchen. Der Nachhut unter Joaquín gab er den Befehl, »in der Gegend eine Übung durchzuführen, um das Militär von uns abzulenken, und mindestens drei Tage lang auf uns zu warten. Auch danach sollte er, allerdings ohne frontal anzugreifen, in der Zone bleiben und erst aufbrechen, wenn wir wieder zurück waren.«

Die beiden Gruppen, die Hauptkolonne unter Che und die Nachhut unter Joaquín, kamen jedoch nie mehr zusammen. Trotz verzweifelter Versuche gelang es ihnen nicht, die Verbindung miteinander wieder aufzunehmen. Oft waren sie nur wenige Kilometer voneinander entfernt, ohne die geringste Ahnung davon zu haben. Das unwegsame Urwalddickicht und die ununterbrochene Hetzjagd durch Einheiten der bolivianischen Armee verhinderten, daß sie sich hätten finden und wieder vereinigen können. Ches Tagebucheintragungen zeugen beredt von dieser fatalen Situation: »Noch immer haben wir keinen Kontakt zu Joaquín« (Ende April); »Das Schlimmste ist, daß wir immer noch keine Verbindung zu Joaquín hergestellt haben, obwohl wir ständig durch die Gegend streifen« (Ende Mai); »Nach wie vor wissen wir nichts von den anderen; inzwischen sind wir nur noch 24 Mann« (Ende Juni); »An der negativen Lage hat sich nichts geändert, das heißt, wir haben keinen Kontakt zu Joaquín. Unsere Zahl ist auf 22 geschrumpft« (Ende Juli); »Die fehlende Verbindung zu Joaquín demoralisiert die Truppe« (Ende August).

Tania war damit für immer von Che, dem eigentlichen Grund ihrer Anwesenheit in den Reihen der Guerrilla, getrennt. Nie mehr sollten sie einander sehen, nie mehr voneinander hören. Für Tania begann nun ein einziger Leidensweg, bedingt durch die äußeren Umstände und vor allem durch ihre offenbar rasch voranschreitende Krankheit, die ihr das Leben im Urwald zur Qual werden ließ.

Die Einheiten der bolivianischen Armee rückten immer näher. Seit der Desertion von Vicente Rocabado und Pastor Barrera und der Beschlagnahme von Tanias Jeep verfügte die Armee über wertvolles Material, das ihr die Suche nach den Guerrilleros erleichterte. Und mit der Festnahme von Régis Debray und Ciro Bustos hatte sie kürzlich einen besonders großen Fang gemacht. Diese waren, nachdem Che und seine Männer sie bis in die Umgebung des Dorfes Muyupampa gebracht hatten, bereits wenige Stunden später verhaftet und nach Camiri gebracht worden, wo sie in den jeweiligen Verhören wichtige Informationen preisgaben. Schon bald hatten die bolivianischen Militärs alle wissenswerten Angaben über die Guerrilleros in Erfahrung gebracht: Zusammensetzung, Anzahl, Herkunft, Pläne. Sogar ihre Namen und ihre Gesichter waren ihnen jetzt bekannt, denn Ciro Bustos hatte sich bereit erklärt, von jedem einzelnen ein genaues Porträt anzufertigen.

Das Entscheidende aber war, daß sie von beiden, sowohl von Ciro Bustos als auch von Régis Debray, eine Bestätigung dessen erhielten, was sie schon seit längerem vermutet hatten: Die Guerrilla wurde von keinem anderen als Che Guevara befehligt.

Neben der bolivianischen Armee begannen sich nun auch die Amerikaner zusehends für die Aufständischen im bolivianischen Urwald zu interessieren. Schon bei den Verhören der beiden Deserteure waren hohe CIA-Agenten zugegen gewesen. Doch wirklich alarmiert waren sie erst, als sie vom ersten Gefecht zwischen den Guerrilleros und bolivianischen Soldaten am 23. März hörten. Über ihren Botschafter Douglas Henderson boten sie sogleich an, die bolivianische Armee von ihrer Militärbasis in Panama aus mit Waffen, Rangers und logistischer Hilfe zu unterstützen.

General Barrientos ließ sich dieses Angebot natürlich nicht entgehen, nicht zuletzt deshalb, weil er dadurch einige unliebsame, extrem nationalistisch eingestellte Militärs, zu denen auch der Kommandant der IV. Armeedivision Coronel Humberto Rocha gehörte, ausschalten konnte. Diese hatten sich strikt gegen eine Intervention von seiten der USA ausgesprochen, gegenüber dem Diktator aber besaßen sie keine echte Chance: Barrientos sympathisierte offen mit den Amerikanern und wurde seit Jahren in allen militärischen und geheimdienstlichen Fragen von einem CIA-Mann beraten. Erst später kam heraus, daß es sich dabei um den ehemaligen Gestapo-Chef Klaus Barbie handelte, der 1951 als Klaus Altman Hansen von den Amerikanern nach Bolivien eingeschleust worden war. Barbie sorgte mit anderen dafür, daß Humberto Rocha durch Coronel Luis Antonio Reque Terán ersetzt wurde, der das Vertrauen des Pentagon und des CIA genoß.

Damit stand einer militärischen Präsenz der USA auf bolivianischem Boden nichts mehr im Wege, und die Amerikaner konnten sich mit immer größerem Nachdruck in die Bekämpfung der Guerrilla einschalten. Am 1. April landete auf dem Flughafen von Santa Cruz das erste nordamerikanische Militärflugzeug mit siebenundzwanzig Spezialisten auf dem Gebiet der Guerrillabekämpfung an Bord. Zugleich kamen mehrere kleinere Militärflugzeuge in Camiri, im Zentrum des Guerrillagebietes, an. Bereits nach wenigen Wochen waren mehrere hundert Rangers in Bolivien stationiert.

Doch das genügte den Amerikanern noch nicht. Sie hatten Angst, der Funke des Guerrillakrieges könnte wirklich, so wie von Che Guevara geplant, auf die Nachbarländer überspringen, und meinten, Bolivien müsse wesentlich größere Anstrengungen unternehmen, um das Problem in den Griff zu bekommen. Sie schickten sogar einen ihrer ranghöchsten Militärs, General William Tope, nach La Paz, wo dieser im Beisein des US-Botschafters Douglas Henderson ausführlich mit Präsident Barrientos sprach und ihm erläuterte, daß die Ausbildung der bolivianischen Soldaten unbedingten

Vorrang haben müsse vor einer materiellen Militärhilfe aus den USA.

General William Tope fand bei Barrientos anscheinend größtes Verständnis, denn schon am 23. April trafen fünfzehn nordamerikanische Spezialisten für den Antiguerrillakampf, alles Mitglieder der bekannten Sondereinheit MTT, in der bolivianischen Hauptstadt ein. Sie waren direkt aus Fort Gullick eingeflogen worden und sollten unter dem Kommando von Major Ralph Shelton, genannt *Pappy*, der seine ersten Kriegserfahrungen in Vietnam gesammelt hatte, die Bolivianer im Kampf gegen die Guerrilleros trainieren.

Bald nach ihrer Ankunft nahmen sie achtzig Kilometer nördlich von Santa Cruz in einer verlassenen Zuckerrohrfabrik des Ortes La Esperanza ihre Arbeit auf. Rund 650 *Boinas Verdes*, so die offizielle Bezeichnung der bolivianischen Rangers, wurden in den folgenden Wochen hier ausgebildet und gleich im Anschluß gegen Ches Guerrilla eingesetzt. Ein wahrlich ungleicher Kampf, wenn man bedenkt, daß Che Guevara – einschließlich Tanias und der bolivianischen *resaca* – nicht einmal fünfzig Mann zur Verfügung standen.

Auch der CIA blieb nicht untätig. Seit dem Verhör der beiden Überläufer hatte er angefangen, jede Bewegung der Guerrilleros genau zu registrieren und über jeden einzelnen von ihnen ein Dossier anzulegen. An geeignetem Personal fehlte es ihm dabei nicht. Die Koordinierung der verschiedenen Aufgabenbereiche hatten Edward N. Folgler und John Tilton, beide offizielle Mitarbeiter der nordamerikanischen Botschaft in La Paz, übernommen. Und für die Zusammenarbeit mit den bolivianischen Militärs waren zwei erfahrene Spezialagenten kubanischer Herkunft verantwortlich, die bei allen wichtigen Verhören und Verhaftungen anwesend waren, nämlich Gustavo Villoldo Sampera, der sich Dr. Mario Eduardo González nennen ließ, und Félix Rodríguez, der heute zurückgezogen in Miami lebt.

172

An dem Kesseltreiben gegen Che Guevara waren also Bolivianer und US-Amerikaner gleichermaßen beteiligt. Die nordamerikanische Präsenz war überall, auf diplomatischer, militärischer und geheimdienstlicher Ebene deutlich spürbar, und es ist sicher keine Übertreibung, zu sagen, daß sie entscheidend zur Zerschlagung der Guerrilla im bolivianischen Urwald beigetragen hat.

Die Nachhut

Zu der Nachhut, die Che Guevara wenige Kilometer von Lagunillas entfernt am 17. April mitten im Urwald zurückließ, gehörten neben Tania lediglich sechzehn Männer, davon waren vier Kubaner, einer Peruaner und der Rest Bolivianer. Ein im Grunde recht armseliger Haufen, der, ganz auf sich allein gestellt, nur minimale Chancen hatte, für längere Zeit im undurchdringlichen Dschungel zu überleben, geschweige denn aktiv gegen die bolivianischen Streitkräfte vorzugehen. Viele waren gesundheitlich angeschlagen, manche hatten hohes Fieber, wie Tania zum Beispiel, andere litten an Durchfällen und Koliken. Einige waren vielleicht keine besonders begabten Guerrilleros, wie die vier Männer, die Che als *resaca* bezeichnet hatte. Und natürlich kam es zu inneren Spannungen und offen ausgetragenen Streitigkeiten.

Für Tania war das erst der Anfang eines langen Leidensweges. Die nächsten vier Monate sollten zu einer wahren Hölle werden, in der ihr nichts erspart blieb. Die körperlichen Anstrengungen wurden täglich größer und führten sie häufig an den Rand eines Nervenzusammenbruchs. Da sie mit dem Tempo der Männer nicht Schritt halten konnte, fiel sie oft weit zurück, was die anderen Guerrilleros zunehmend verärgerte. Auch mit dem schweren Rucksack hatte sie ihre Probleme, aber sie durfte sich von niemandem dabei helfen lassen. »Dieses verdammte Weib soll seine Sachen gefälligst selber tragen«, hatte Joaquín, der Chef der Truppe, für alle unüberhörbar angeordnet. Hinzu kamen ihre ständig geschwollenen Beine, die von den viel zu großen Stiefeln wundgescheuerten Füße und die starken Unterleibsschmerzen. Sicher hatte sie sich das Leben im Urwald ganz anders vorgestellt, als sie den Entschluß faßte, sich in »Tania la Guerrillera« zu verwandeln. Unter Umständen war damals sogar ein Hauch von Romantik im Spiel gewesen, und sie hatte davon geträumt, als einzige, von allen bewunderte Frau an der Seite des berühmten Che mit der Waffe in der Hand zu kämpfen. Die Desillusionierung hätte kaum brutaler verlaufen können, denn von Romantik war keine Rede, wohl aber von Entbehrungen, Enttäuschungen und Entwürdigungen.

Als besonders belastend empfanden alle die ewigen Streitereien und Diskussionen zwischen den Kubanern, die sich trotz der gemeinsamen Herkunft und des sie verbindenden Gefühls der Überlegenheit zueinander wie Hund und Katze verhielten. Die hauptsächliche Ursache dafür waren vor allem die mangelnden Führungseigenschaften Joaquíns, der die Nachhut befehligte. Juan Vitalio Acuna, so sein eigentlicher Name, ein Analphabet aus der Sierra Maestra, war als einer der ersten Freiwilligen zu Fidel Castros Revolutionsheer gestoßen und hatte sich schnell durch große Tapferkeit ausgezeichnet, was ihm mehrere wichtige Posten auf Kuba einbrachte. Che kannte ihn sehr gut und hielt ihn für einen seiner besten Männer. In einer ersten Beurteilung, die er am 27. Februar 1967, drei Monate nach Joaquíns Ankunft in Bolivien, über diesen (wie auch über alle anderen Guerrilleros) erstellte, schrieb er: »Wirklich hervorragend. Vielleicht nicht so sehr, was seine Funktion als zweiter Mann der Guerrilla angeht; dafür umso mehr in seiner Rolle als Chef der Nachhut, in der durch ihn ein großartiger Kampfgeist herrscht.«

Doch allmählich machte er, möglicherweise von den Umstellungsschwierigkeiten beeinflußt, eine völlige Veränderung durch. In den Augen der bolivianischen Guerrilleros erschien er als ein grobschlächtiger, fast schon abnormer Mensch, der häufig Wutanfälle bekam und an dem sie Anzeichen einer beginnenden Geistesstörung entdeckten, die von Tag zu Tag offensichtlicher wurde. Auch Che hatte diese Verwandlung an Joaquín beobachtet, denn drei Monate später, am 27. Mai, notierte er: »Deutlicher physischer und moralischer Verfall. Seit eineinhalb Monaten sind wir zwar voneinander getrennt, so daß ich die neueste Entwicklung nicht kenne. Aber nach dem langen Übungsmarsch und der anschließenden Lymphgefäßentzündung konnte ich beobachten, daß seine körperlichen Kräfte merklich nachgelassen hatten und daß sein einst gutmütiger Charakter einer ungeheuren Verbitterung gewichen war.«

Die meisten Auseinandersetzungen hatte Joaquín mit den beiden Kubanern Antonio Sánchez Díaz, alias Marcos, und Israel Reyes Fayas, alias Braulio. Braulio, ein Schwarzer, war ein halber Analphabet wie Joaquín. Er hatte wie dieser in der Sierra Maestra an Fidel Castros Seite gekämpft und stand dem Kommandeur der Nachhut an Unbeherrschtheit anscheinend in nichts nach. Che vermerkte über Braulio in seinem lakonischen Stil: »Absoluter Verfall. Die Konstitution ist wichtiger als die Moral, und mit beidem geht es bei ihm bergab. Er fühlt sich schwach, aber wenn es ums Essen geht, kämpft er wie ein Wahnsinniger. Außerdem ist er vollkommen verhärtet.«

Auch Marcos, der Dritte im Bunde, war bei Che in Ungnade gefallen und als Strafe für seinen wiederholten Ungehorsam in die Nachhut versetzt worden. Daß es zwischen diesen drei Männern ständig zu Streit kam, ist also nicht gerade erstaunlich. Jeder Anlaß war ihnen recht, um sich gegenseitig anzubrüllen und der Feigheit zu bezichtigen. Besonders heftig waren die Auseinandersetzungen zwischen Joaquín und Marcos. Letzterer machte sich ganz unverhohlen über den Chef der Nachhut lustig und nannte ihn einen

Drückeberger und Schlappschwanz, weil er seine Nerven nicht mehr unter Kontrolle hatte und beim kleinsten Geräusch erschrocken aufsprang. Eine Beleidigung, auf die Joaquín mit der durchaus ernst gemeinten Drohung antwortete, daß er ihn eines Tages erschießen werde.

Tania wurde ebenfalls zur Zielscheibe teilweise recht vulgärer Beschimpfungen. So nannte Marcos sie mehr als einmal ein »leichtes Mädchen«, das endlich aufhören solle, die feine Dame zu spielen, und Joaquín behauptete, daß sich Che nur ihretwegen von der Nachhut getrennt habe.

Dafür, wie Tanias alltägliches Leben in der Nachhut Joaquíns aussah, gibt es zwei Augenzeugen, die das Massaker in Vado del Yeso überlebt haben: der eine, Eusebio, weil er Ende Juli desertierte (er selbst behauptet allerdings, er habe sich im Urwald verlaufen); der andere, Paco, weil ihn der CIA-Agent Félix Rodríguez schwer verwundet vor der Erschießung durch das bolivianische Militär rettete. Beide leiden noch heute darunter, von Che zum »menschlichen Abschaum« erklärt und so bis an ihr Lebensende zur Schande verurteilt worden zu sein. Beide leben versteckt in La Paz und meiden ängstlich jeden Kontakt mit Journalisten, die gerade jetzt, da sich Che Guevaras und Tanias Todestage bald zum dreißigsten Mal jähren, immer zahlreicher nach Bolivien strömen.

Auch ich muß lange suchen, bis ich endlich einen von ihnen, nämlich Eusebio Tapia Aruni, aufspüre. Freunde haben sich für mich eingesetzt und ihn überreden können, mit mir zu sprechen. Als Treffpunkt vereinbare ich wieder einmal das Café im Erdgeschoß des Hotels *Sucre* in der Avenida 16 de Julio. Pünktlich um vier Uhr nachmittags erscheint er in der Tür des nur wenig besuchten Lokals: klein, dunkelhäutig, mit einem dünnen Oberlippenbart, einer langen, gebogenen Nase, hohen Backenknochen und einer fliehenden Stirn, das bereits etwas gelichtete, schwarze

Haar streng nach hinten gekämmt. Ein typischer Indio aus dem Altiplano, schweigsam, verschlossen, beinahe abweisend, ein Aymará wie die meisten Einwohner hier in La Paz.

Lautlos setzt er sich zu mir an den Tisch, die Hände nervös im Schoß verknotet, und schaut mich mißtrauisch von der Seite an. Erst nach ein paar Minuten legt er seine Scheu ab und beginnt, anfangs mit einem leichten Stottern, dann immer flüssiger, ungefragt von Che Guevara zu sprechen, der ihn in seinem Tagebuch verdächtigte, mehrere Dosen Kondensmilch gestohlen zu haben, und ihn damit für immer zum Dieb abstempelte. »Es waren einige Dosen Kondensmilch verlorengegangen, und da ich vier leere Dosen bei mir hatte, gab er mir gleich die Schuld und steckte mich zur Strafe in die Nachhut.« Es fällt Eusebio nicht leicht, sich auf Spanisch auszudrücken, denn seine Muttersprache ist Aymará, und das Thema geht ihm scheinbar sehr nahe. Nur mühsam kommen ihm die Worte über die Lippen, mit denen Che ihn und die anderen drei Bolivianer beschimpfte: »Ich war für ihn ein Dieb, Chingolo ein Feigling, und Paco und Pepe nannte er zwei Heuchler und Lügner, weil sie sich angeblich krank gestellt hatten.«

Und wie war Tania? Als er sie zum ersten Mal sah, war er überrascht, um nicht zu sagen schockiert, denn in der Kommunistischen Partei hatte man ihm eingebläut, daß er mit Che Guevara gegen die Bourgeoisie kämpfen würde. Tania aber erschien ihm als der Inbegriff dieser zum Todfeind erklärten gesellschaftlichen Klasse: weiß, gebildet, etwas hochmütig; eine Frau, die viel herumgekommen war und viel gesehen hatte und die zu allem Überfluß ausgesprochen selbstsicher wirkte. »Sie trug immer ein grünes Käppi mit einem Schirm, so wie sie auf Kuba üblich sind; dazu eine olivgrüne Militärjacke mit großen Taschen, enganliegende Jeans und halbhohe Militärstiefel. Manchmal hatte sie auch ein kleines Kopftuch auf, um sich gegen die

Mücken zu schützen. In ihrem Gürtel steckten ein Colt und ein Messer, und um den Hals trug sie stets einen Fotoapparat. So oft sich ihr die Gelegenheit bot, machte sie Fotos, auch von mir.«

Am Anfang sprach Tania wenig mit Eusebio, doch je länger sie in der Nachhut zusammen waren, desto näher kamen sie einander, vor allem, als Joaquín immer häufiger seine Wut und seinen Ärger an den vier Bolivianern der *resaca* ausließ. »Tania machte sich zu unserer Verteidigerin. Sie wagte es sogar, Joaquín vor allen Leuten zur Rede zu stellen, und drohte ihm damit, daß sie alles Che erzählen werde, wenn er nicht endlich aufhöre, uns so schlecht zu behandeln. Und auch den andern beiden Kubanern sagte sie offen die Meinung, wenn diese uns mal wieder als Blitzableiter für ihre schlechte Laune benutzten. Eine wirklich mutige Frau.« Tania erzählte Eusebio, sie habe alles in einem Heft aufgeschrieben, das sie später Che geben werde, damit dieser daraus seine Konsequenzen ziehen könne. Das Heft, das viel Aufschluß über Tanias Leben in jenen Tagen hätte geben können, wurde allerdings nie gefunden. Vielleicht ging es im Urwald verloren, vielleicht liegt es auch auf dem Grund des Masicurí-Flusses, wo sie starb.

»Tania war wirklich eine gute Compañera«, meint Eusebio, während er geräuschvoll seinen Kaffee schlürft und genüßlich an seinem zweiten Sandwich kaut. »Niemals jammerte sie. Hunger und Durst ertrug sie genauso wortlos wie wir, und wenn es in Strömen regnete und sie am nächsten Morgen klitschnaß aus ihrer Hängematte kletterte, hörte man von ihr keine einzige Klage. Selbst wenn es ums Kämpfen ging, stand sie ihren Mann.«

Ihr Gesundheitszustand war jedoch nicht der beste, wie sich Eusebio erinnert. Sie war ständig krank und blieb deshalb oft weit hinter den Männern zurück, was Joaquín zu immer neuen Wutausbrüchen veranlaßte, auf die Tania wiederum mit hysterischen Weinkrämpfen reagierte. Beistand fand sie dann vor allem bei José Restituto Cabrera Flores, alias El Médico oder El Negro, dem peruanischen Arzt, der eine immer wichtigere Rolle in ihrem Leben spielte. Nicht nur, weil er ihr half, die aggressiven Attacken der Kubaner abzuwehren, sondern auch, weil er ihr dann, wenn die Unterleibsschmerzen unerträglich zu werden drohten, die nötigen Medikamente gab, die ihr zumindest vorläufig Linderung gewährten. »Abends, wenn wir unser Lager aufgeschlagen hatten und die Dunkelheit hereingebrochen war, saß sie oft mit El Negro zusammen. Da wir unsere Hängematten nie sehr weit voneinander entfernt aufspannten, konnte ich hören, worüber sie sprachen. Nicht selten ging es dabei um ihre Schmerzen. Sie hatte offenbar Krebs, und er gab ihr Tabletten und versuchte, ihr ein bißchen Mut zu machen.«

Ende Juli desertierte Eusebio gemeinsam mit Chingolo, wurde aber sogleich von der Armee festgenommen. »Ich hab mich bemüht, ihnen so wenig wie möglich zu erzählen«, meint Eusebio zu seiner Ehrenrettung, wobei er mir erstmals direkt in die Augen sieht. Es scheint ihm ungeheuer wichtig zu sein, mich davon zu überzeugen, daß er kein Verräter ist, denn mehr als einmal wiederholt er: »Das können Sie mir wirklich glauben. Dabei wurde ich geprügelt und mißhandelt.« Und was wollten sie von ihm wissen? »Alles Mögliche. Besonders gründlich fragten sie nach Tania: Was für eine Frau sie war, mit welchen Guerrilleros sie sich besonders gut verstand, ob es zwischen ihr und einem der Männer ein Verhältnis gab usw. usf.«

Jetzt ist Eusebio in seinem Redefluß nicht mehr zu bremsen. Es ist, als müsse er sich alles von der Seele reden und das, was er lange verdrängt hat, endlich zurück ins Gedächtnis rufen, wie zum Beispiel die Erinnerung an jenes traumatische Erlebnis Anfang September, als ihn die Militärs zwangen, die Leiche des peruanischen Arztes zu identifizieren: »El Negro, der aus dem Hinterhalt in Vado del

Yeso hatte entkommen können, war zehn Kilometer weiter weg von Soldaten erschossen worden. Ein furchtbarer Anblick. Die Maschinengewehrkugeln hatten seine gesamte linke Körperseite von der Augenbraue bis hin zur Fußspitze durchlöchert. Ich war nur froh, daß ich nicht auch noch Tanias Leiche, die kurz darauf im Fluß gefunden wurde, identifizieren mußte.«

Diese traurige Aufgabe war Paco, dem zweiten Überlebenden aus der Nachhut Joaquíns, vorbehalten. Che machte nach dem Gefecht von Vado del Yeso über ihn folgende Eintragung in sein *Bolivianisches Tagebuch*: »7. September. Das Radio bringt die Nachricht, daß José Castillo (Paco) wertvolle Informationen preisgegeben hat. Man müßte an ihm ein Exempel statuieren.« Dieses Exempel aber wurde nie statuiert, obwohl Paco allem Anschein nach immer darauf gefaßt war. Vor einigen Monaten gestand er dem bolivianischen Journalisten Marco Antonio Miranda: »Es ist nicht meine Schuld, daß man mich nicht umgebracht hat. Offensichtlich muß man erst sterben, wenn man sich von einem ungerechten Urteil befreien will.«

Die Angst, doch noch Opfer einer Vergeltungsaktion durch die Guerrilla zu werden, sowie die Furcht vor den unbequemen Fragen der Journalisten sind der Grund, warum er heute völlig zurückgezogen in dem Stadtviertel El Alto in La Paz lebt und sich seinen Lebensunterhalt mit Gelegenheitsarbeiten als Polsterer und Schreiner verdient. Eusebio bietet sich an, mir bei der Suche nach Paco behilflich zu sein; er weiß, wo er zuweilen arbeitet und glaubt, daß er ihn dazu bringen kann, sich mit mir zu unterhalten. Und so machen wir uns gemeinsam auf den Weg. Leider ohne großen Erfolg: »Paco, nein, der kommt schon seit vierzehn Tagen nicht mehr zur Arbeit. Aber vielleicht finden Sie ihn ja in Pedros Werkstatt.« Dort ist er ebensowenig anzutreffen, und so bleibt mir nichts anderes übrig, als die Suche abzubrechen und auf das zurückzugreifen, was mir Félix Rodríguez, der Paco nach seiner Verhaftung ausführlich verhörte, über ihn erzählt.

In seinem Haus in Miami, in der 215. Straße im Nordosten der Stadt, von militärischen Auszeichnungen und Fotos mit berühmten Politikern und hohen Militärs umgeben, läßt er jenen Moment von vor knapp dreißig Jahren gedanklich wieder auferstehen, als er den verwundeten Paco davor bewahrte, das gleiche Schicksal wie so viele andere Guerrilleros zu erleiden und auf der Stelle von den bolivianischen Soldaten erschossen zu werden. Das geschah natürlich nicht aus Nächstenliebe, sondern um wichtige Informationen über die Guerrilla zu erhalten. Zehn Tage lang verhörte er ihn, zuerst im Krankenhaus von Vallegrande, anschließend in der dortigen Kaserne, und hatte also genügend Zeit, ihn über Che, die anderen Guerrilleros und auch über Tania zu befragen.

Paco berichtete ebenfalls von den vielen Streitigkeiten mit den drei Kubanern, die bei Tania meistens zu Weinkrämpfen, hysterischen Anfällen und der bestimmt nicht ernst gemeinten Aufforderung »Warum erschießt ihr mich dann nicht?« führten. Doch diese Streitigkeiten wurden oft von Tania selbst ausgelöst, die offenbar nicht nur, wie Eusebio mir erzählt hatte, eine »gute Compañera« war, sondern genauso ihre unangenehmen Seiten hatte. Nach Pacos Beschreibung hielt sie sich für etwas Besseres und ließ die Männer das bei jeder sich ihr bietenden Gelegenheit spüren. So schwärmte sie besonders gern von ihren Reisen durch Europa und Argentinien, erging sich in ausführlichen Beschreibungen der Sehenswürdigkeiten, brüstete sich mit den Bekanntschaften, die sie dort gemacht hatte, und gab mit ihren Sprachkenntnissen an. Selbst die verschiedenen edlen Speisen, die sie zu sich genommen hatte, schilderte sie in allen Einzelheiten, bis ihr Joaquín, Braulio und Marcos befahlen, doch endlich den Mund zu halten. Vielleicht

war das alles von ihr als Ablenkung gedacht, die Männer jedoch empfanden ihre Erzählungen als nervtötende Besser-
wisserei und antworteten dementsprechend.

Das Klima in der Nachhut wurde mit jedem Tag ange-
spannter. Die vergebliche Suche nach Che, die zunehmenden Entbehrungen und die ständige Angst, in eine Falle der
Armee zu geraten, gingen an keinem spurlos vorüber. »Paco
erzählte mir, daß eines der größten Probleme das Essen
war.« Félix Rodríguez hat einen Aktenordner herausgeholt,
in dem er alle seine Unterlagen von damals aufbewahrt:
Gesprächsnotizen, Lageskizzen, Protokolle und Fotos,
viele Fotos von den Leichen der gefallenen Guerrilleros,
von Tania, von Che, mit dem er kurz vor seiner Ermordung
sprach, und natürlich von Paco: Paco mit langer, zotteliger
Mähne und wild wucherndem Bart zum Zeitpunkt seiner
Verhaftung, und Paco einige Tage später, frisch rasiert und
mit militärisch kurzem Haarschnitt.

»Ja, das Essen war sicher das größte Problem. Zum
Schluß gab es nur noch Mais, und auch davon jeden Tag ein
bißchen weniger. Gekocht wurde immer abends; zuerst waren es achtzehn Portionen, danach nur noch vierzehn und
dann nichts weiter als ein lächerlicher Happen für jeden.«
Félix Rodríguez blättert in seinen Unterlagen und stößt auf
ein Foto von Joaquín. »Der hier ist im Urwald offenbar völlig durchgedreht. Wie Paco berichtete, war er am Ende ein
wahres Nervenbündel. Überall sah er Gefahren, selbst im
Lager kam er nicht zur Ruhe. Ständig lief er hin und her,
schaute hinter jeden Baum, hinter jedes Gebüsch und
steckte alle mit seiner Nervosität an.«

Die einzige Entspannung boten die Rundfunksendungen,
die sie regelmäßig hörten und auf deren Beginn alle fieber-
haft warteten. Für das Radio, ein kleines Transistorgerät,
war Tania verantwortlich. Es war die letzte Verbindung zur
Außenwelt, der einzige Kontakt, der ihnen geblieben war,
obwohl sie genau wußten, daß viele der Informationen, die

sie auf diese Weise erhielten, nicht stimmten. Das bolivianische Militär hatte nämlich herausgefunden, daß sowohl Joaquíns Nachhut als auch Ches Truppe über einen Rundfunkempfänger verfügte, und ließ darum immer wieder Falschmeldungen in die Nachrichtensendungen der einzelnen lokalen Stationen einfließen, um die Guerrilleros in die Irre zu führen. Diese hatten dann die schwere Aufgabe, zu ermitteln, was stimmte und was erlogen war, und sahen sich dabei oft in tiefe Zweifel gestürzt. Trotzdem mochten sie auf diese Sendungen nicht verzichten, und so schaltete Tania jeden Tag pünktlich um zwölf Uhr zunächst *Radio Havanna* ein. Eine Stunde später folgte *Radio Norte*, dessen Station in dem kleinen Urwalddorf Montero lag, und abends um acht Uhr war *Radio Altiplano* aus La Paz an der Reihe.

Und was erzählte Paco über Tanias Gesundheitszustand? Erwähnte er ihn in irgendeiner Weise? »Natürlich!« Félix Rodríguez blättert ein wenig in seinem Ordner herum, bis er die richtige Stelle gefunden hat. »Jawohl, hier hab ich es!« Und während sein Finger rasch die handgeschriebenen Zeilen entlangfährt, gibt er mir eine kurze Zusammenfassung dessen, was er damals notiert hat. Danach hatte Tania erhebliche gesundheitliche Probleme. Am Ende war sie zum Teil nicht einmal mehr in der Lage, allein zu laufen und brauchte Hilfe. Ohne den Beistand des peruanischen Arztes wäre sie wahrscheinlich zusammengebrochen. Dieser verabreichte ihr immer wieder heimlich Tabletten, die er vor den anderen versteckt hielt, und sprach ihr, so oft er konnte, Mut zu. Trotz ihrer Krankheit überstand Tania alle großen und kleinen Gefechte mit der bolivianischen Armee. Viele ihrer Kampfgefährten blieben in der Zwischenzeit auf der Strecke. Tania aber trotzte bis zu jenem tragischen Augenblick in Vado del Yeso tapfer ihrem Schicksal.

Der Anfang ließ sich für Joaquíns Nachhut noch sehr viel-versprechend an: Zwei Tage, nachdem sie sich von Che und seinen Männern getrennt hatten, erbeuteten sie auf der Straße zwischen Monteagudo und Muyupampa zwei Last-wagen voller Lebensmittel, ohne daß ihnen die Armee auf die Spur gekommen wäre. Doch dies sollte auch der ein-zige Erfolg bleiben, den sie für sich verbuchen konnten. Danach kamen nur noch Rückschläge und Niederlagen.

Am 26. Mai desertierte Julio Velasco Montano, alias Pepe, einer der vier Bolivianer aus der Gruppe der *resaca*, die Che für völlig untauglich gehalten und deshalb in die Nachhut gesteckt hatte. Er stellte sich freiwillig der Armee und erzählte in den Verhören alles, was er über Che, Joa-quín und auch Tania wußte, in der Hoffnung, dadurch eine Strafmilderung zu erwirken. Aber seine Rechnung ging nicht auf. Die bolivianischen Militärs glaubten ihm nicht; sie hielten ihn für einen Spion der Guerrilla und töteten ihn. Wenige Tage darauf wurde seine Leiche in der Stadt Camiri öffentlich zur Schau gestellt. Der amtlichen Version zu-folge war er bei einem Gefecht mit der bolivianischen Ar-mee ums Leben gekommen.

Am 4. Juni gerieten einige von Joaquíns Leuten in der Gegend von Bella Vista unweit der Ortschaft La Laguna in einen Hinterhalt, als sie mit Lebensmitteln in ihr Lager *El Dorado* zurückkehrten. Marcos und der Bolivianer Casildo Condori Vargas, alias Víctor, kamen dabei ums Leben.

Etwa einen Monat später, am 9. Juli, erlitt die Nachhut eine weitere Niederlage. Die Armee spürte ihr Lager *El Do-rado* auf und zwang sie zur Flucht, die Paco später wie folgt beschrieb: »Um keine Spuren zu hinterlassen, beschlossen wir, durch den Yuqui- oder Iquira-Fluß zu waten. Der Marsch war sehr beschwerlich wegen der schweren Last, die wir zu schleppen hatten und die uns in die Nähe der völ-ligen Erschöpfung trieb. Serapio litt am meisten, weil ihn Joaquín kurz zuvor unbeabsichtigt am Fuß verletzt hatte und dieser inzwischen so stark angeschwollen war, daß er mit einem Stock laufen mußte. Während wir Halt machten, lief er deshalb schon weiter, um Zeit zu gewinnen, weil er sonst zu weit hinter uns zurückgeblieben wäre. Als wir wieder einmal eine Ruhepause einlegten, folgten ihm Pedro und Eusebio, um ihm mit seinem Rucksack zu helfen. Doch bevor sie ihn erreichten, rief ihnen Serapio laut gestikulierend zu, daß sie stehenbleiben sollten, weil die Armee uns eine Falle gestellt hatte. Gleich darauf schossen die Soldaten auf Serapio, und er fiel tot zu Boden. Die Truppe aber hatte er davor gerettet, in den Hinterhalt zu geraten.« Mit dem Tod des Bolivianers Serapio, dessen vollständiger Name Serapio Aquino Tudela lautete, war Joaquíns Nachhut auf dreizehn Mann zusammengeschrumpft, Tania eingeschlossen. Doch damit waren die Rückschläge noch keineswegs vorbei.

Am 23. Juli setzten sich Eusebio und Chingolo ab. Ihre Informationen führten anscheinend dazu, daß die Armee die Höhlen entdeckte, in denen Che Waffen, Lebensmittel, verschiedene Dokumente und vor allem Medikamente hatte verstecken lassen. »Ein schwarzer Tag«, schrieb Che am 14. August in sein Tagebuch. »Am Abend kam im Radio die Nachricht durch, daß die Höhle entdeckt wurde. Damit bin ich dazu verdammt, auf unabsehbare Zeit unter Asthma zu leiden.« Und einen Tag später fügte er ergänzend hinzu: »Ein Sender aus Santa Cruz gab beiläufig bekannt, daß die Armee zwei Männer aus der Gruppe von Muyupampa festgenommen hat. Zweifellos handelt es sich um Joaquíns Mannschaft. Sie ist offensichtlich sehr in Bedrängnis geraten, ganz abgesehen davon, daß diese beiden Gefangenen geredet haben.«

Die letzte Niederlage vor dem großen Massaker in Vado del Yeso erlitt Joaquíns Nachhut am 9. August, als sie in der Gegend von Taperillas von der Armee umzingelt wurde und um ein Haar völlig vernichtet worden wäre, hätte sie nicht ein Campesino namens Vicente Soto vorher gewarnt. Nach einem kurzen Feuergefecht, an dem alle, auch Tania, beteiligt waren, zogen sich die Guerrilleros zurück und erklommen einen nahe gelegenen Berghang, während der Bolivianer Pedro ihnen mit seinem Maschinengewehr den Rücken freihielt. Er schoß so lange, bis sein Magazin leer war, und versuchte dann, den Rest der Truppe zu erreichen. Doch auf dem Weg dahin wurde er von einer Kugel getroffen und brach tödlich verwundet zusammen.

Sein Tod war ein besonders schwerer Schlag für die bereits stark dezimierte Truppe. Pedro erfreute sich wegen seiner Gutmütigkeit und seines ungewöhnlichen Charakters bei allen Guerrilleros großer Beliebtheit. *Pan Divino*, »Brot Gottes«, hatte ihn Che deshalb auch getauft, ein Beiname, dem er bis zu seinem Ende alle Ehre machte. Seinem mutigen Einsatz hatten die Männer es zu verdanken, daß sie noch einmal mit heiler Haut davongekommen waren. Selbst Tania hatte dieses Gefecht unverletzt überstanden, obwohl sie mit jedem Tag schwächer und nervöser wurde. Lange würden sie ihrem Schicksal trotzdem nicht mehr entrinnen können, das war ihnen allen bewußt, auch wenn sie es sich nicht offen eingestanden. Doch daß bis zu ihrem tragischen Ende weniger als ein Monat fehlte, ahnte wohl niemand von ihnen.

Tod in Vado del Yeso

Eine der Hauptfiguren in Vado del Yeso war der bolivianische General Mario Vargas Salinas. Er kommandierte die Einheit, die Joaquíns Nachhut vernichtend schlug, und ebenso bereitete er den Hinterhalt vor, in dem nahezu alle Guerrilleros den Tod fanden.

Mehrere Nachmittage lang besuche ich ihn in seinem Landhaus am Stadtrand von Santa Cruz, wo er mir, in seinem Garten unter schattigen Bäumen sitzend, von jenem historischen Geschehen vor knapp dreißig Jahren erzählt. Ich bin einigermaßen verwundert, wie wenig er dem landläufigen, vor allem in Europa verbreiteten Klischeebild eines südamerikanischen Militärs entspricht. Keine Spur von Brutalität, Korruptheit, gockelhaftem Geltungsbedürfnis oder kalter Skrupellosigkeit. Ganz im Gegenteil: Der Mann, der da vor mir sitzt, wirkt vertrauenerweckend und verständnisvoll, ein ziemlich kluger politischer Beobachter, wie sich im Laufe unseres Gesprächs herausstellen wird, der unter Banzer sogar Minister für Arbeit und soziale Entwicklung war und die Dinge heute nicht mehr allein von der Warte des Militärs aus sieht. Er ist ein unvoreingenommener Gesprächspartner, der offen über die Ereignisse von damals spricht und bereitwillig alle meine Fragen beantwortet. Nur um eines bittet er mich gleich zu Beginn, und zwar darum, den Kassettenrekorder auszuschalten, den ich immer bei mir trage. »Ich habe zu viele schlechte Erfahrungen mit Journalisten, vor allem aus den USA, gemacht. Sie können sich gar nicht vorstellen, wie oft die mir das Wort im Mund herumgedreht haben.« Daß er mich überhaupt bei sich empfängt, habe ich meinem Freund, dem bolivianischen Journalisten Edwin Chacón zu verdanken, der damals vom »Kriegsschauplatz« aus berichtete und den General bei vielen seiner Einsätze begleitete.

Für Che und auch für Tania hegt General Vargas Salinas offenbar echte Bewunderung. Da ist nichts zu spüren von Haß und Verachtung, und das, obwohl er doch aus dem gegnerischen Lager kam und die beiden damals seine Todfeinde waren. Vielleicht haben die Jahre seine Sicht der Dinge verändert, vielleicht hat der internationale Kult um die Person Che Guevaras sein Urteil positiv beeinflußt. Vielleicht ist es aber auch der Respekt, den er als Soldat für denjenigen empfinden muß, der bereit ist, bis zum Tod für seine Sache zu kämpfen. »Was für ein riesiger Unterschied zwischen Che und Tania auf der einen Seite und den bolivianischen Kommunisten auf der anderen! Letztere waren lauter Opportunisten, die die Guerrilla im Stich ließen, sobald sie merkten, daß deren Chancen sehr schlecht standen. Tania und vor allem Che jedoch waren bereit, für ihre Ideale zu sterben.«

General Vargas Salinas ist selbst nach so vielen Jahren noch unverkennbar beeindruckt vom Schicksal der beiden Guerrilleros. »Was für eine tragische Geschichte, in die ich damals verwickelt wurde. Zwei Argentinier, beide aus Buenos Aires, die nur wenige Kilometer voneinander entfernt hier im bolivianischen Urwald starben. Fast könnte man glauben, sie suchten den Tod. Tania, weil sie schwer krank war, und Che, weil er von Anfang an wußte, daß seine Sache keine Aussicht auf Erfolg hatte.«

Und welche Rolle genau spielte er damals in Vado del Yeso? »Ich war zu der Zeit Hauptmann und kommandierte eine Einheit der achten Armeedivision, die im Rahmen des

Geheimplanes *Parabanó* gegen die Guerrilla eingesetzt wurde und den Befehl erhalten hatte, sich auf die Zerschlagung von Joaquíns Truppe zu konzentrieren. Diese war angeblich am Zusammenfluß des Masicurí und des Río Grande gesichtet worden, so daß wir beschlossen, unser Lager ganz in der Nähe, bei Vado del Yeso, aufzuschlagen.«

Vor uns auf dem Tisch liegt eine Lageskizze, auf der mir der General die einzelnen Stellen zeigt: die beiden Flüsse, das Militärlager in Las Lajas und Vado del Yeso, eine Furt im Masicurí, die dank des gipshaltigen Untergrunds in der Trockenzeit zu Fuß durchquert werden kann. General Vargas Salinas hat alle örtlichen Gegebenheiten noch exakt im Kopf, obwohl er seitdem nicht mehr dort gewesen ist. Mehrere Monate im Jahr ist die Gegend wegen des lang anhaltenden Regens vollkommen unzugänglich.

»Vado del Yeso liegt in einer Schlucht; damals führte der Fluß nur wenig Wasser, denn es war Ende August, also Trockenzeit, und der Untergrund war ziemlich fest. Der Masicurí macht an dieser Stelle eine Biegung, wie ein Halbmond sieht er aus, und auf beiden Seiten haben sich kleine Strände gebildet und dahinter Dünen aus Sand, Erde und Pflanzen, hinter denen man sich leicht verstecken kann.«

Mehrere Monate lang hielt sich Vargas Salinas mit seinen rund vierzig Mann in dieser Gegend versteckt und ließ jede ungewöhnliche Bewegung aufmerksam beobachten. Ihr besonderes Interesse galt der Hütte eines Campesino namens Honorato Rojas, wo sich die Guerrilleros wiederholt mit Lebensmitteln versorgt hatten. Bereits im Februar war Che zum ersten Mal bei Rojas aufgetaucht, und El Médico hatte sogar seine Söhne behandelt, von denen einer unter Würmern litt und der andere von einer Stute getreten worden war. Und auch später waren sie noch mehrmals wiedergekommen. Was keiner von ihnen ahnte, war, daß Honorato Rojas inzwischen mit der Armee zusammenarbeitete und diese mit Informationen versorgte.

Ende August gab er Hauptmann Vargas Salinas den Hinweis, daß die Guerrilleros wieder einmal in der Nähe seien. Dieser versetzte seine Soldaten sofort in Alarmbereitschaft. »Das war der Augenblick, auf den wir so lange gewartet hatten«, sagt der General, während er sich mit einem Taschentuch kurz über das Gesicht fährt. Es ist recht heiß, das Thermometer zeigt 38 Grad im Schatten, doch ihn scheint die Hitze nicht sonderlich zu stören. Unbeirrt setzt er seine Beschreibung jenes denkwürdigen Ereignisses fort.

»Am Morgen des 30. August tauchte dann tatsächlich der kubanische Guerrillero Alejandro mit einer kleinen Gruppe von Männern bei Honorato Rojas auf. Dieser sollte sie am nächsten Tag zu der nahegelegenen Furt bringen, wo sie Che und seine Kolonne vermuteten. Sie wußten natürlich nicht, daß sich im Innern der armseligen Behausung zwei als Campesinos verkleidete Soldaten versteckten, die ich dorthin beordert hatte.«

Es macht dem General offensichtlich Spaß, die spannendsten Momente des damaligen Geschehens wieder aufleben zu lassen. Kein einziges Detail läßt er aus, nichts bleibt unerwähnt, auch nicht die laut bellenden Hunde, die die Guerrilleros davon abhalten ins Innere der Hütte zu gehen. Honorato Rojas hatte ihnen gesagt, daß drinnen zwei schwer kranke Campesinos lägen, die hohes Fieber hätten, beide gute Freunde von ihm, eine Erklärung, die Alejandro und seine Männer scheinbar zufriedenstellte.

Und wie erfuhr Vargas Salinas von dem Ganzen? Rea, einer der verkleideten Soldaten, lief sofort ins Lager zurück. Fünfeinhalb Stunden brauchte er, um die vierzig Kilometer zwischen Honorato Rojas' Hütte und dem nördlich davon gelegenen Armeelager zurückzulegen, und als er seinem Vorgesetzten dann Bericht erstattete, konnte er sich kaum noch auf den Beinen halten. Dieser aber war vor Aufregung ganz außer sich. »Mein Herz tat einen gewaltigen Sprung. Am liebsten hätte ich einen Freudentanz aufgeführt.« Umgehend gab er das Zeichen zum Aufbruch. Die ganze Nacht über marschierten sie ohne Pause und langten am frühen Morgen des 31. August in Vado del Yeso an, wo Vargas Salinas seine Männer auf die einzelnen Posten verteilte.

»Es ist kaum möglich, die Spannung wiederzugeben, die sich unserer bemächtigt hatte«, bemerkt der General. »Nie wieder habe ich so etwas erlebt. Schließlich tauchte Honorato Rojas auf, um uns mitzuteilen, daß er die Guerrilleros noch am selben Tag zum Fluß führen werde. Gemeinsam bereiteten wir den Hinterhalt vor. Er sollte sich zur Sicherheit ein weißes Hemd anziehen und die Männer bis zur Furt führen, dann aber augenblicklich umkehren, um sich nicht selbst zu gefährden. Unser Plan war perfekt, jede kleine Einzelheit genau durchdacht.«

Allerdings wußten weder Vargas Salinas noch Honorato Rojas, oder gar Joaquín und seine Leute, daß Che Guevara zu diesem Zeitpunkt gerade mal zwanzig Kilometer von ihnen entfernt war und nur einen Tag danach in der inzwischen verlassenen Hütte des Campesino auftauchen sollte, ohne ahnen zu können, welches Schicksal seine Compañeros inzwischen heimgesucht hatte. »Um 18.15 Uhr merkten wir, daß wir uns am Bach in der Nähe des Hauses von Honorato befanden«, schrieb Che am 1. September in sein Tagebuch. »Benigno und Urbano erkundeten die Gegend, konnten aber nichts Außergewöhnliches entdecken, so daß wir beschlossen, das leere Haus, an das man ein paar Baracken für das Militär angebaut hatte, zu besetzen. Alles war verlassen. Wir fanden Mehl, Butter, Salz und mehrere junge Ziegen vor, von denen wir gleich zwei schlachteten. Zusammen mit dem Mehl ergaben sie ein regelrechtes Festmahl, obwohl das Kochen die ganze Nacht in Anspruch nahm.«

Vierundzwanzig Stunden vor diesem unerwarteten Fund vollzog sich, nur wenige Kilometer entfernt, die Tragödie von Vado del Yeso. Vargas Salinas hatte seine Männer genau postiert und ihnen die strikte Anweisung gegeben, sich unter keinen Umständen von der Stelle zu rühren. »Die Vorhut unter Sergeant Barba zählte fünf Mann, die Nachhut unter Leutnant Barbery sechs. Ich selbst kommandierte die Kerntruppe mit einundzwanzig Soldaten. Wir hatten sechzig Stück Munition für unsere Mausergewehre, zweihundert für die Karabiner M-1 und 1500 für die leichten Maschinengewehre.«

Der Tag zog sich endlos hin, wie der General berichtet. Die Hitze wurde immer drückender und der Durst nahm ständig zu. Trotzdem war es den Soldaten streng verboten, zum Trinken an den Fluß hinunterzugehen. Langsam begannen sie zu zweifeln: Hatten die Guerrilleros etwa Verdacht geschöpft und einen anderen Weg eingeschlagen? Waren sie möglicherweise wieder umgekehrt? Oder hatte Honorato Rojas sie vielleicht sogar verraten? Dann, um halb sechs Uhr nachmittags, hörte Vargas Salinas plötzlich die aufgeregte Stimme eines Soldaten: »Herr Hauptmann, da sind die Guerrilleros!« Und tatsächlich sah er in der Ferne, erst nur schemenhaft, dann immer deutlicher, eine Gruppe Männer näherkommen, die in einer Distanz von ungefähr dreihundert Metern anhielten, um auf einen der ihren, der ein Stück zurückgeblieben war, zu warten. »Erst später erfuhr ich, daß es sich dabei um Tania handelte«, fügt der General erläuternd hinzu, wobei er ungeachtet der 38 Grad im Schatten von seinem dampfenden Kaffee trinkt, den das aufmerksame Dienstmädchen stets nachschenkt, wenn die Tassen geleert sind.

»Ich fürchtete schon, daß uns die Dunkelheit überraschen könnte. Aber langsam setzten sie sich wieder in Bewegung, und ich konnte sie besser sehen. Elf Mann waren es mit dem Anführer insgesamt. Etwa hundertundfünfzig Meter vor der Furt blieben sie erneut stehen, und jetzt war auch Tania ganz klar zu erkennen. Deutlich unterschied sie sich von den Männern mit ihren schwarzen Bärten. Klein, zierlich, dazu das weithin leuchtende, fast weiße Gesicht … Meine Soldaten bekamen förmlich Angst vor ihr. Ein paar von ihnen hatten im Traum eine weibliche Stimme gehört, die ihnen befahl, die Waffen niederzulegen, und nun glaubten sie natürlich, daß es Tania war, die im Schlaf zu ihnen gesprochen hatte.«

Was danach geschah, dauerte zwanzig, höchstens dreißig Minuten. Die kleine Truppe marschierte weiter und machte unmittelbar vor der Furt ein drittes Mal Halt. Vielleicht trauten sie dem Frieden nicht; vielleicht wollten sie sich auch nur von Honorato verabschieden, der jetzt lautlos im Dickicht verschwand. Salinas Vargas verlor die Gruppe nicht einen Moment lang aus den Augen. An der Spitze ging ein großer, kräftiger, dunkelhäutiger Mann, ganz offensichtlich Braulio, und stieg als erster ins Wasser. »Worauf warten Sie noch?« fragte Leutnant Barbery ungeduldig seinen Hauptmann, doch dieser starrte gebannt auf den Mann, der mit einem Maschinengewehr der Marke Browning in der linken Hand und einer Machete in der rechten durch den Fluß watete, während die anderen hinter einigen Felsbrocken Deckung bezogen hatten, um ihm Feuerschutz geben zu können. »Es war wie in einem Film«, meint General Vargas Salinas. »Alles spielte sich im Zeitlupentempo ab; geradezu gespenstisch. Sogar den angehaltenen Atem und das heftige Herzklopfen der Soldaten glaubte ich zu hören.«

Als Braulio das andere Ufer erreicht hatte, bewegte er kurz die Beine, um Wasser und Kies aus seinen Stiefeln zu schütteln. Dann blickte er zu der Stelle hinüber, an der sich Vargas Salinas, nur acht oder zehn Meter von ihm entfernt, versteckt hielt. Wieder forderte Leutnant Barbery seinen Vorgesetzten auf zu schießen. Doch dieser wartete, bis die anderen Guerrilleros die Furt im Gänsemarsch zu durchqueren begannen. Auf der Lageskizze zeigt mir General Vargas Salinas noch einmal die genaue Stelle, und zeichnet mit einem Bleistift die Positionen der einzelnen Guerrilleros ein: vorn Joaquín, dahinter Tania, dann Paco und die anderen. »Erst als die ersten drei das gegenüberliegende Ufer erreicht hatten und alle anderen im Wasser waren, drückte ich ab und gab damit das Signal zum Angriff.«

Im Nu war die Luft von den Schüssen der Soldaten und der sich verteidigenden Guerrilleros erfüllt, die viel zu spät merkten, daß sie in einen Hinterhalt geraten waren. Als der Fluß die ersten Körper mit sich forttrug, gab Vargas Salinas seinen Männern den Befehl, ihre Stellungen zu verlassen und die Verfolgung aufzunehmen. Etwa sechshundert Meter rannten sie, unaufhörlich vom Ufer aus auf die Fliehenden schießend, hinter den Guerrilleros her. Dann war der ganze Spuk genauso plötzlich wieder zu Ende, wie er begonnen hatte, und es galt, die Toten aus dem Wasser zu holen. »Die Soldaten waren am ganzen Ufer verteilt und standen in Gruppen um die toten Guerrilleros herum. Ich befahl ihnen, die Leichen zusammenzutragen. Auf unserer Seite hatten wir nur einen einzigen Verlust zu beklagen. Es war der Soldat Vaca, der von Braulio tödlich getroffen worden war.«

Erst jetzt legt General Vargas Salinas eine Pause ein. Sicher hat er schon öfter über die Ereignisse von damals gesprochen; trotzdem klingt es, als sei es das erste Mal, so sehr ist er bei der Sache. Seine mitreißende Schilderung hat sowohl ihn als auch mich die Uhrzeit vergessen lassen. Keiner von uns hat bemerkt, daß inzwischen die Dunkelheit hereingebrochen ist, und so beschließen wir, das Gespräch am nächsten Tag fortzusetzen.

Am folgenden Abend sitzen wir also wieder im Garten des Generals beisammen, vor uns eine Schale mit Leckereien, die das Dienstmädchen für uns aufgetragen hat: Maisringe, *cunapés* und *masacos*, alles typische Spezialitäten aus der Gegend. Dazu gibt es, wie schon am Tag zuvor, heißen schwarzen Kaffee. Vargas Salinas nimmt den Gesprächsfaden sofort wieder auf und knüpft nahtlos an seinen Bericht vom Vortag an. »Es war schon ziemlich spät, und der Himmel spendete nur noch wenig Licht, als man mir zu meiner nicht geringen Überraschung einen verwundeten Gefangenen brachte, einen Mann von mittlerer Statur, der mit Sicherheit Bolivianer war.«

Erst im Laufe des anschließenden Verhörs fand Vargas Salinas heraus, daß es sich bei diesem Bolivianer um Paco handelte, der, nach der Zahl der Guerrilleros befragt, erklärte, außer ihm seien es neun gewesen. Der Hauptmann war über diese Angabe einigermaßen verwundert, denn bis dahin hatte er angenommen, daß ihm Ches Kolonne in die Falle gegangen war, die aus vierundzwanzig Mann bestehen sollte. Über Joaquíns Nachhut aber wußte er kaum etwas, und so verlangte er von Paco, die Leichen zu identifizieren, was dieser, in der Hoffnung, sein Leben retten zu können, auch sogleich tat. Indem er mit dem Finger auf die nebeneinander liegenden Körper zeigte, sagte er: »Joaquín: Anführer der Truppe, Kubaner; Braulio: sein Stellvertreter, Kubaner; Alejandro: Einsatzleiter, Kubaner; Moisés Guevara: Bergarbeiter, Bolivianer; Polo: Bergarbeiter, Bolivianer; Maimura, Arzt, Bolivianer; Walter: Bolivianer. Hier fehlen El Negro und Tania.«

Der peruanische Arzt sollte drei Tage darauf, am 3. September, von bolivianischen Rangers gestellt und nach einem heftigen Gefecht getötet werden. Tanias Leiche wurde erst eine Woche später geborgen. Doch bevor sich Vargas Salinas nach ihnen auf die Suche machen konnte, mußte er sich um die gefallenen Guerrilleros und deren Habseligkeiten kümmern. Es war mittlerweile stockfinstere Nacht. Hunger, Durst und Müdigkeit plagten ihn und die Soldaten.

Trotzdem machte er sich die Mühe, im Schein einer Taschenlampe den Inhalt der drei Rucksäcke, die gerettet worden waren, zu untersuchen.

Der erste hatte Joaquín gehört und enthielt neben mehreren Fotos ein Tagebuch in recht gutem Zustand, das er wegen der schwer lesbaren Handschrift und der dürftigen Beleuchtung jedoch nicht entziffern konnte. Im zweiten fand er mehrere, noch nicht entwickelte Rollfilme, die vermutlich von Braulio stammten. Der dritte aber war der Rucksack des peruanischen Arztes, den dieser in der Hitze des Gefechts abgeworfen haben mußte, um schneller fliehen zu können. In ihm entdeckte der General wie gesagt das Tagebuch mit dem Hinweis auf Tanias tödliche Erkrankung. »Am nächsten Tag schickte ich alles ins Hauptquartier nach Vallegrande. Dort ist es aber seltsamerweise nie angekommen. Die beiden Tagebücher sind seitdem verschwunden, und die Rollfilme fielen in die Hände eines gewissenlosen Fotografen, der die Aufnahmen hinterher an alle möglichen Leute verkaufte.« Bis auf den heutigen Tag ärgert sich Vargas Salinas, daß er nicht wenigstens die beiden Tagebücher behalten hat. »Wenn man allein an den historischen Wert denkt! Aber jetzt ist es sinnlos, darüber zu klagen.«

Früh am nächsten Morgen begann der Abtransport der Leichen, keine leichte und gewiß keine angenehme Arbeit. Die Soldaten mußten sie auf eilig angefertigten Tragen fünfundvierzig Kilometer weit durch das unwegsame Gelände schleppen. »Für mich war diese Aufgabe viel schwieriger und anstrengender als das ganze Gefecht am Vortag«, meint der General und schildert mir in allen Einzelheiten die aufgequollenen Leichen, die ihm und den Soldaten wie riesige Ungeheuer vorkamen. Zum Glück liehen ihnen Campesinos ein paar Maulesel für den letzten Abschnitt des Marsches. Diese hatten allerdings ebenfalls erhebliche Mühe, die schwere Last an ihr Ziel zu bringen.

Der Rest der Einheit wurde damit beauftragt, nach weite

ren Guerilleros sowie nach Tania zu suchen. Einige Tage später, am 6. September, erhielt Vargas Salinas, der inzwischen nach Vallegrande zurückgekehrt war, die Nachricht, daß man ihre Leiche am Ufer des Río Grande gefunden hatte. Sie war, den Wunden nach zu urteilen, bereits während der Schießerei in Vado del Yeso getötet worden. Eine Kugel hatte ihren rechten Arm durchbohrt und war tief in ihren Oberkörper eingedrungen. Tagelang war ihre Leiche dann flußabwärts getrieben, bis sich der Rucksack auf ihrem Rücken schließlich in einem Gebüsch am Ufer verhakte.

Der General machte sich sofort in einem Hubschrauber auf den Weg. Nur mit Schauder kann er an das zurückdenken, was ihn am Fundort erwartete: »Die Leiche befand sich in einem Zustand hochgradiger Verwesung und verbreitete einen entsetzlichen Gestank. Ihr Gesicht oder das, was davon übrig geblieben war, wies zahlreiche Bißspuren auf, die wahrscheinlich von Fischen stammten. Außerdem fehlte ihr ein Auge.« In ihrem Rucksack fand er unter anderem einen, von einer Kugel durchlöcherten Aluminiumteller, mehrere Traveller-Schecks und ein paar wasserdicht verpackte Kassetten, die er in Vallegrande auf Befehl seiner Vorgesetzten dem CIA übergab. Dieser unterzog sie einer wochenlangen Prüfung, weil auf ihnen geheime Botschaften und Informationen vermutet wurden. Doch alles, was die Agenten entdecken konnten, waren argentinische Volkslieder, sonst nichts. Tania war ihrer großen Leidenschaft, der Folklore Lateinamerikas, bis zu ihrem Ende im bolivianischen Urwald treu geblieben.

Noch am selben Tag ließ der damalige Hauptmann Vargas Salinas Tanias Leiche nach Vallegrande überführen, wo er kurz darauf von Präsident Barrientos zum Major befördert wurde und wo ihm seine Untergebenen den Beinamen »Löwe von Masicurí« verliehen, auf den er bis heute mindestens genauso stolz ist wie auf seine militärischen Auszeichnungen.

Die Vernichtung von Joaquíns Truppe und Tanias Tod waren bald in aller Munde. Che Guevara aber wollte lange Zeit nicht daran glauben und hielt die Informationen für Falschmeldungen, mit denen man versuchte, die Kampfmoral seiner Guerrilleros zu untergraben. So schrieb er am 2. September in sein Tagebuch: »Das Radio brachte eine schlimme Nachricht über die Vernichtung einer Gruppe von zehn Männern unter der Führung eines Kubaners namens Joaquín in der Gegend von Camiri. Doch nur *Voice of America* sendete diese Meldung. Die lokalen Stationen erwähnten nichts davon.«

Einen Tag später machte er folgenden Eintrag: »Wieder brachte *Voice of America* einen Bericht über Kämpfe mit der Armee. Diesmal wurde José Castillo als einziger Überlebender einer zehnköpfigen Einheit genannt. Da dieser Castillo niemand anderes als Paco, einer aus der *resaca*, ist und der Trupp angeblich am Masicurí aufgerieben wurde, scheint mir das Ganze eine faustdicke Lüge zu sein.«

Noch am 4. September zweifelte er an der Richtigkeit der Meldung. »Das Radio bringt die Nachricht von einem Toten bei einem erneuten Zusammenstoß in Vado del Yeso, in der Nähe jenes Ortes, wo die zehn Mann starke Gruppe vernichtet wurde, was die Geschichte mit Joaquín wie eine einzige Lüge erscheinen läßt. Andererseits machten sie genaue Angaben über El Negro, den peruanischen Arzt, der in Palmarito getötet und im Anschluß daran nach Camiri überführt wurde. Bei seiner Identifizierung arbeitete El Pelado [Ciro Bustos] mit. Sein Tod scheint zu stimmen. Die anderen Todesfälle aber machen den Eindruck, erfunden zu sein, es sei denn, es handelte sich dabei um die Mitglieder der *resaca*.«

Erst am 8. September schien er zumindest Tanias Tod akzeptiert zu haben, denn in der ihm eigenen nüchternen und knappen Sprache machte er kommentarlos folgende Eintragung: »Das Radio sendete die Nachricht, daß Barrientos bei der Beerdigung der Guerrillera Tania, die ein christliches Begräbnis erhielt, anwesend war.« Kein Wort der Trauer rang Che sich ab, kein Wort der Würdigung wie bei den anderen gefallenen Kameraden.

Sollte das ein Zeichen seiner tiefen Enttäuschung gewesen sein? Kannte er etwa die Wahrheit über die dreifache Agentin? Oder war die scheinbare Kälte nur ein Schutzschild, der ihm half, die unmenschlichen Lebensbedingungen im Urwald zu ertragen? Nie werden wir eine Antwort auf diese Fragen finden, denn Che war bis zu seinem Tod ein im höchsten Maße verschwiegener Mensch. In seinem Tagebuch notierte er nur das, was er an die Nachwelt weitergeben wollte. Seine Gefühle hielt er bis zum letzten Tag für jeden anderen unzugänglich in seinem Innern verborgen.

Für die Ereignisse vom 6. und 7. September 1967 in Vallegrande, gibt es einen besonders verläßlichen Zeugen, und zwar meinen Freund und Kollegen Edwin Chacón, der Tania in seiner Eigenschaft als Korrespondent der Tageszeitung *Presencia* im Presseamt des Präsidenten zwei Jahre zuvor kennengelernt hatte und in den uns hier interessierenden Monaten als »Kriegsberichterstatter« vor Ort war. Er begleitete, wie erwähnt gerade einundzwanzig Jahre alt, die achte Armeedivision bei ihren wichtigsten Einsätzen und hoffte, sich als junger Journalist auf diese Weise die ersten Sporen verdienen zu können.

Konkurrenz brauchte er keine zu fürchten, denn es gab kaum jemanden, der bereit war, derartige Entbehrungen auf sich zu nehmen. Edwin Chacón aber scheute keine Anstrengung. Schon bald hatte er sich das Vertrauen hoher Militärs erworben, mit denen er nicht selten ganze Nächte lang zechte und die ihn, wie Hauptmann Vargas Salinas zum Beispiel, mit wichtigen Informationen versorgten. Ausgesprochen nützlich war für ihn die Freundschaft mit

Oberst Arnoldo Saucedo, dem damaligen Geheimdienstchef der achten Armeedivision, der ihm Zutritt zu zahlreichen Gesprächen und Offiziersberatungen verschaffte, an denen Zivilisten sonst nicht teilnehmen durften.

Obwohl mittlerweile fast dreißig Jahre vergangen sind, ist Edwin Chacón noch kein einziges Mal an den Schauplatz von einst zurückgekehrt. »Die Arbeit, die vielen Verpflichtungen, die großen Entfernungen, die schlechten Straßenverhältnisse. Hunderte von Ausreden«, sagt er leise lächelnd. »Aber wie wär's, wenn wir einmal zusammen hinführen?«

Und so machen wir uns denn Ende Januar auf den Weg. Von Santa Cruz aus, wo Edwin Chacón heute lebt, fahren wir zunächst einhundertfünfzig Kilometer nach Osten, in Richtung Cochabamba, und dann gen Süden bis nach Vallegrande.

Vallegrande

Die Fahrt ist wirklich beschwerlich. Schon das erste Stück erweist sich wegen der vielen Schlaglöcher als überaus kräftezehrend. Stellenweise hat der Regen die dünne Asphaltschicht völlig weggespült und gefährlich tiefe Krater geschaffen. Nach der Abzweigung in Richtung Süden liegt eine steil ansteigende Schotterstraße vor uns, die durch eine menschenleere, unwirtliche Gegend führt. Ab und zu taucht ein winziges Dorf oder ein Anwesen auf, die in der Chronik der Guerrilla eine wichtige Rolle gespielt haben, wie Samaipata, Mairana, Mataral, Lagunillas oder Trigal. Fünf Stunden dauert die Fahrt, genügend Zeit, um Edwin Chacón nach Tanias Leiche und den damit verbundenen Umständen auszufragen.

»Ich war damals in Vallegrande und hörte natürlich sofort davon, daß man Tanias Leiche gefunden hatte. Hauptmann Vargas Salinas selbst hatte es mir gesagt, bevor er losflog, um sie zu holen. Gespannt wartete ich auf seine Rückkehr und machte mich dann auf den Weg ins Krankenhaus, wo sie angeblich aufgebahrt lag. Der Schock hätte nicht größer sein können. Ja, es war Laurita, Laura Gutiérrez, daran gab es keinen Zweifel. Doch nur wenig erinnerte an die hübsche, sympathische und gebildete Argentinierin aus dem Presseamt, mit der ich auch außerhalb der Arbeitszeit so manche Stunde verbracht hatte. Die Leiche war völlig entstellt, sie hatte kaum noch Haare, die eine Augenhöhle war leer, und das Fleisch löste sich bereits von den Knochen.«

Eine Autopsie wurde seines Wissens an der Leiche nicht

vorgenommen. Der einzige Arzt am Ort, Dr. Martínez, ein guter Freund von Edwin Chacón, hatte ihm gegenüber jedenfalls nie etwas davon erwähnt. Wohl aber versuchte Quintanilla, der damalige Geheimdienstchef der Regierung, der Jahre später in Hamburg, wo er als Konsul arbeitete, von Che Guevara-Anhängern ermordet wurde, Tanias Fingerabdrücke abzunehmen, allerdings ohne Erfolg. Die Haut war viel zu aufgeweicht und bildete eine schwammige Masse. Eindeutig identifiziert wurde Tania schließlich von zwei Personen, die in den letzten Monaten mit ihr zusammen gelebt hatten: von dem Argentinier Ciro Bustos, der sich immer noch in bolivianischer Gefangenschaft befand und erst im Dezember 1970 freigelassen werden sollte, und von Paco, der bekanntlich als einziger den Hinterhalt in Vado del Yeso überlebte.

Inzwischen haben wir auch die letzte Wegstrecke zurückgelegt und sind in Vallegrande angekommen, einem Dorf am Ende der Welt. Hier scheint die Zeit stehengeblieben zu sein: schmale, kopfsteingepflasterten Straßen, alte, verfallene Häusern und ein öder, verlassen daliegender Marktplatz, der allein von einem versiegten Brunnen und der Statue irgendeines Nationalhelden geschmückt wird. Ein Ort voller Trauer und Melancholie, auf dem eine Stimmung des Schweigens lastet. Dazu kommen unweigerlich der düstere, verhangene Himmel und der langsam einsetzende Regen.

»Es ist mir unbegreiflich, wie ich es damals so lange in diesem Nest habe aushalten können«, meint Edwin Chacón, während wir in dem einzigen geöffneten Restaurant am Marktplatz eine heiße Suppe löffeln (etwas anderes hat der Besitzer nicht anzubieten). »Hier hat sich wirklich überhaupt nichts verändert. Die dunkel gekleideten Leute, die maroden Gebäude, die den Berg hinaufkletternden, plötzlich im Nichts endenden Gassen, alles ist wie damals.«

Neugierig beobachten uns die wenigen Gäste an den Nachbartischen. Die Frage, wer wir sind und was wir in ihrem Dorf wollen, steht ihnen deutlich ins Gesicht geschrieben. Dabei müßten sie sich in letzter Zeit daran gewöhnt haben, Fremden zu begegnen, Anthropologen und Ausgrabungsexperten aus Argentinien und Kuba, die hier nach den sterblichen Überresten Che Guevaras suchen.

Es ist zwei Uhr nachmittags geworden, und trotz des immer stärkeren Regens laufen wir zu dem alten, verlassenen Friedhof am Ortsrand. Der Friedhof trägt unverkennbare Spuren menschlicher Nachlässigkeit und witterungsbedingten Verfalls. Die Außenmauer aus Backstein ist zerbröckelt und zum Teil völlig eingestürzt, das schwere eiserne Tor hängt schief in den Angeln, und die Gräber wirken trist und ungepflegt. Nur ein paar von ihnen sind, wie es sonst in Bolivien durchaus üblich ist, mit bunten Plastikblumen geschmückt; auf den meisten steht ein einfaches Kreuz und sonst nichts. Die größeren Grabmale und Skulpturen wirken ebenfalls recht traurig und ärmlich.

Edwin Chacón weiß noch genau, wo der Weg entlangführt. Er hat sich damals jedes Detail fest eingeprägt. »Zunächst muß man dem breiten Weg, der mitten durch den Friedhof geht, bis zu einer kleinen Gabelung folgen. Von da aus gesehen ist es das erste Grab auf der rechten Seite.« Als wir schließlich davorstehen, kann ich es anfangs kaum glauben. »Bist du dir auch ganz sicher? Ist das wirklich Tanias Grab?« frage ich ihn eines um das andere Mal. In La Paz hatte man mir erzählt, daß ihre Grabstätte stets von Blumen und farbenprächtigen Kränzen bedeckt sei. Vor mir aber befindet sich nur ein kleiner, von hohen Gräsern überwucherter Erdhaufen mit einem primitiven, aus zwei dicken Ästen gefertigten Kreuz. Kein Name, keine Inschrift, nichts.

Um ganz sicher zu gehen, machen wir uns auf die Suche nach dem Friedhofswärter, den wir endlich in einer kleinen

Hütte ganz in der Nähe entdecken. Domingo Campos, so sein Name, arbeitet seit über zwanzig Jahren hier, doch nicht als Totengräber, denn Beerdigungen finden auf dem alten Friedhof schon lange nicht mehr statt, sondern als Aufpasser. Schließlich müsse alles seine Richtigkeit haben, erklärt er uns, auch wenn sich so gut wie niemand mehr hierher verirre.

Als er vom Grund unseres Kommens erfährt, ist er sofort bereit, uns zu begleiten. Selbstverständlich wisse er, wo Tania begraben liege. Die genaue Stelle habe ihm ein Soldat aus Vallegrande gezeigt, der bei der Beerdigung dabei gewesen sei. Ohne große Umschweife stülpt er sich zum Schutz vor dem Regen einen weißen Plastikponcho mit der Aufschrift der Stadtverwaltung von Vallegrande über den Kopf und führt uns an dieselbe Stelle, die Edwin Chacón eine halbe Stunde zuvor als Tanias Grab identifiziert hat. »Hier ist es. Aber weshalb wissen Sie eigentlich davon? Sind Sie etwa vom Militär?« Edwin Chacóns Erklärung, daß er damals als Journalist hier in Vallegrande tätig war, beruhigt ihn sofort wieder, und zufrieden zieht er, mit einem kleinen Trinkgeld in der Tasche, von dannen.

»Tania war die einzige, die ein richtiges Begräbnis erhielt«, erinnert sich Edwin Chacón, während wir noch ein bißchen auf dem Friedhof spazierengehen. »Oberst Saucedo hatte ein weißes Tuch, weiße Kleidung, Kerzen und sogar einen Holzsarg besorgt sowie die Direktorin und einige Lehrerinnen der Schule gebeten, alles für die Totenwache vorzubereiten. Scheinbar hatten vor allem die Frauen der hohen Offiziere darauf gedrungen, daß Tania eine christliche Bestattung erhalten müsse. Für sie war es einfach unvorstellbar, daß sie wie die anderen Guerrilleros in einem Massengrab enden sollte. Und so bemühte sich Oberst Saucedo denn, bei General Barrientos die entsprechende Genehmigung zu erwirken.«

Als Journalist daran gewöhnt, jedes Detail genau zu registrieren, fällt es Edwin Chacón nicht schwer, sich selbst nach fast dreißig Jahren noch an alle Einzelheiten zu erinnern. Sogar eine Reihe von Namen hat er noch im Gedächtnis. Die Direktorin, die für die kurze Totenwache verantwortlich war, hieß Dora Cárdenas und lebt, wie wir später erfahren, als Pensionärin bis auf den heutigen Tag in Vallegrande. Und der Name des Unteroffiziers, der mit der Sicherung des Sarges beauftragt wurde, lautete Araníbar. »Man befürchtete nämlich, daß die Leiche gestohlen werden könne«, fügt Edwin Chacón erklärend hinzu.

»Nach der Totenwache wurde der Sarg dann in einem Jeep hierher auf den Friedhof gebracht. Einige Leute behaupten, daß zuvor sogar noch eine Messe für sie gelesen wurde. Aber daran kann ich mich nicht erinnern, und ich halte es auch für ziemlich unwahrscheinlich. Zwei Dinge werde ich aber nie in meinem Leben vergessen: den entsetzlichen Gestank, der aus dem Sarg zu uns, die wir ein paar Meter entfernt standen, herüberdrang, und den ganzen Ärger, den es im Anschluß wegen der militärischen Ehren gab, die man Tania an ihrem Grab erwiesen hatte.«

Verblüfft schaue ich ihn an. Militärische Ehrenbezeigung für Tania? Das muß wohl ein Mißverständnis sein. »Nein, nein, sie wurde wirklich mit militärischem Zeremoniell beerdigt. Auf dem Friedhof waren nämlich neben einer kleinen Formation gemeiner Soldaten auch die Garnisonschefs von Vallegrande zugegen. Ich war, abgesehen von einer kleinen Gruppe von Schülern und Lehrerinnen, der einzige Zivilist. Die bolivianische Armeeführung, vor allem aber General Barrientos, hat das natürlich sehr gestört. Barrientos gab sogar ein offizielles Dementi in der Presse ab. An der Tatsache als solcher konnte er allerdings nichts mehr ändern.«

Bevor wir den Friedhof mit völlig durchweichten Schuhen und schlammbespritzten Hosenbeinen wieder verlassen, nimmt mich Edwin Chacón beim Arm und führt mich ein paar Meter von Tanias Grab weg, um mir ein weiteres Geheimnis zu zeigen. »An dieser Stelle haben wir einige Tage vor Tania Joaquín begraben. Niemand weiß etwas davon. Aber die hiesigen Offiziere waren der Meinung, daß er als Kommandeur der Nachhut eine standesgemäße Beerdigung verdient hatte.«

Mittlerweile ist die Dunkelheit hereingebrochen. Es hat aufgehört zu regnen, und unter dem sternenklaren Himmel breitet sich in der eisigen Kälte der Nacht eine geradezu gespenstische Stille aus. Ursprünglich hatten wir in Vallegrande übernachten wollen, aber beide spüren wir das dringende Bedürfnis, diese Welt der düsteren Erinnerungen hinter uns zu lassen. Und so beschließen wir, trotz der fortgeschrittenen Stunde die Rückfahrt in das tropisch heitere Santa Cruz anzutreten.

In meinem komfortablen Zimmer im Hotel *Asturias* auf der Moldes-Straße wird mir dann mit einem Mal bewußt, daß meine Reise zu Ende ist. Mehrere Monate lang habe ich versucht, das Leben dieser widersprüchlichen, faszinierenden und auch tragischen Frauengestalt zu rekonstruieren. Ich bin ihren Spuren von Argentinien über Deutschland und Kuba bis nach Bolivien gefolgt und habe mich darum bemüht, ein wenig Licht in das Dunkel ihrer Biographie zu bringen und die zahlreichen Ungereimtheiten in ihrem Handeln aufzudecken. Manches wird wohl auch weiterhin ungeklärt bleiben. Doch eines kann als sicher gelten: Tania war nicht die selbstlose, aufopfernde Gefährtin des berühmten Guerrilleros, wie sie so oft und so gern dargestellt wird, sondern eine raffinierte Agentin, die alle Menschen in ihrer Umgebung über ihren wahren Charakter täuschte – auch den großen Che Guevara.

Dabei gab es so vieles, was sie miteinander verband: Beide stammten aus Argentinien und fühlten sich ihr Leben lang als Argentinier; beide waren leidenschaftliche Ver-

fechter der Revolution; beide waren ungeduldig, draufgän-
gerisch und liebten das Abenteuer. Wie anders hätte ihre
Zukunft aussehen können, wenn Tania keinen Verrat an
Che geübt hätte. Die Tatsache, daß sie heute beide in Vallegrande begraben liegen – sie auf dem alten Friedhof des
Dorfes, er unter der ehemaligen Landepiste –, scheint sich
einer besonderen Ironie des Schicksals zu verdanken.

Am Ende ihres Lebens versuchte Tania, das Rad der Zeit
zurückzudrehen. Doch wie wir alle sah sie sich der bitteren
Erkenntnis ausgesetzt, daß das einmal Geschehene nicht so
leicht wieder ungeschehen gemacht werden kann. Daran
konnten weder ihre späte Reue noch der lange Leidensweg
in den letzten Monaten etwas ändern. Keine dreißig Jahre
war sie alt, als sie, den Tod vor Augen, einen letzten, unvoll-
endeten Brief an ihre Mutter schrieb. Dieser Brief wurde
später, wasserdicht verpackt, zwischen ihren übrigen Habseligkeiten gefunden:

»Liebe Mutter, ich habe Angst. Ich weiß nicht, was aus
mir und all den anderen werden soll. Wahrscheinlich
nichts. Die Furcht steckt tief in mir, und bei jeder Gelegenheit weine ich. Ich versuche, mich daran zu erinnern, was
Mut, was Courage ist. Bist du vielleicht ›Mutter Courage‹?
Ich auf jeden Fall bin nicht ›Tochter Courage‹. Ich bin
nichts. Ich bin kein Mädchen, bin keine Frau, sondern nur
ein kleines, verängstigtes Kind, das sich in irgendeine Ecke
verkriechen möchte, um von niemandem gefunden zu werden. Am liebsten würde ich mich davonschleichen und verstecken, wenn ich nur wüßte, wo ...«

Quellenangaben

Außer den persönlichen Recherchen des Autors wurden vor allem folgende Quellen verwendet:

Ernesto Che Guevara: El Diario del Che en Bolivia (Bolivianisches Tagebuch), 7. November 1966 bis 7. Oktober 1967, mit einem Vorwort von Fidel Castro. – Montevideo: Sandino, 1968. (Eine deutsche Ausgabe des Buches erschien ebenfalls 1968 beim Trikont Verlag in München.)

Eberhard Panitz: Der Weg zum Rio Grande. Ein biographischer Bericht über Tamara Bunke. – Berlin: Verlag Neues Leben, 1979 (1. Auflage 1973).

Marta Rojas Rodríguez / Mirta Rodríguez Calderón (Hrsg.): Tania, la guerrillera inolvidable. – La Habana: Instituto Cubano del Libro, 1974, 1. Aufl. 1970. (Eine deutschsprachige Ausgabe dieses Bandes erschien 1973 beim Militärverlag der DDR in Berlin.)

Francisco (Paco) Ignacio Taibo II: Ernesto Che Guevara, trambién conocido como el Che. – México: Editorial Joaquín Mortiz, 1996 (2. Aufl.)

Die von Tamara Bunke auf Deutsch geschriebenen Texte, v. a. die Briefe an ihre Eltern, werden nach dem Buch von Eberhard Panitz zitiert.

Die anderen Zitate von Tamara Bunke, welche größtenteils der kubanischen Dokumentation entnommen sind, die Texte von Che Guevara und Régis Debray sowie alle übrigen Materialien (wie z. B. die Verhörprotokolle der Guerrilleros) wurden vom Autor selbst ins Deutsche übertragen.

Der Bericht von Régis Debray wird nach dem Buch von Paco Ignacio Taibo II zitiert.

Bildnachweis

Die Abbildungen Nr. 1–14 sind dem kubanischen Dokumentationsband entnommen (sie wurden dem Autor von den Herausgeberinnen zur Verfügung gestellt).

Die Abbildungen Nr. 15–19, 21, 23, 25, 26 wurden dem Autor von Edwin Chacón zur Verfügung gestellt (sie erschienen zuerst in der bolivianischen Zeitung *Presencia*, für die Chacón arbeitete).

Die Abbildungen Nr. 20, 22, 24, 27, 28 sind Eigentum des Autors.

Evita
Bilder eines Lebens

Aus dem argentinischen Spanisch von
Petra Strien-Bourmer und Daniel Zimmermann
Mit 222 Abbildungen
207 Seiten. Broschur
ISBN 3-352-00612-1

Eine fotografische Reise durch das kurze Leben einer Frau, deren Mythos lebendiger ist denn je. Evita Peróns kometengleicher Aufstieg vom chancenlosen Mädchen aus einer kleinen Provinzstadt über die glamourhafte Karriere im Show-Business bis zur mächtigsten Frau Südamerikas wird zum ersten Male bildlich nachvollziehbar. Beeindruckende Bilder auch nach ihrem Tod mit gerade 33 Jahren – die Odyssee des Leichnams, der endgültige Aufstieg zum populären Mythos durch Andrew Lloyd Webbers Musical und Alan Parkers Kinofilm mit Madonna. So rätselhaft sie durch ihre vielen Identitäten auch scheinen mag: in diesen einmaligen Bildern erahnen wir etwas von ihrem Geheimnis.

Rütten & Loening

Alicia Dujovne Ortíz
Evita Perón

Die Biographie

Aus dem Spanischen von Petra Strien-Bourmer
Mit 16 Fotos
434 Seiten. Gebunden
ISBN 3-351-02455-X

Evita – die idealisierte Gestalt des großen Musicals, Heilige für die besitzlosen Massen, skrupellose Intrigantin für Ihre Gegner. Wer war diese Frau wirklich, die aus ärmlichsten Verhältnissen stammte und bei ihrem frühen Tod als eigentliche Herrscherin Argentiniens gelten konnte?

»In einer beharrlich und sensibel recherchierten Biographie spürt Alicia Dujovne Ortíz der argentinischen Legende nach. Dieses Buch zeigt die Geschichte einer zum Aufstieg entschlossenen Frau, die im Radio als ›Stimme Argentiniens‹ für ihren Ehemann, den General und Präsidenten, eine unentbehrliche Propagandistin seines Regimes ist – und für die Massen bleibt sie die blind geliebte Rächerin der *Descamisados* (der Hemdlosen).«

(Emma)

Aufbau-Verlag

Che
Bilder eines Lebens

Mit einem Essay von Matilde Sánchez
Aus dem argentinischen Spanisch
von Angelika Bussas
Mit ca. 200 Fotos
ca. 208 Seiten. Broschur
ISBN 3-352-00614-8

»Viele werden sagen, ich sei ein Abenteurer. Und ich bin es. Nur auf eine andere Art. Ich bin einer von denen, der sein Leben riskiert, um die Wahrheit aufzuzeigen.« *Ernesto Guevara*

Politidol und Pop-Ikone: Vor dreißig Jahren starb »Che« Guevara de la Serna, unter noch immer nicht geklärten Umständen, im bolivianischen Dschungel. Mit diesem Band liegt eine einzigartige Bildbiographie vor, die sich dem Mythos »Che« in teils unveröffentlichten Dokumenten und Fotos nähert, die von literarischen Fragmenten, Tagebuchauszügen und Zeugenaussagen begleitet werden und diesem Buch einen beinahe filmartigen Charakter verleihen.

Rütten & Loening

Pablo Medina
Das Schattenparadies

Roman
Aus dem Amerikanischen von Reinhard Rohn
288 Seiten. Gebunden
ISBN 3-352-00489-7

Großmutter Felicia ist ungekröntes Oberhaupt und Mittelpunkt einer traditionsbewußten, wohlhabenden Familie auf der Insel. Ihren geliebten Enkel Antón läßt die fromme, welterfahrene Frau mit den bizarren Wundern und paradiesischen Geschichten der Karibik aufwachsen. Doch in Antóns schillernde Wunderwelt brechen die Wirren von Revolution und Diktatur, die unschwer das Kuba der sechziger Jahre erkennen lassen. Während seine Großmutter Felicia versucht, den neuen Machthabern zu trotzen, muß Antón mit seinen Eltern in die USA fliehen, wo er nie heimisch wird – bis Felicia nachkommt.
»In bester Tradition von Gabriel García Márquez.«
Chicago Tribüne

Rütten & Loening

Victor Klemperer
Curriculum vitae

Erinnerungen 1881–1918

Herausgegeben und mit einem Nachwort
von Walter Nowojski
Mit Anmerkungen und Personenregister

2 Bände im Schuber
1370 Seiten. Gebunden
ISBN 3-351-02390-1

Der Romanist Victor Klemperer hinterließ mit diesen geschichten- und geschichtsreichen Memoiren ein Zeit- und Sittenbild bürgerlicher Lebensart in Deutschland vor und nach der Jahrhundertwende bis zum Ende des Ersten Weltkrieges.

»Klemperers Curriculum ist ein Ozean komplexer Beziehungen zwischen banalster Alltäglichkeit, Begegnungen mit der Geschichte und Ausflügen in die Gefilde von Kunst und Literatur«.
Michael Nerlich

Aufbau-Verlag

Victor Klemperer
Leben sammeln, nicht fragen wozu und warum

Tagebücher 1918–1932

Herausgegeben von Walter Nowojski
unter Mitarbeit von Christian Löser
Mit Anmerkungen, Personenregister und einem
Nachwort von Walter Nowojski
2 Bände im Schuber
1882 Seiten. Gebunden
ISBN 3-351-02391-X

Die Edition der Tagebücher 1918 bis 1932 schließt die
Lücke zwischen Klemperers »Curriculum vitae« und
»Ich will Zeugnis ablegen bis zum letzten«. Damit
liegt eine Bilanz vor, von über sechzig Jahren Geschichte – aus der Sicht eines Chronisten, der Beobachter und Betroffener zugleich ist.

»Man kann süchtig werden nach diesen Tagebüchern:
in ihnen entwickelt sich eine Lebensgeschichte in fast
schon enzyklopädischem Format. Es fällt dem Leser
zuweilen schwer, in das eigene Leben zurückzufin-
den.«   *(Spiegel Special)*

Aufbau-Verlag

Victor Klemperer
Ich will Zeugnis ablegen bis zum letzten

Tagebücher 1933–1945

Herausgegeben von Walter Nowojski
unter Mitarbeit von Hadwig Klemperer
Mit Anmerkungen, Personenregister und
einem Nachwort von Walter Nowojski

2 Bände im Schuber
1694 Seiten. Gebunden
ISBN 3-351-02340-5

»Ein ganz außergewöhnliches Werk, wahrscheinlich, neben dem Tagebuch der Anne Frank, das bedeutendste, das sich aus jener finsteren Epoche erhalten hat.«   *Die Zeit*

»Klemperers Tagebücher gehören fortan zu den bleibenden Zeugnissen deutscher Geschichte und Kultur.«   *Spiegel special*

»Aber das eigentliche Wunder der zwei Bände liegt darin, daß gleichsam auf dem Rücken dieses Grauens vollendete Literatur entsteht.«
Die Woche

Aufbau-Verlag

Annelies Laschitza
Im Lebensrausch,
trotz alledem

Rosa Luxemburg. Eine Biographie

Mit 44 Abbildungen
687 Seiten. Gebunden
ISBN 3-351-02444-4

»In Rosa Luxemburg trafen sich Extreme. Sie besaß einen scharfen Intellekt und eine romantische Seele, war eine kraftvoll kämpferische Idealistin und ständig zerrissen zwischen Leidenschaft und Depression.«
Leipziger Volkszeitung

»Den Charme dieser flüssig geschriebenen und leicht lesbaren Biographie macht die gelungene Verknüpfung von privatem und öffentlichem Leben Rosa Luxemburgs aus, die als Zeitgenossin und Persönlichkeit Kontur gewinnt. Annelies Laschitza ist wohl die profundeste Kennerin von Leben und Werk Rosa Luxemburgs.«
Das Parlament

»Der Faktenreichtum dieser Biographie ist überwältigend und korrigiert viele Fehl- und Vorurteile früherer Darstellungen ihres Lebens.«
Frankfurter Rundschau

Aufbau-Verlag